Para

De

Data

Graça Diária

Reflexões Devocionais para Alimentar a sua Alma

1ª Edição

Evelyn Christenson • Gene Getz • Martin Luther
John MacArthur Jr. • John C. Maxwell • Charles Stanley
John Wesley • Warren Wiersbe • e Muito Mais

Traduzido por Degmar Ribas

CPAD

Rio de Janeiro
2007

Título do original em inglês: *Daily Grace — Devotional Reflections to Nourish Your Soul*
Cook Communications Ministries, Colorado Springs, Colorado, EUA
Primeira edição em inglês: 2005
Tradução: Degmar Ribas

Preparação dos originais: Patrícia Almeida
Revisão: Gleyce Duque
Capa, projeto gráfico e editoração: Leonardo Marinho

CDD: 242 - Devocional
ISBN: 978-85-263-0852-7

As citações bíblicas foram extraídas da versão Almeida Revista e Corrigida, edição de 1995, da Sociedade Bíblica do Brasil, salvo indicação em contrário.

Para maiores informações sobre livros, revistas, periódicos e os últimos lançamentos da CPAD, visite nosso site: http://www.cpad.com.br

SAC - Serviço de Atendimento ao Cliente: 0800-217373

Casa Publicadora das Assembléias de Deus
Caixa Postal 331
20001-970, Rio de Janeiro, RJ, Brasil

1ª edição/2007

Caro Leitor:

Graça Diária: Reflexões Devocionais para Alimentar a sua Alma foi escrito e compilado com muito amor e carinho. Enquanto você lê estas páginas nos dias, semanas e meses que estão por vir, oramos para que a revelação das riquezas da graça de Deus abundem em seu coração e sua mente.

Criamos este livro pensando em você, combinando a maravilhosa verdade da Palavra de Deus com leituras devocionais relevantes para a vida cotidiana. Vários escritores foram escolhidos — pessoas de diferentes formações, e em diferentes fases da vida — para dar a cada leitura diária uma perspectiva nova e única. Um "princípio da graça" foi incluído a fim de que você tenha uma porção da graça de Deus para levar consigo ao longo do dia. Nas palavras para o fim de semana, inserimos trechos de escritores clássicos e famosos, e acrescentamos uma oração para ajudá-lo a servir-se destas inspirações e princípios excepcionais.

Oramos para que o Senhor o abençoe durante esta leitura, encha o seu coração com graça e paz, e que você se aproxime do Deus que deu tudo de si mesmo para atender a cada uma das suas necessidades.

O Editor

As Pequenas Coisas da Vida

"[...] no teu livro todas estas coisas foram escritas [...] quando nem ainda uma delas havia. E quão preciosos são para mim, ó Deus, os teus pensamentos!"
Salmos 139.16,17

Muitas vezes, são as pequenas coisas que nos deixam loucos. Conseguimos controlar os grandes problemas, mas as pequenas inconveniências da vida diária nos aborrecem muito! É fácil ficar irritado ou frustrado quando as coisas não andam bem: quando perdemos as chaves do carro ou todos os sinais ficam vermelhos a caminho do trabalho. Mas, às vezes, Deus usa as pequenas coisas de nossa vida para colocar-nos onde Ele deseja que estejamos.

GRAÇA PARA HOJE: **Deus está presente até mesmo nos detalhes de nossa vida.**

Depois da tragédia de 11 de Setembro, o chefe de segurança das Torres Gêmeas narrou histórias surpreendentes sobre aqueles que deveriam ter estado ali naquele dia fatídico — mas não estiveram. Todas as histórias tinham a ver com as "pequenas coisas" da vida.

Um homem se atrasou porque era a sua vez de trazer rosquinhas. O despertador de uma mulher não tocou. Uma pessoa perdeu o ônibus. Outra sujou a roupa na última hora e teve de trocá-la. O carro de uma não quis funcionar. E outra não conseguiu um táxi.

Talvez um dos mais surpreendentes seja o caso de um homem que pôs um par de sapatos novos naquela manhã e foi caminhando para o trabalho, o que lhe provocou uma bolha no pé. Porque parou em uma farmácia a fim de comprar um curativo *Band-Aid*, ele está vivo hoje.

Deus se preocupa com cada detalhe de sua vida, mesmo com as pequenas coisas! Assim, da próxima vez que você estiver preso em um engarrafamento — ou mesmo tiver uma bolha no dedão —, lembre-se: Deus continua a cuidar de você. Agradeça todos os dias pelo dom da vida que você recebeu, e pelo Deus admirável e afetuoso que, com zelo, orienta os seus passos durante todo o dia.

TERÇA

SOCORRO!

"Então, tomou Samuel uma pedra, e a pôs entre Mispa e Sem, e chamou o seu nome Ebenézer, e disse: Até aqui nos ajudou o Senhor."
1 Samuel 7.12

Você já passou por alguma situação em que um desastre total parecia iminente? Já experimentou ocasiões em que os sinais da aflição estão ao seu redor, e você não tem para onde ir? Freqüentemente, ouvimos histórias de pessoas que enfrentaram um perigo visível e imediato durante a guerra, e gritaram: "Mayday, Mayday, Mayday" (ou "Socorro!") nos rádios a bordo de seus navios ou aeronaves condenados. Mas o que dizer daquelas cuja função é estar preparadas para tal chamado sinistro? Que dizer daqueles que precisam entrar em ação mesmo quando o que fez o chamado não possa vê-los? Estes são os heróis desconhecidos, que em certo momento podem estar livres e em segurança, mas estarão em perigo ao atenderem ao chamado de um único soldado.

O Senhor nosso Deus é aquEle que atende aos nossos chamados de "socorro". Ele prometeu ouvir-nos e estar conosco em nossos dias de aflição, quando pedirmos a sua ajuda. Ele nos acolherá em sua presença, onde nenhum perigo poderá prosperar contra nós. Ele é o nosso Ebenézer, a nossa Rocha de salvação. Ele é o nosso Salvador, em quem sempre podemos confiar, o qual não permitirá a nossa queda.

Todos nós enfrentamos ocasiões em nossa vida nas quais ficamos face a face com o perigo, e parece não haver saída. O nosso Deus sempre fiel está ali, esperando que lhe peçamos ajuda. E quando fazemos isto, o nosso resgate é certo — embora venha banhado na sua sabedoria e no seu conselho infalíveis. Você está preparado para se colocar aos cuidados do Senhor?

GRAÇA PARA HOJE:

Aqueles que clamam ao Senhor serão ouvidos, e Deus prometeu salvá-los.

Um Alicerce para a Fé — A Palavra de Deus

"Para sempre, ó Senhor, a tua palavra permanece no céu."
Salmos 119.89

A base para o nosso relacionamento com o Senhor é a fé. Mas Deus não exige de nós uma fé cega: de modo generoso, Ele fornece-nos evidências suficientes para apoiar uma decisão racional e ponderada de crer nEle e confiar em suas promessas. Algumas destas evidências Ele estabeleceu na criação, outras Ele demonstrou ao longo do tempo, e ainda outras Ele continua a revelar-nos diariamente.

Uma das evidências mais fortes e palpáveis que recebemos de Deus é a sua Palavra, a Bíblia. As Escrituras são uma coletânea de 66 livros, escritos durante um período de mais de 1500 anos, por um grupo diversificado de homens — entre eles, um fazendeiro, um cobrador de impostos, um médico, um pescador, o filho de um escravo e um rei — e ainda assim estes livros conectam-se com perfeição, integrando-se firmemente, para revelar uma história admirável.

A Bíblia é incomparável nos seus méritos como um documento histórico altamente fidedigno. Os historiadores usam diversos procedimentos para determinar se um texto antigo é confiável, incluindo a idade do manuscrito e o número de cópias que dele existem. Segundo estes procedimentos, a fiabilidade das Sagradas Escrituras é notável. A Bíblia pode reivindicar a verdade mais do que qualquer livro universitário sobre a história do mundo.

Você pode ter certeza de que o que a Bíblia diz é verdade. Deus nos deu a sua Palavra — um documento que Ele fez sobreviver intacto ao longo dos séculos, o qual sempre existirá para testemunhar a existência, bondade e fidelidade dEle. As Escrituras são um sólido alicerce para a nossa fé, um canal para a graça de Deus.

GRAÇA PARA HOJE:

Deus nos deu a sua Palavra sobrenatural a fim de orientar-nos em nossa jornada de fé.

Quinta

Graça Maravilhosa

"[Disse Jesus:] Porque Deus amou o mundo de tal maneira que deu o seu Filho unigênito, para que todo aquele que nele crê não pereça, mas tenha a vida eterna."
João 3.16

Durante uma conferência sobre religiões do mundo, realizada na Grã-Bretanha, alguns dos maiores teólogos deram início a um debate amistoso sobre qual crença — se alguma — na fé cristã fazia-na diferente das outras religiões.

O debate logo se aqueceu, à medida que possibilidades eram consideradas e eliminadas. Poderia ser a Encarnação? Não; havia outras religiões cujos deuses assumiam a forma de um ser humano. Poderia ser a Ressurreição? Também não; algumas religiões no mundo apresentavam relatos de um retorno da morte.

Finalmente, C. S. Lewis entrou na sala para ver o motivo de tanta agitação. Ao ser informado do assunto em discussão, despreocupadamente respondeu: — Oh, mas isto é fácil! É a graça. — A discussão permaneceu ainda por algum tempo, e mais tarde os "especialistas" tiveram de concordar com Lewis.

A idéia de que Deus oferece a salvação gratuitamente — não importando quais obras, boas ou más, tenhamos feito, é exclusiva entre todas as religiões do mundo. Os budistas na China, os muçulmanos na Arábia Saudita, os hindus na Índia — todos procuram uma maneira de agradar a Deus pelas coisas que realizam, pelos sacrifícios que fazem, e pelas penitências que suportam. Mas o amor de Deus é incondicional. O que você faz para merecê-lo não importa! Jesus já pagou o preço — e graças ao seu sacrifício, a graça de Deus está disponível hoje para você. Tudo o que precisa fazer é aceitá-la.

Não é de admirar que o hino famoso chame este tipo de graça de "maravilhosa"!

GRAÇA PARA HOJE:

A salvação não pode ser conquistada. Ela é uma dádiva oferecida gratuitamente, imerecida e injustificada.

Momentos de Reflexão

Haverá momentos na sua vida em que Deus lhe estenderá a sua graça de maneiras surpreendentes. Momentos em que Ele trará uma situação que o levará a avaliar onde está indo. Momentos em que Ele revelará algo que o fará reconsiderar seus objetivos. Momentos em que você ouvirá a voz de Deus e decidirá mudar realmente.

Alfred Nobel, um homem que teve milhões de dólares durante a sua vida, graças a uma invenção que ele chamou de "dinamite", deparou-se com um destes momentos. Certa manhã, ao abrir o jornal encontrou o seu próprio obituário impresso ali. O que o perturbou, ao lê-lo, não foi somente o engano do jornal, mas também a maneira como foi redigida a notícia, dando a entender, com desprezo, que o seu sucesso viera em detrimento e à custa de outros.

GRAÇA PARA HOJE:

Deus usa tanto os nossos sucessos quanto os nossos fracassos para manter-nos no curso que Ele planejou para nós.

Apesar de suas realizações, Alfred considerou que o seu sucesso não teria valor, se este significasse que ele seria recordado de maneira tão negativa.

Determinado a fazer algo a respeito, Alfred colocou a maior parte de seus bens em um fundo para que, nas gerações futuras, os juros pudessem ser concedidos como prêmios a indivíduos cujo trabalho fosse considerado benéfico à sociedade. Este prêmio é conhecido hoje como "Prêmio Nobel".

Algumas situações que Deus traz a sua vida a fim de provocar reflexões pessoais podem freqüentemente ser dolorosas, mas é importante lembrar que Deus as usa para levá-lo gentilmente de volta ao curso que Ele deseja para você. Assim, dedique algum tempo hoje para refletir sobre seus próprios objetivos e suas ambições, e agradeça a Deus quando lhe acontecerem coisas que o façam mudar seu ponto de vista.

"Considerei os meus caminhos e voltei os meus pés para os teus testemunhos."
Salmos 119.59

A Salvação pela Graça, por meio da Fé

Por Gene Getz

Philip R. Bliss, famoso compositor, entendeu a verdade de que somos salvos pela graça, por meio da fé. Ele escreveu um poema, e depois musicou as palavras:

Livres da lei — Oh, que condição feliz!
Jesus sangrou, e houve a remissão;
Amaldiçoados pela lei, e machucados pela queda,
A graça nos redimiu, de uma vez por todas.

Filhos de Deus — Oh, chamado glorioso!
Certamente, a sua graça nos impedirá de cair;
Passando da morte para a vida ao seu chamado,
Bendita salvação — de uma vez por todas.

De uma vez por todas — Oh, pecador, receba-a!
De uma vez por todas — Oh, irmão, creia nela!
Agarre-se à cruz, o peso irá diminuir,
Cristo nos redimiu de uma vez por todas![1]

PAI CELESTIAL: AGRADEÇO-TE PELA DÁDIVA DA GRAÇA QUE DERRAMASTE SOBRE A MINHA VIDA. ESTENDO AS MÃOS COM FÉ, CRENDO QUE ELA COBRIRÁ TODOS OS MEUS FRACASSOS, TODAS AS MINHAS IMPERFEIÇÕES, TODO O MEU PECADO, E ME FARÁ DIGNO DE PERMANECER EM TUA PRESENÇA. AMÉM.

"Sendo, pois, justificados pela fé, temos paz com Deus por nosso Senhor Jesus Cristo; pelo qual também temos entrada pela fé a esta graça, na qual estamos firmes; e nos gloriamos na esperança da glória de Deus."

Romanos 5.1,2

Amo-o, de qualquer Maneira

"Nisto se manifestou a caridade de Deus para conosco: que Deus enviou seu Filho unigênito ao mundo [...] Nós o amamos porque ele nos amou primeiro."

1 João 4.9,19

O amor incondicional pode ser a coisa mais procurada por todo coração humano.

Certo dia, um homem finalmente decidiu pedir a seu chefe aquele aumento merecido há muito tempo. Naquela manhã, antes de sair para o trabalho, ele contou à esposa o que faria. Durante todo o dia ele esteve nervoso e apreensivo, adiando continuamente o que queria fazer. Finalmente, no fim da tarde, ele reuniu coragem para dirigir-se ao empregador. Para sua surpresa — e alegria — o chefe concordou com o aumento.

O homem chegou a sua casa e encontrou a mesa arrumada, com velas e a melhor porcelana do casal. Ele pensou que alguém do escritório tivesse contado a sua esposa! Encontrando-a na cozinha, o marido contou-lhe as boas novas e, depois de se abraçarem, ambos sentaram-se para um jantar maravilhoso. Ao lado do seu prato, o homem encontrou um bonito cartão, que dizia: "Parabéns, querido! Eu sabia que você conseguiria o aumento. Espero que este jantar lhe mostre quanto amo você".

Mais tarde, ao voltar para a cozinha, o homem viu um segundo cartão que havia caído ao chão. Ele o pegou e abriu. O cartão dizia: "Não se preocupe com o aumento, meu bem. Você o merecia, de qualquer maneira. Espero que este jantar lhe mostre quanto amo você".

Que aceitação e amor maravilhosos! Você poderia desejar ter alguém na sua vida que o encorajasse tanto — independentemente de você ter sucesso ou não. A boa notícia é que você o tem. Deus o ama incondicionalmente — Ele o amava antes que você o conhecesse, e Ele continuará a amá-lo por toda a sua vida, com sucesso ou fracasso, vitória ou derrota!

GRAÇA PARA HOJE:

William Arthur Ward fez uma pergunta muito importante certa vez: — Deus nos ama porque somos especiais, ou somos especiais porque Deus nos ama?"

TERÇA

TENTE, TENTE OUTRA VEZ

"E esta é a confiança que temos nele: que, se pedirmos alguma coisa, segundo a sua vontade, ele nos ouve."
1 João 5.14

Embora Thomas Edison não tenha, teoricamente, "inventado" a lâmpada — a idéia já circulava pelo menos cinqüenta anos antes que ele começasse a se dedicar a ela —, efetivamente ele desenvolveu uma fonte de energia elétrica que era segura, prática, de preço acessível e duradoura — o que ninguém antes fora capaz de fazer. Para realizar este feito, no entanto, Edison primeiramente teve de suportar centenas de fracassos antes de aperfeiçoar a sua primeira lâmpada.

GRAÇA PARA HOJE:
Deus cuida para que cada contratempo que suportamos contribua para que sejamos a pessoa que fomos criados para ser.

A maioria das pessoas teria jogado a toalha naquele ponto e admitido a derrota, mas Edison possuía tanta confiança em suas idéias que encarava o fracasso não como um contratempo, mas simplesmente como um novo ponto de partida para um objetivo maior. Na verdade, quando um jovem repórter perguntou: "Sr. Edison, por que o senhor continua tentando produzir a luz usando eletricidade, quando já fracassou tantas vezes?", Edison respondeu simplesmente: "Meu jovem, você não percebe que não fracassei na verdade, mas tive êxito em descobrir seis mil maneiras que não funcionam!"

Quando você seguir verdadeiramente o curso que Deus estabeleceu para a sua vida, poderá empenhar-se em qualquer tarefa com a completa confiança de que será bem-sucedido. Você pode estar certo de que todos os seus contratempos o estão modelando e desenvolvendo para ser o tipo de pessoa espiritualmente amadurecida que Deus deseja. Acima de tudo, você pode confiar que, a cada problema frustrante que encontrar, o Senhor irá estender a sua graça e consolá-lo, para que você recupere o ânimo e prossiga com as tarefas que Ele lhe preparou.

A Fonte da Juventude

"[...] ainda que o nosso homem exterior se corrompa, o interior, contudo, se renova de dia em dia."

2 Coríntios 4.16

A máxima: "Não estamos ficando mais velhos, estamos ficando melhores" mais parece uma racionalização, uma tentativa de dar esperança à realidade do passar dos anos. Para o cristão, no entanto, esta é uma verdade gloriosa. Existe, realmente, uma Fonte da Juventude. O seu nome é Jesus, e dEle flui o Rio da Vida. Por meio da fé no Filho de Deus, aqueles que estão decaindo fisicamente são espiritualmente renovados dia a dia.

A verdade é que cada pessoa já nasce velha. Isto é, nós herdamos a velha natureza pecadora de Adão e Eva. Por meio da sua morte na cruz, Jesus permite-nos "deixar de lado a antiga natureza", como a Bíblia nos ordena. E pela sua ressurreição, Ele nos permite "vestir a nova natureza". As Escrituras retratam esta transformação, chamada de "santificação", como um processo gradual, uma obra do Espírito Santo tornada possível pela graça de Deus.

Colaboramos com esta obra bebendo da Fonte da Juventude diariamente, e permitindo que Deus nos modele à imagem do seu Filho. Enquanto você coopera com o Espírito Santo neste esforço, lembre que deixar de lado a antiga natureza e vestir a nova é uma condição do tipo "tudo ou nada".

Considere o contraste entre ambas: a antiga natureza é fraca, egoísta, tola, cobiçosa, temerosa e inclemente; a nova natureza é forte, afetuosa, sábia, pura, corajosa e cheia de graça. Você não conseguirá obter as qualidades positivas enquanto estiver preso às características negativas. Você não consegue ter o antigo e o novo ao mesmo tempo.

O seu Pai celestial tem uma visão maravilhosa para você. Confie nEle e abandone completamente sua antiga natureza pecadora, adotando a nova natureza que Ele oferece. Você se tornará a pessoa crente e maravilhosa que Ele o criou para ser.

GRAÇA PARA HOJE:

Existe realmente uma Fonte da Juventude. O seu nome é Jesus, e por meio dEle temos acesso ao Rio da Vida.

Quinta

Oscar, o Resmungão

"Todos os dias do aflito são maus, mas o de coração alegre tem um banquete contínuo."
Provérbios 15.15

Oscar, o Resmungão, do programa infantil Vila Sésamo, veio a ser um querido ícone americano. Porém, nem mesmo o fato de ser o mais famoso resmungão do mundo tornou o seu comportamento mais agradável!

Talvez o que seja mais interessante sobre o Resmungão não é que ele consegue ofender todos que encontra. Nem mesmo o fato de que vive em uma lata de lixo! É a história de como Oscar, o Resmungão, recebeu este nome.

Nos primeiros dias da Vila Sésamo, Jim Henson e o diretor, John Stone, encontravam-se para falar sobre o programa num restaurante em Manhattan, Oscar's Tavern (Restaurante do Oscar). Ali, eles sempre eram atendidos por um homem tão rude e resmungão, que ir ao restaurante do Oscar para almoçar, quase tornou-se um tipo de prazer masoquista — uma forma de diversão bem diferente para a hora do almoço! Daí você adivinhou o resultado final do comportamento do garçom: ele foi imortalizado para sempre como Oscar, o Resmungão.

O comportamento é importante! Sendo um cristão, você representa Jesus — em tudo o que fizer. Se decidir ser um "resmungão" por um dia, este será o testemunho de Cristo que você exibirá. Deus pode ajudá-lo a controlar seus sentimentos e seu comportamento. Se pedir-lhe ajuda, Ele promete que a sua graça lhe será suficiente. Peça a Deus para ajudá-lo a manter atitudes positivas — você nunca sabe quem o pode estar observando!

GRAÇA PARA HOJE:

Todos os dias, Deus está esperando, pronto e capaz, para ajudar-nos a manter uma atitude que retrate corretamente a alegria do nosso relacionamento com Ele.

Sexta

Transformado pela Oração

A oração transforma as coisas. Mas você já imaginou quais "coisas" a oração transforma? A resposta poderá surpreendê-lo. Saiba, quando você ora, todas as "coisas" a seu respeito mudam. Isto inclui as suas motivações, suas atitudes, suas emoções, sua perspectiva, e muito mais. Cada aspecto de quem você é, quando ora, é ajustado, sintonizado e melhorado.

"Espere um minuto", você pode ser tentado a dizer. "Eu não estava orando por mim mesmo; estava orando pela minha situação — e isto não mudou MESMO!"

É verdade. A sua situação pode não mudar significativamente com a oração. Mas isto não significa que Deus não se importa com o seu caso. Significa, apenas, que Ele se preocupa muito mais com você. Ele quer vê-lo crescer tanto em fé quanto em caráter. Embora Deus não provoque as suas circunstâncias adversas, Ele freqüentemente as usa para provocar uma mudança em você — a mais preciosa criação dEle.

O rei Davi, o grande salmista, clamava a Deus por causa de suas circunstâncias. Lemos que ele se deitava na cama e chorava, sentia que estava sendo levado à morte, sofria de solidão e de violência. Em meio a tudo isto, Deus estava ali — bem ao lado dele — usando aquelas circunstâncias para fazer de Davi um homem cujo coração espelhasse o seu próprio. Quando Davi orava, ele se transformava continuamente.

Dedique algum tempo hoje e converse com o Senhor. Conte-lhe seus pensamentos e suas preocupações e ouça a resposta. Você poderá ficar surpreso com as "coisas" sobre as quais Ele quer conversar, as questões que Ele deseja que você trate, e a maneira gentil e afetuosa de Deus abrir-lhe os olhos e o coração para ajudá-lo a tornar-se uma pessoa melhor.

GRAÇA PARA HOJE:

A oração não apenas transforma as coisas; ela transforma as pessoas. Ela nos transforma.

"E tudo o que pedirdes na oração, crendo, o recebereis."

Mateus 21.22

TÁBUA DE PEDRA — CORAÇÕES HUMANOS

Por Warren Wiersbe

Quando Deus concedeu a Lei, Ele escreveu-a em tábuas de pedra que foram colocadas na arca do concerto. Ainda que os israelitas pudessem ler as duas tábuas, tal experiência não mudaria suas vidas. A lei é externa, e as pessoas precisam de um poder interno para que suas vidas se transformem. O legalista pode nos admoestar com seu "Faça isto!" ou "Não faça aquilo!", porém não pode nos dar a capacidade de obedecer. Se obedecemos, freqüentemente isto não vem do coração — e acabamos em um estado pior!

O ministério da graça transforma o coração. O Espírito de Deus usa a Palavra, e grava-a no coração. Os coríntios eram pecadores terríveis quando Paulo veio até eles, mas o ministério do evangelho da graça de Deus mudou completamente a vida daquele povo (ver 1 Co 6.9-11). Certamente, a experiência de Paulo com a graça de Deus significou para eles mais do que as cartas de recomendação trazidas pelos falsos mestres. Os crentes de Corinto estavam afetuosamente gravados no coração de Paulo, e o Espírito de Deus gravara a verdade no coração deles, tornando-os uma "carta viva de Cristo".[2]

SENHOR DEUS, AGRADEÇO-TE POR TRANSFORMARES O MEU CORAÇÃO POR MEIO DO TEU MINISTÉRIO DA GRAÇA — O TEU FAVOR IMERECIDO. NÃO IMPORTA QUANTO EU TENHA TENTADO, NUNCA PODERIA SER SUFICIENTEMENTE BOM PARA MERECER ESTAR EM TUA PRESENÇA. MAS TU REJEITASTE A LEI E ME RECEBESTE POR UM ATO DA TUA SOBERANA GRAÇA. ENSINA-ME A ANDAR NA DÁDIVA DA GRAÇA QUE ME DESTE, E, EM RETRIBUIÇÃO, DAR-TE-EI TODO O MEU LOUVOR. AMÉM.

"[...] mas haveis sido santificados, mas haveis sido justificados em nome do Senhor Jesus e pelo Espírito do nosso Deus."

1 Coríntios 6.11

A DANÇA DO "DI-DA-DEI"

"Este é o dia que fez o Senhor;
regozijemo-nos e alegremo-nos nele."
Salmos 118.24

Em seu livro, *The Life You've Always Wanted*, John Ortberg conta-nos a história de um banho noturno que ele dera em seus filhos havia alguns anos. Ele tinha três crianças na banheira, e estava tentando passar todas pelo ciclo de ensaboar, enxaguar e enxugar. Era o fim de um longo dia; John estava apressando as crianças quando a filha, Mallory, saiu da água e começou a executar o que ficara conhecido na família como "a dança do di-da-dei". Enquanto o pai tentava enxugá-la, Mallory continuava com os braços para o alto, escapando do alcance dele e dançando.

Ficando cada vez mais irritado, John explodiu: — Mallory, vamos logo com isto! — Ela virou-se para ele e fez a pergunta fundamental: — Por quê?

John não teve resposta. Naquele momento, não havia nenhum lugar para onde devesse ir, nada para fazer, nenhuma reunião à qual comparecer, nenhum sermão para escrever. Como ele afirma: "eu simplesmente estava tão acostumado a correr, ir de uma tarefa a outra, que ali estava a vida, a alegria; bem diante de mim, ali estava um convite para dançar — e eu não estava vendo!"

GRAÇA PARA HOJE:

"A alegria é o eco da vida de Deus dentro de nós."

Joseph Marmion

Muita gente pensa que os "bons tempos" da vida são as épocas especiais, como feriados ou ocasiões importantes. Mas a vida real — e a verdadeira alegria — na verdade ocorre entre estes eventos. Como diz o provérbio popular: "Pare um pouco, para sentir o perfume das rosas". Não corra tanto na vida a ponto de perder a alegria que está a sua volta. Este é o dia que o Senhor fez; alegre-se e regozije-se.

Terça

Brotos na Devastação

"O deserto e os lugares secos se alegrarão com isso; e o ermo exultará e florescerá como a rosa."
Isaías 35.1

Em nossos corações, existem áreas marcadas pela devastação, lugares improdutivos que são o resultado de experiências extremamente dolorosas, tais como: rejeição, traição, violência física e emocional, infidelidade ou morte. De vez em quando, encontramo-nos vagando por estes lugares secos e estéreis, e, embora trabalhemos e oremos pela cura, às vezes parece que nada voltará a crescer ali.

GRAÇA PARA HOJE:

Deus prometeu esperança e cura para todas as áreas estéreis de nossa vida.

Mas o nosso Deus é especialista em ressuscitar o que está morto. O profeta Ezequiel pôde presenciar este atributo de Deus por meio de uma visão poderosa. O Senhor levou-o a um vale cheio de ossos secos e quebradiços, e perguntou-lhe se ele achava que aqueles ossos poderiam viver novamente. Ezequiel, então, respondeu: "Senhor JEOVÁ, tu o sabes". Em seguida, Deus lhe ordenou que profetizasse que os ossos vivessem novamente, que o próprio Senhor os cobrisse com tendões e pele e carne, e então soprasse nova vida neles. Quando Ezequiel, de forma obediente, começou a falar, os ossos começaram a agitar-se. Bem diante dos olhos de Ezequiel, cada osso foi juntando-se ao seu osso, unidos por aquEle que os tinha tecido no útero talentosamente, de um modo terrível e maravilhoso. Logo Ezequiel presenciou uma grande multidão de pessoas ressuscitadas. O vale da morte estava cheio de vida!

Deus prometeu a Isaías correntezas no deserto, flores na terra não cultivada. Esta esperança está viva hoje para nós. Quando retirou seu Filho, Jesus Cristo, de um sepulcro frio e escuro há mais de dois mil anos, Deus provou, sem sombra de dúvida, sua capacidade de cumprir a sua promessa.

Permita que o Espírito Santo entre na desolação, e observe atento. Surgirão brotos na devastação. Dia-a-dia, Ele irá operar um milagre de graça, transformando os lugares estéreis no solo bom de que Jesus falou, um solo fértil no qual a Palavra de Deus pode criar raízes, crescer e produzir uma colheita abundante.

Quarta

Sem uma Saída Fácil

"Aquele que [...] fala verazmente segundo o seu coração; aquele que não difama com a sua língua [...] nunca será abalado."
Salmos 15.2,3,5

Em um dos episódios da série de televisão *Os Anos Incríveis*, o personagem principal, Kevin, repentinamente percebe que está com as respostas de todas as provas que o seu professor de matemática, o Sr. Collins, aplicará na escola durante o ano. Cansado de obter notas ruins em matemática, Kevin decide usar as respostas — e descobre que é surpreendentemente fácil não ser descoberto. Por algum tempo, tudo vai maravilhosamente bem: suas notas melhoram, seus pais estão felizes, a garota de quem gosta pensa que ele é um gênio — e tudo isto sem nenhuma conseqüência desfavorável. Trapacear, pensa Kevin, não é assim uma coisa tão ruim, afinal.

GRAÇA PARA HOJE:

Deus derrama as suas bênçãos sobre aqueles que fazem da honestidade e da integridade os marcos da sua vida.

Para a infelicidade de Kevin, a grande melhora em suas notas logo chamam a atenção do professor, que decide colocá-lo em uma classe de matemática avançada. Uma vez ali, o pobre Kevin está tão irremediavelmente perdido em um mar de equações que os seus companheiros de classe parecem falar uma língua diferente. Percebendo que tudo está muito acima da sua capacidade, ele decide falar com o Sr. Collins e confessar o seu feito. Antes mesmo que Kevin possa balbuciar a confissão, no entanto, o Sr. Collins retira os óculos e, com sorriso irônico, pergunta: "Já chega?"

Algumas vezes, aquelas pessoas que "desobedecem a regras" a fim de progredir na vida parecem fazer isto sem nenhuma conseqüência negativa. No entanto, como Kevin, tais pessoas acabam descobrindo que seus atos custaram muito mais do que haviam previsto. É somente uma questão de tempo para os resultados da desonestidade alcançarem uma pessoa. Já aqueles que continuam honestos em tudo o que fazem podem esperar graça abundante e bênçãos de Deus. Mesmo que ninguém se importe ou mesmo os perceba, Deus está sempre olhando. Ele recompensa aqueles que têm um coração honesto.

Quinta

Onde Está Deus?

"Sara-me, Senhor, e sararei; salva-me, e serei salvo; porque tu és o meu louvor. Eis que eles me dizem: Onde está a palavra do Senhor? Venha agora!"

Jeremias 17.14,15

Onde está Deus quando você precisa dEle? Certamente, muitos de nós hesitamos em fazer esta pergunta, por receio de irritar a Deus de alguma maneira. Mas o crente sincero não pronunciará estas palavras como uma acusação de infidelidade. Às vezes, será por puro desespero. Talvez seja o fato de continuar em uma cama de hospital por mais um dia. Ou pode ser alguém querido com problemas. Circunstâncias diversas podem produzir um grito desesperado, que exige que Deus cumpra a sua Palavra imediatamente.

Mesmo quando Deus é o centro da nossa vida, mesmo quando o amamos mais do que tudo no mundo, algumas vezes podemos fazer perguntas desesperadas. O maravilhoso é que Deus sempre está ali para responder-nos em meio à crise: "Eu não o deixei; nunca o abandonarei; nada pode separá-lo do meu amor — nada!"

Não importa a tempestade que está a sua volta, estenda a mão para Deus com fé. Louve-o pela sua fidelidade, por sua graça, por ser a sua ajuda sempre presente em épocas de dificuldade. À medida que vai subindo, o seu louvor lhe traz de volta a "Palavra do Senhor".

GRAÇA PARA HOJE:

As respostas às nossas perguntas estão embrulhadas, prontas para serem abertas pelo louvor do nosso coração.

Sexta

A Esperança Viva

"Eu permaneço em Cristo, a Rocha sólida; qualquer outro terreno é areia movediça", diz o antigo hino. Quantas vezes você construiu seus sonhos sobre um solo arenoso? Quantas vezes depositou a esperança em algo como a areia movediça? Freqüentemente, fazemos isto todos os dias.

Todas as manhãs, despertamos e, conscientemente ou não, nossa mente começa a procurar esperança, algo pelo que esperar, uma razão para levantar e prosseguir. Se houver alguma coisa interessante, estimulante ou positiva acontecendo em nossa vida, agarramos-nos a ela e saltamos da cama, prontos para enfrentar o dia. Desse modo, assobiamos e fazemos o que pudermos para tornar realidade os nossos desejos.

Muitas vezes, porém, nossos planos são frustrados, e nossas esperanças são destruídas. Acabamos desapontados, impacientes e irritados. Então, tentamos descobrir por que lutamos tanto com estas emoções. É alguma surpresa?

O problema é que continuamos nos apegando às "esperanças mortas", às promessas temporárias que o mundo nos oferece. Continuamos lançando a nossa fundação em terreno arenoso.

GRAÇA PARA HOJE:

Jesus Cristo é a nossa esperança viva. Quando edificamos a nossa vida sobre Ele, estamos edificando sobre a Rocha sólida!

Este dilema perturba até mesmo os cristãos fervorosos, que têm um compromisso decidido e leal de edificar suas vidas na Rocha. De alguma maneira, continuamos ampliando as nossas casas, construindo novos cômodos sobre a areia. Então percebemos que a projeção do nosso telhado não está tão reta quanto costumava ser, a casa está fora de prumo.

Louve a Deus porque todos os dias Ele tão graciosamente nos oferece uma esperança viva — a esperança da vida eterna com Jesus Cristo! Este é o maior dos presentes de Deus para nós. É uma esperança garantida, assegurada; e como toda misericórdia do Senhor, renova-se a cada manhã.

"[...] segundo a sua grande misericórdia, [Deus] nos gerou de novo para uma viva esperança, pela ressurreição de Jesus Cristo dentre os mortos."
1 Pedro 1.3

Morte — Vida

Por Warren W. Wiersbe

O evangelho dá vida a todos aqueles que crêem, em virtude da obra de Jesus Cristo na cruz. Paulo não estava sugerindo que a lei fosse um erro, ou que o seu ministério não tivesse importância. De modo algum! Paulo sabia que o pecador perdido deveria ser morto pela lei, ser deixado desamparado e ser condenado antes de poder ser salvo pela graça de Deus. João Batista veio com uma mensagem de julgamento, preparando o caminho para Jesus e sua mensagem de graça salvadora.

Os pregadores que se concentram em leis e regras humanas mantêm suas congregações sob uma nuvem escura de culpa, a qual mata a alegria, a força, e o testemunho efetivo a favor de Cristo. Os cristãos que constantemente avaliam os outros, comparando "resultados" e sempre competindo, em breve descobrem que estão dependendo da carne, e não do poder do Espírito. Nunca houve um padrão que pudesse transformar a vida de uma pessoa, e isto inclui os Dez Mandamentos. Somente a graça de Deus, ministrada pelo Espírito de Deus, pode transformar pecadores perdidos em cartas vivas que glorificam a Jesus Cristo.

A doutrina da Nova Aliança não foi algo que Paulo inventou para a ocasião. Sendo um profundo estudioso das Escrituras, ele certamente tinha lido Jeremias 31.27-34, bem como Ezequiel 11.14-21. No Novo Testamento, Hebreus 8—10 é a passagem essencial a ser estudada. A lei do antigo concerto, com a sua ênfase na obediência externa, era uma preparação para a mensagem da graça do novo concerto, cuja ênfase está na transformação interna do coração.[3]

PAI PRECIOSO: EU ERA IMPOTENTE PARA SALVAR-ME, MAS TU FOSTE ALÉM DO MEU DESMERECIMENTO E TORNASTE-ME DIGNO MEDIANTE A TUA GRAÇA. NÃO FOSSE ISTO, EU ESTARIA PERDIDO PARA SEMPRE, POIS NUNCA PODERIA TER SEGUIDO AS REGRAS COM PERFEIÇÃO. AGRADEÇO-TE POR ME SALVARES PELA TUA GRAÇA. AMÉM.

"o qual [Deus] nos fez também capazes de ser ministros dum Novo Testamento, não da letra, mas do Espírito; porque a letra mata, e o Espírito vivifica."

2 Coríntios 3.6

BUSCANDO A DEUS EM PRIMEIRO LUGAR

"Deleita-te também no Senhor, e ele te concederá o que deseja o teu coração."
Salmos 37.4

Certa vez, um grande autor e teólogo, Henry Blackaby, disse o seguinte a respeito da oração: "A oração não lhe dá poder espiritual. A oração põe a sua vida de acordo com Deus, e assim Ele decide demonstrar o poder dEle por seu intermédio. O objetivo da oração não é convencer a Deus de que as suas circunstâncias devem ser alteradas, mas prepará-lo para estar envolvido nas atividades dEle".

GRAÇA PARA HOJE:

"Orar não é superar a relutância de Deus; é apegar-se a sua boa e sublime vontade."
R. C. TRENCH

Muitas pessoas ficam desencorajadas quando as suas orações não são atendidas, ou quando não são atendidas da maneira como esperavam. Mas obter o que se deseja não é o único objetivo da oração. O ponto essencial está em buscar um relacionamento com o Criador do universo, aquEle que conhece os nossos mais íntimos desejos — bem como sabe o que é melhor para nós.

Quando proferiu o famoso Sermão do Monte, Jesus falou acerca das nossas prioridades, especialmente na oração. Após falar às pessoas sobre o dinheiro e as necessidades materiais, tais como alimento e roupas, Ele deu-nos um dos princípios mais importantes das Escrituras: "Mas buscai primeiro o Reino de Deus, e a sua justiça, e todas essas coisas vos serão acrescentadas" (Mt 6.33).

Henry Blackaby estaria conforme a Palavra de Jesus neste ponto! Quando as nossas orações se concentram menos em nossas próprias necessidades e em mudar as nossas circunstâncias, e voltam-se mais para o nosso relacionamento com o Pai e no que Ele deseja para a nossa vida, então estamos orando a oração que traz poder espiritual. À medida que você buscar fervorosamente a vontade de Deus, Ele atenderá às suas necessidades e realizará os seus desejos — desejos que Ele mesmo plantou em seu coração. É uma situação em que as duas partes saem ganhando!

TERÇA

OFERTAR SEM TRISTEZA

"Cada um contribua segundo propôs no seu coração, não com tristeza ou por necessidade; porque Deus ama ao que dá com alegria."
2 Coríntios 9.7

Todos os anos, organizações filantrópicas compilam listas de indivíduos e organizações que fizeram as contribuições mais altas para caridade durante aquele ano. Com freqüência, as quantias em dólares que aparecem nos relatórios são vertiginosas. Por exemplo, somente em 2003, o presidente de uma empresa de computação doou mais de 673 milhões de dólares; o presidente de uma companhia financeira doou mais de 409 milhões; o presidente de uma empresa de comunicações doou mais de 141 milhões. E o presidente de uma empresa de internet doou pouco mais de 80 milhões de dólares.

Agora, sem desmerecer em nada os indivíduos que doaram milhões com um desejo genuíno de ajudar outros, é relativamente fácil participar com todo este dinheiro quando se é o presidente de uma corporação lucrativa com uma renda líquida na casa dos vários bilhões. É muito mais difícil participar quando você tem uma renda que não lhe dá certeza de que terá o suficiente para passar a próxima semana.

GRAÇA PARA HOJE:

Deus nos deu o maior presente de todos — o seu precioso Filho, Jesus Cristo.

O surpreendente é que Deus não se preocupa com a quantia que você doa, e nem mesmo com a freqüência da doação. O que Deus deseja realmente é que você confie na graça e provisão dEle, e não em seus próprios recursos. Ele quer que você doe sem arrependimentos, preocupações ou tristeza, e sem imaginar se irá "receber isto de volta" de algum modo, pois somente quando você deixar de lado a preocupação e colocar sua segurança financeira nas mãos do Senhor é que Ele poderá, verdadeiramente, abençoá-lo.

O seu nome provavelmente nunca aparecerá no jornal por causa da sua doação constante, dedicada e sacrificada. Mas tenha a certeza de que nenhum ato de bondade ou doação passará desapercebido pelo seu Pai celestial

Quarta

Encontrando-se com o Mestre

"[...] Tragada foi a morte na vitória. Onde está, ó morte, o teu aguilhão? Onde está, ó inferno, a tua vitória?"
1 Coríntios 15.54,55

Um homem doente virou-se para o médico quando saía da sala de exames e disse:

— Doutor, tenho medo de morrer. Diga-me o que há do outro lado.

Com muita serenidade, o médico respondeu:

— Eu não sei.

— Você não sabe? — perguntou o homem, desesperado. — Você, um cristão, não sabe o que há do outro lado?

O médico segurava a maçaneta da porta; do lado de fora vinham sons de arranhões e gemidos. Quando o médico finalmente abriu a porta, um cachorro invadiu a sala e saltou sobre ele, numa fervorosa demonstração de alegria e satisfação.

Virando-se para o paciente, o médico disse: — Observou a reação do meu cachorro? Ele nunca esteve nesta sala antes; não sabia o que havia aqui dentro. Ele não sabia de nada, exceto que o seu senhor estava aqui, e quando a porta abriu-se ele entrou sem medo. Sei muito pouco sobre o que há do outro lado da morte, mas de uma coisa estou certo: o meu Mestre está ali, e isto é suficiente. Quando aquela porta abrir-se para mim, irei atravessá-la não com medo, mas com alegria, por ver o seu rosto.

Os cristãos não têm nenhum motivo para temer a morte. Você pode não saber exatamente como será o céu, mas sabe quem o está esperando ali! Jesus disse: "Na casa de meu Pai há muitas moradas; se não fosse assim, eu vo-lo teria dito, pois vou preparar-vos lugar" (Jo 14.2). Quando chegar a hora, você atravessará a morte para ver o seu Mestre, face a face, do outro lado.

GRAÇA PARA HOJE:

O nosso Salvador venceu a morte, removeu o poder que esta possuía sobre nós, e espera para receber-nos em nosso novo lar.

Quinta

Não se Trata de Dinheiro

"[Disse Jesus:] Buscai, antes, o Reino de Deus, e todas essas coisas vos serão acrescentadas."
Lucas 12.31

Silas Marner, no livro de George Eliot, era um sujeito avarento cuja única fonte de alegria consistia em contar o seu ouro todas as noites, antes de escondê-lo debaixo do assoalho. O dinheiro era a sua segurança, a sua força e o seu único amigo (tanto receio tinha de perdê-lo que afastou-se dos amigos, mandando-os embora quando vinham até a sua porta).

Finalmente, alguém acabou roubando o seu tesouro. Marner ficou tão perturbado que mal sabia como prosseguir. O problema resolveu-se de uma maneira pouco usual: uma criança órfã apareceu a sua porta forçando-o a sair de casa e procurar o conselho dos vizinhos que ele evitara. Quando passou a amar a criança e aceitar a bondade das pessoas ao seu redor, Marner foi descobrindo que o desejo de recuperar seu dinheiro era cada vez menor.

A verdadeira riqueza, como descobriu Marner, não se encontra em dinheiro ou em bens, mas em amar o próximo e com este dividir. Ao continuar o dia, dê uma olhada para as coisas a que você dá valor. A sua idéia de "riqueza" corresponde à quantidade de dinheiro que você pode acumular durante a vida, ou ao número de relacionamentos que pode desenvolver? Você está experimentando a alegria duradoura de quem vive diariamente na graça de Deus, ou a alegria temporária que conta o dinheiro guardado debaixo do assoalho? Enquanto você analisa os seus valores, peça a Deus para mostrar-lhe a verdadeira definição de riqueza — e felicidade — em sua vida.

GRAÇA PARA HOJE:

Deus abre os nossos olhos para aquilo que é verdadeiramente valioso em nossa vida.

Perdão: Amor, pela Segunda Vez

Amar pela primeira vez freqüentemente não é algo difícil de fazer. Mas amar pela segunda vez está entre as coisas mais desafiadoras da nossa caminhada cristã. Este tipo de amor pode ser o mais difícil de demonstrar. É o amor que nos diz que devemos amar os nossos inimigos, mesmo que estes continuem a nos causar sofrimento. É o amor que nos pede para abençoar quem nos amaldiçoa. Este amor, demonstrado pela segunda vez, resume-se na palavra "perdão".

GRAÇA PARA HOJE:

Somos curados quando concedemos perdão a outros, assim como Deus nos perdoou.

Pode ser que alguém lhe tenha feito coisas tão horríveis que perdoá-lo seja uma coisa impensável, quanto mais amá-lo. Você até sente que Deus está a distância, observando o seu sofrimento e dando-lhe uma carga adicional: a obrigação de perdoar. Deus não é frio e insensível a sua dor, mas sabe que você só poderá controlar o sofrimento e triunfar sobre ele quando amar pela segunda vez. Você consegue fazer isto? Jesus o fez. Mesmo na cruz, Ele pediu ao Pai que perdoasse aqueles que o estavam torturando e matando.

"E dizia Jesus: Pai, perdoa-lhes, porque não sabem o que fazem."
Lucas 23.34

A Graça de Deus nos Transforma

Por Gene Getz

"Podíamos, como apóstolos de Cristo, ser-vos pesados", disse Paulo, mas isto não aconteceu: "antes, fomos brandos entre vós, como a ama que cria seus filhos" (1 Ts 2.6,7).

Que contraste! O homem que anos antes estava "respirando ainda ameaças e mortes contra os discípulos do Senhor" (At 9.1) agora usa a figura de uma mãe para exemplificar o estilo do seu ministério. Que exemplo da graça de Deus! Paulo era um homem transformado — um homem de sensibilidade e compaixão.

Intriga-me ver que um homem tão duro, rígido e inflexível possa exibir este tipo de suavidade. Nenhum relacionamento personifica melhor a ternura do que uma mãe alimentando seu bebê. E Paulo não tinha vergonha de se identificar com esta analogia, tal era a profundidade da transformação que ocorrera em sua vida.

Isto não significa que Paulo não estivesse disposto a ser franco, direto e intransigente. Ele nunca hesitou em confrontar os que faziam o mal — especialmente aqueles cujos motivos eram totalmente egoístas (ver Tt 1.10-16). Mas o apóstolo recorria a este método quando não via esperança, ou quando via os cristãos sendo deliberadamente afastados do bom caminho pelos falsos mestres. De outro modo, ele acreditava que a sua abordagem inicial devesse ser gentil.

Quando Paulo chegou a Tessalônica, já havia aprendido muita coisa sobre brandura. E isto Timóteo observou no próprio ministério de Paulo. Com mansidão e ternura, ele incentivou os cristãos em sua nova vida em Cristo.[4]

DEUS PAI: TRANSFORMA-ME PELA TUA GRAÇA. FAÇA DE MIM A PESSOA QUE ME CRIASTE PARA SER — UM FILHO PARA O TEU AGRADO E QUE SERVE AO PRÓXIMO. AMÉM.

"[...] pela graça de Deus, sou o que sou; e a sua graça para comigo não foi vã."
1 Coríntios 15.10

Deixe a sua Luz Brilhar

"[Disse Jesus:] Vós sois a luz do mundo."
Mateus 5.14

Anos atrás, um tornado destruiu uma pequena igreja na costa da Inglaterra. A congregação era pobre demais para reconstruir o edifício. Certo dia, aproximadamente seis meses mais tarde, um representante do Almirantado Real Inglês visitou o pastor local. Ele desejava saber se as pessoas da igreja planejavam reconstruí-la. O pastor descreveu a lamentável situação financeira e o visitante, o representante do Almirantado, respondeu: "Se você não reconstruir a igreja, nós o faremos. Esta torre está em todos os nossos mapas. É o ponto de referência pelo qual os navios dos sete mares orientam seus cursos".

GRAÇA PARA HOJE:
Deus irradiou a sua luz em nosso caminho para que pudéssemos ir até Ele e partilhar esta luz com outros.

Esta igreja em particular era conhecida por toda a região pelo seu edifício, mas na maioria dos casos, as igrejas são mais conhecidas pelas ações e atitudes dos seus membros. No Sermão do Monte, Jesus disse: "Assim resplandeça a vossa luz diante dos homens, para que vejam as vossas boas obras e glorifiquem o vosso Pai, que está nos céus" (Mt 5.16). Como crente, você traz o nome de Cristo e é o seu representante. Quando buscar a vontade de Deus, seguindo-o com todo o coração e permitindo que outras pessoas vejam a luz de Cristo, você também poderá ser um ponto de referência, um farol apontando o caminho de volta a Deus.

Como se esperava, a igreja na costa da Inglaterra foi reconstruída para que os navios pudessem usar a sua torre como orientação e retornar seguramente ao porto. Mas é muito melhor quando os membros da igreja exibem, em todas as áreas de suas vidas, o exemplo que Cristo estabeleceu para eles, permitindo que a sua luz brilhe, não apenas para marinheiros no mar, mas para todos aqueles que encontrarem!

Terça

Um Amor sem Limites

"Mas Deus prova o seu amor para conosco em que Cristo morreu por nós, sendo nós ainda pecadores."

Romanos 5.8

Na língua portuguesa, a palavra "amor" é usada para descrever uma grande variedade de emoções e afetos. Você pode dizer que "ama" passear no parque, "ama" seu cônjuge e seus filhos, e "ama" o seu país — três sentidos muito diferentes, todos contidos na mesma palavra.

No entanto, quando os autores do Novo Testamento falam de amor, freqüentemente referem-se a um tipo em especial. Chamado de *agape* no original grego, esta é uma forma divina de amor que vem diretamente de Deus. Bem diferente de um mero afeto humano, *agape* é o amor que Deus dá espontaneamente, pela sua graça e misericórdia, a todos os que desejam recebê-lo, e por nenhuma outra razão, exceto porque Ele deseja fazer isto. *Agape* é um amor que Deus concede de maneira desinteressada, sem nenhuma expectativa de receber algo em troca. E *agape* é um tipo de amor que só podemos transmitir a outros se Deus tiver preenchido o nosso coração com ele.

GRAÇA PARA HOJE:

Deus enche o nosso coração com o seu amor perfeito — o amor *agape*.

Com todos os tipos de "amor" condicionado que vão e vêm entre as pessoas hoje, é difícil compreender o amor que Paulo descreve em 1 Coríntios 13: "A caridade é sofredora, é benigna; a caridade não é invejosa; a caridade não trata com leviandade, não se ensoberbece, [...] tudo sofre, tudo crê, tudo espera, tudo suporta. A caridade nunca falha". E este é exatamente o tipo de amor com o qual Deus deseja enchê-lo, até o ponto em que você transborde de alegria e deseje transmitir o verdadeiro amor *agape* a todos que estiverem a sua volta.

Águas Profundas

"[Ele é] o Pai das misericórdias e o Deus de toda consolação."
2 Coríntios 1.3

A felicidade é um riacho raso. A tristeza parece ser mais profunda. Às vezes, o sofrimento pode ser uma corrente tão escura que você não consegue ver o fundo. Mas a paz é um rio poderoso, e a alegria um oceano insondável.

A Palavra de Deus diz: "E a paz de Deus, que excede todo o entendimento, guardará os vossos corações" (Fp 4.7), e "... a alegria do Senhor é a vossa força" (Ne 8.10). Estas promessas são verdadeiras em momentos de felicidade, tristeza ou sofrimento. Estes três dependem de circunstâncias. Porém o mesmo não ocorre com a alegria e a paz.

A felicidade freqüentemente se esgota, e a tristeza acaba passando. O sofrimento pode durar meses, até mesmo anos, para concluir o seu curso. Mas para os fiéis, para aqueles que confiam em Deus e a Ele se apegam, a paz e a alegria permanecem. Elas estão disponíveis todos os dias, mostrando-se constantes, firmes e confiáveis.

Como você pode lembrar-se da beleza do oceano quando está se afogando em uma corrente de lama? Como pode recordar o rio calmo quando tudo o que ouve é a enxurrada furiosa? Você consegue sentir paz quando algum membro da família está sofrendo? Consegue realmente encontrar alegria quando um ente querido está morrendo?

Procure a graça de Deus nos momentos mais tenebrosos da sua vida. Ouça o seu sussurrar nas ocasiões tranqüilas. Espere o seu toque afetuoso quando a dor for grande demais para ser consolada com palavras. E continue confiando nEle o tempo todo. O Senhor é fiel. Ele o resgatará das águas profundas. Nada pode separá-lo do amor de Deus, e nenhuma circunstância pode alterar a sua paz e a sua alegria.

GRAÇA PARA HOJE:

Para cada corrente de sofrimento que flui em nossa vida, existe um rio de paz mais profundo que vem do Espírito Santo.

Jim Cymbala

Quinta

Mantendo uma Disciplina Espiritual

"[...] exercita-te a ti mesmo em piedade."
1 Timóteo 4.7

A disciplina provavelmente não é um conceito que você encare com simpatia. Nunca é divertido perceber que alguns hábitos pouco saudáveis na vida precisam ser modificados, e é ainda menos divertido passar pelo difícil (e freqüentemente doloroso) processo de corrigir o comportamento. Ainda assim, a disciplina é uma necessidade na vida de cada crente, pois é a única maneira de se conseguir deixar de lado a vida antiga e aceitar o melhor de Deus.

Inácio de Loyola, o fundador da ordem dos jesuítas, foi um homem que levou a disciplina espiritual muito a sério. Sendo um antigo soldado que se orgulhava da sua disciplina militar, Loyola percebeu que sua vida pessoal (que consistia em jogos de azar, brigas e lutas de espada) precisava mudar. Enquanto se recuperava de um ferimento, Loyola recebeu uma cópia da Bíblia, e veio a conhecer a graça de Deus e o amor de Cristo. Ao persistirem os antigos desejos do coração e os hábitos pouco saudáveis, Loyola decidiu incorporar a disciplina que aprendera como soldado a sua vida espiritual. Com a disciplina, ele finalmente descobriu a paz e a satisfação que desejava.

A disciplina é meramente uma forma de treinar o fortalecimento da sua vida espiritual. Quando você se determinar a dedicar algum tempo todos os dias para ler a Bíblia e orar, estará exercitando disciplina. Quando decidir fazer o que sabe, em seu coração, ser o certo, em lugar de tomar o caminho mais fácil, estará exercitando disciplina. E quando você admitir para Cristo a sua fraqueza, e pedir-lhe que o encha com a força dEle, Jesus lhe estenderá a sua graça e o ajudará a levar uma vida disciplinada.

GRAÇA PARA HOJE:

Deus fortalece a nossa autodisciplina com divina determinação, a fim de que nos tornemos o povo santo que Ele nos chamou para sermos.

De acordo com o seu Propósito

John Bunyan desejava ardentemente contar ao mundo que tinha experimentado a graça de Deus. Quando ele estava na milícia, uma bala perdida matou um colega que tomara o seu lugar na guarda. Bunyan sabia que era ele que devia ter morrido. Tal experiência o fez voltar para Deus, mas ele continuava a lutar para se afastar do antigo modo de vida.

Bunyan sentiu novamente a graça de Deus quando ouviu o que algumas mulheres pobres diziam junto a um portal por onde ele passava. As mulheres falavam de um novo nascimento, da obra de Deus em seus corações, e da eficácia da Palavra para ajudar a resistir às tentações. As mulheres falavam com tanta alegria que o coração de Bunyan suavizou-se, e ele continuou retornando àquele lugar para ouvir o que elas diziam. Por fim, Bunyan acabou se tornando um poderoso pregador.

GRAÇA PARA HOJE:

A graça de Deus ainda está em pleno vigor: Ele está disposto a abençoá-lo, mesmo que você não sinta isto.

Rick Warren

Deus tinha ainda outra experiência da sua graça para Bunyan — a graça da perseguição. Ele esteve preso por mais de doze anos, enquanto a sua amada família foi forçada a depender de caridade para sobreviver. Aqueles anos na prisão foram os mais tenebrosos que Bunyan já tinha vivido. Mas foi ali, em sua cela, que ele começou a escrever sua grande obra — *O Peregrino* — uma alegoria da vida cristã que tem incentivado e esclarecido os crentes por quase quatro séculos.

Na prisão, o Senhor atendeu ao desejo que Bunyan tinha de contar ao mundo sobre a graça, de modo muito mais abrangente do que ele poderia ter imaginado. Qualquer que seja a sua situação, você pode confiar que Deus criará alguma coisa boa em meio às dificuldades.

"E sabemos que todas as coisas contribuem juntamente para o bem daqueles que amam a Deus, daqueles que são chamados por seu decreto."

Romanos 8.28

A NOSSA FONTE DE PODER

Por John C. Maxwell

Um amigo meu discutia as conseqüências de Miquéias 6.8 com o neto de sete anos de idade: "[...] que é o que o Senhor pede de ti, senão que pratiques a justiça, e ames a beneficência, e andes humildemente com o teu Deus?" O menino, que memorizava este versículo, declarou: "Vovô, é difícil ser humilde se você estiver realmente andando com Deus". Esta é uma grande teologia vinda de um menino de sete anos. Quando começarmos a vislumbrar os recursos ilimitados a nossa disposição — o poder do próprio Deus — então, e somente então, teremos a certeza de que estaremos completamente equipados para fazer qualquer coisa que Deus nos pedir.

Podemos sentir-nos como o ratinho que cruzava a ponte com um elefante. Ao chegarem ao outro lado, o rato olhou para o imenso companheiro e disse: — Rapaz, realmente fizemos aquela ponte tremer, não foi?

Quando andamos com Deus, é assim que freqüentemente nos sentimos — como um rato com a força de um elefante. Depois de cruzarmos as águas agitadas da vida, podemos dizer: "Senhor, realmente fizemos aquela ponte tremer, não fizemos?"

Hudson Taylor, o grande missionário na China, disse: "Muitos cristãos avaliam as dificuldades à luz dos próprios recursos, por isso tentam pouco e sempre fracassam. Todos os gigantes foram homens fracos que fizeram grandes coisas para Deus, porque contavam com o poder e a presença de Deus entre eles".

Como Davi, que disse "[...] do Senhor é a guerra" (1 Sm 17.47), nós também precisamos entender que Jesus é a nossa Fonte, e que podemos estar conectados diretamente a Ele.[5]

PAI CELESTIAL, A TUA GRAÇA DEU-ME TODOS OS RECURSOS NECESSÁRIOS PARA TER UMA VIDA DEVOTA E BEM-SUCEDIDA. ANDA COMIGO DURANTE ESTE DIA, PEÇO-TE. TOMA AS MINHAS FRAQUEZAS E TRANSFORMA-AS EM PONTOS FORTES PARA A TUA GLÓRIA. AMÉM.

"Posso todas as coisas naquele que me fortalece."

Filipenses 4.13

Qual É o Plano?

"Reconhece-o em todos os teus caminhos, e ele endireitará as tuas veredas."
Provérbios 3.6

Se você é como a maioria das pessoas, provavelmente faz planos para a sua vida. Se vai tentar obter um bom emprego, convidar aquele "alguém" para jantar, ou simplesmente sustentar a família, o normal é que você tenha um plano. Pode até ser realmente um bom plano — algo que por certo irá garantir o seu sucesso. Mas será que um plano é realmente uma coisa segura?

Um general chamado Aníbal sugeriu certa vez um plano que ele pensava ser a "coisa segura". O esquema consistia em infiltrar sorrateiramente o seu exército, que incluía 37 elefantes, pelos Alpes, a fim de surpreender o inimigo, os romanos, em seu próprio território. Aníbal acreditava que os romanos ficariam tão desconcertados com a visão dos elefantes que fugiriam desordenadamente. É claro que passar pelos Alpes era praticamente impossível, mas Aníbal persistiu e duas semanas depois chegou próximo a Roma — com menos da metade do seu exército intacto. O plano funcionou bem no início, até que os romanos descobriram como assustar os elefantes e enviá-los em retirada às linhas de Aníbal. É desnecessário dizer que este voltou para casa derrotado.

GRAÇA PARA HOJE:

Deus torna a sua sabedoria e sua orientação disponíveis a todos aqueles que as pedirem.

Muita gente pensa que seus planos são seguros e acabam se decepcionando profundamente quando fracassam. Felizmente, tudo o que você precisa fazer para evitar tal desastre é incluir a Deus no processo de planejamento. Quando você confiar na graça de Deus, Ele lhe mostrará quais são as falhas do seu plano, e terá o cuidado de fazer o que for melhor para a sua vida. No final, você ficará maravilhado com todas as portas que se abrirão e com os lugares a que você irá; algo que nunca imaginou ser possível.

Terça

A Chave para a Liberdade

"Suportando-vos uns aos outros e perdoando-vos uns aos outros, se algum tiver queixa contra outro; assim como Cristo vos perdoou, assim fazei vós também."

Colossenses 3.13

Foi Alexander Pope quem citou a famosa frase: "Errar é humano, perdoar é divino". Como pertencentes à raça humana, cometemos muitos erros e precisamos da graça de Deus para perdoar todos eles. No entanto, estender o mesmo ato de perdão a outra pessoa com freqüência pode parecer algo que somente o "divino" é capaz de fazer, especialmente quando o outro nos magoou profundamente.

O interessante é que, quando Deus pede que você perdoe, isto tem menos a ver com a pessoa que o feriu do que com o seu próprio bem-estar. Um estudo de 1998 da Universidade de Stanford, realizado entre adultos jovens, revelou que o perdão reduzia substancialmente a quantidade de raiva que eles guardavam, uma emoção que tem sido relacionada com o aumento do risco de ataques cardíacos e a queda do sistema imunológico do corpo. Outros estudos indicam que aqueles que perdoam sofrem menos de doenças e indícios de enfermidades.

GRAÇA PARA HOJE:

Deus não só pede que perdoemos; Ele nos dá o poder e a graça para fazê-lo.

Se você está lutando para perdoar alguém, peça a Deus que o encha com a sua graça. Reconheça que você foi magoado, mas tome a decisão de não guardar rancor nem de procurar vingança. Permita que Cristo encha-o com o seu amor, a fim de que você consiga oferecer o mesmo perdão incondicional àquele que o magoou. Esta é a atitude correta a tomar segundo os padrões de Deus.

Quarta

Os Braços Abertos de Deus

"[...] Bem-aventurados aqueles que são chamados à ceia das bodas do Cordeiro."

Apocalipse 19.9

Uma menina órfã da Rússia é adotada por um casal dos Estados Unidos, e em pouco tempo a criança está brincando alegremente no quintal com a sua nova irmã. Ela entra na casa e sai correndo quando quer, e o seu novo pai ri; ele a apanha no colo e abraça-a quando ela entra em seus aposentos. Ela come à mesa como se pertencesse àquela família — e pertence. Espalha seus brinquedos aqui e ali como se fosse dona do lugar — e é. Seus novos pais lhe deram a sua casa.

Nos Jogos Olímpicos de verão de 2005, Ian Crocker custou ao nadador Michael Phelps a chance de conseguir o recorde de sete medalhas de ouro. Ian teve um desempenho ruim na etapa da corrida de revezamento, e a sua equipe acabou em terceiro lugar. Num maravilhoso gesto de reconhecimento, Michael graciosamente ofereceu a Ian o seu lugar numa corrida subseqüente. Ian respondeu nadando de forma maravilhosa, conseguindo o segundo tempo já obtido para esta etapa do revezamento, e ajudando a equipe dos Estados Unidos a estabelecer um novo recorde mundial. Apesar da sua falha, ele continuou um membro valorizado da equipe.

Todos os dias, o Pai celestial está com os braços abertos, convidando-o — qualquer que seja a sua história, quaisquer que sejam as suas circunstâncias — para tornar-se parte da família dEle, para permanecer em sua equipe.

GRAÇA PARA HOJE:

Graça... significa que eu, até mesmo eu, que mereço o oposto, sou convidado a assumir o meu lugar à mesa na família de Deus.[6]

Philip Yancey

Quinta

Um Reflexo Claro

"Antes, sede uns para com os outros benignos, misericordiosos, perdoando-vos uns aos outros, como também Deus vos perdoou em Cristo."

Efésios 4.32

A misericórdia de Deus renova-se todas as manhãs. E, como filhos de Deus, somos refeitos, à imagem do nosso Pai. Fomos criados para refletir o seu próprio caráter e a sua própria natureza, incluindo uma abundância de misericórdia. Quando outros olham para nós, especialmente em períodos de pressão, quando outros cometem erros que nos afetam, será que eles vêem um reflexo do Pai celestial em nosso caráter e em nossa natureza?

Durante o tempo que passou na terra, Jesus fez o bem. Ele era Deus, mas deixou de lado todas as suas características sobrenaturais e tornou-se homem. Ele confiou no Espírito Santo nas ocasiões de tensão, exatamente como fazemos hoje. Jesus refletiu a imagem de Deus porque o tempo que Ele passava com Deus lhe permitia sentir o amor de Deus. Aquele amor, então, coloria tudo o que Jesus fazia. Logo, Ele podia declarar: "Quem me vê a mim vê o Pai".

É maravilhoso que, quando sentimos Deus sendo misericordioso e compassivo para conosco, experimentamos uma transformação milagrosa. Tornamo-nos mais afetuosos e oferecemos graça e misericórdia aos que estão em redor. Desse modo, o segredo de um coração transformado pela graça e misericórdia encontra-se no tempo gasto na presença de Deus. O que quer que encontremos ali jorrará de nós durante todo o dia para abençoar a nossa família e os nossos irmãos.

Passe mais tempo com Deus hoje e torne-se um espelho em que outros poderão ver o rosto dEle. Quando dedica tempo a Deus, você reflete o próprio caráter de Deus — o seu amor, a sua misericórdia, e a sua graça — na vida de outras pessoas, mesmo sob pressão.

GRAÇA PARA HOJE:

O nosso coração é transformado quando dedicamos tempo a estar na presença de Deus, e nos deleitamos em sua graça e misericórdia.

Sexta

A Paz que Vem do Alto

Paz de espírito não é algo pelo que podemos nos esforçar para adquirir diretamente. Trata-se de uma bênção que o gracioso Deus nos concede quando estamos em posição de recebê-la. Se ficamos desesperados em momentos de tensão, precisamos examinar o nosso relacionamento com o Senhor. Para sentir a paz de Cristo, a paz duradoura da alma, devemos cultivar uma relação próxima com Deus.

A verdadeira paz é uma obra que o Senhor realiza dentro de nós. É um aspecto do fruto do Espírito Santo; e o fruto desenvolve-se gradualmente, ao longo do tempo. Uma árvore jovem envia suas raízes para o interior do solo, extraindo-lhe os nutrientes à medida que vai crescendo, estendendo os galhos e desenrolando as folhas para aproveitar a energia do sol. A árvore deve permanecer em um relacionamento apropriado com a terra e o céu, se quiser produzir frutos. Se as raízes da árvore não estiverem em comunhão com o solo, os frutos simplesmente não aparecerão. Se as suas folhas não estiverem sob a luz do sol, nenhum fruto jamais penderá dos seus galhos.

Imagine-se afundando as suas raízes profundamente na Palavra de Deus todas as manhãs, encontrando alimento na Água Viva que há ali. Imagine-se estendendo-se para o céu em oração todos os dias, estendendo as mãos enquanto se aquece à luz da presença de Deus. Imagine o resultado quando, tendo nutrido o seu relacionamento com o Pai celestial até o ponto em que a sua alma está florescendo, você grita: "Oh, Senhor, produz em mim a tua paz!"

Você não precisa ser um gigante espiritual para conhecer a paz; mesmo as árvores muito jovens produzem frutos. Apenas não tente produzir o fruto por sua própria conta. Promova uma forte união com o bom Criador, aquEle que soprou a vida em tudo, com apenas uma palavra.

GRAÇA PARA HOJE:

A evidência mais clara de que a graça de Deus está trabalhando em nosso coração é quando não entramos em pânico.[7]

Oswald Chambers

"Deixo-vos a paz, a minha paz vos dou; não vo-la dou como o mundo a dá."

João 14.27

Vivemos pela Graça

Por Warren W. Wiersbe

Jamais devemos esquecer que a vida cristã é um relacionamento vivo com Deus por intermédio de Jesus Cristo. Uma pessoa não se torna cristã meramente concordando com um conjunto de doutrinas; ela torna-se cristã sujeitando-se a Cristo e crendo nEle. Não se podem misturar graça e obras, porque uma exclui a outra. A salvação é a dádiva da graça de Deus comprada para nós por Jesus Cristo na cruz. Afastar-se da graça pela lei é abandonar o Deus que nos salvou.

Tenha em mente que a graça de Deus envolve algo além da salvação do homem. Não apenas somos salvos pela graça, mas devemos viver pela graça (1 Co 15.10), pois isso é a base da vida cristã (Rm 5.1,2). A graça concede-nos a força necessária para sermos soldados vitoriosos (2 Tm 2.1-4). Capacita-nos a sofrer sem reclamar, e até mesmo a usar o sofrimento para a glória de Deus (2 Co 12.1-10). Quando um crente deixa de viver pela graça, passa a depender da sua própria força, o que o leva ao fracasso e desapontamento. Isto é o que Paulo quis dizer com "cair da graça" (Gl 5.4) — afastar-se da esfera da graça em direção à esfera da lei, deixando de depender dos recursos de Deus, passando a depender dos seus próprios.

Paulo explica o relacionamento entre a graça e a vida cristã prática. Ele nos mostra que viver pela graça significa liberdade e não escravidão (5.1-12); é depender do Espírito e não da carne (5.13-26); é viver para outros e não para si mesmo (6.1-10); é viver para a glória de Deus e não para a aprovação dos homens (6.11-18). Devemos escolher entre uma e outra — a lei ou a graça — pois não é possível ficar com as duas.[8]

PAI CELESTIAL: DECIDO VIVER ESTE DIA PELA TUA GRAÇA — TUA BONDADE, TUA PUREZA, TUA FORÇA, TUA VERDADE. AMÉM.

"Mas, se é por graça, já não é pelas obras; de outra maneira, a graça já não é graça."
Romanos 11.6

O Segredo do Amor

"Mas, sobretudo, tende ardente caridade uns para com os outros, porque a caridade cobrirá a multidão de pecados."
1 Pedro 4.8

O reverendo Billy Graham, "o pastor da América", é um dos evangelistas mais respeitados e queridos do nosso tempo. Ele e sua esposa, Ruth Bell Graham — também muito estimada — estão casados por mais de 54 anos. Embora o seu casamento possa parecer quase perfeito para os que estão de fora, eles tiveram a sua cota de desentendimentos e épocas difíceis.

Recentemente, o reverendo Graham compareceu ao *Oprah Winfrey Show*, e quando Oprah perguntou-lhe qual era o segredo do amor em seu casamento, Billy Graham lhe deu uma resposta de surpreender: — Felizmente, Ruth e eu somos incompatíveis.

GRAÇA PARA HOJE: Deus toma em suas mãos as nossas diferenças e faz destas o segredo do nosso sucesso.

Que inesperado! Mas quão verdadeiro! Provavelmente todos nós conviveríamos melhor com aqueles em nossa volta — cônjuges, amigos, membros da família, companheiros de trabalho — se conseguíssemos adotar alegremente uma atitude positiva em relação às nossas incompatibilidades e diferenças!

Seja grato pelas pessoas que Deus colocou em sua vida, e lembre-se também de agradecer-lhe pelas diferenças e pelos desentendimentos. Deixe que o "segredo do amor" de Billy e Ruth Graham seja também o seu "segredo", e você construirá relacionamentos que durarão a vida inteira.

Terça

Ansiando pelo Céu

"[...] As coisas que o olho não viu, e o ouvido não ouviu, e não subiram ao coração do homem são as que Deus preparou para os que o amam."
1 Coríntios 2.9

No dia 24 de novembro de 2002, o jornal *Tulsa World* publicou um artigo em que os leitores descreviam como imaginavam ser o Paraíso.

Uma menina de cinco anos de idade, chamada Molly, disse: "Eu acho que o céu é um lugar onde as casas são todas feitas de doce!" Uma moça de 21 anos, Nicole, escreveu: "O céu é um lugar onde você pode assistir à TV e não ganhar um olhar zangado. Os seus sonhos mais loucos se realizam, e todos o apóiam. Você nunca precisará se preocupar em visitar a sua mãe num asilo de idosos porque ela será tão brilhante e ágil como quando tinha 25 anos".

Leitores mais velhos tinham concepções diferentes: "No céu, faremos coisas além da nossa compreensão. Pessoas de noventa anos irão brincar com meninos de dez", escreveu Don, de 78 anos. Mas talvez Alzie Worthens, de 85 anos, tenha feito um resumo melhor, quando declarou: "Prefiro o céu ao inferno, porque ouvi dizer que o Diabo serve café frio, e eu não gosto de café frio".

Como você acha que será o céu? A Bíblia não fornece muitos detalhes do nosso futuro lar celestial, mas você pode ter a certeza de que ele irá exceder, e muito, as suas maiores expectativas. Em Apocalipse 21.3,4 diz que ali estará o "... tabernáculo de Deus com os homens, pois com eles habitará, e eles serão o seu povo, e o mesmo Deus estará com eles e será o seu Deus. E Deus limpará de seus olhos toda lágrima, e não haverá mais morte, nem pranto, nem clamor, nem dor, porque já as primeiras coisas são passadas".

GRAÇA PARA HOJE:

Se Deus fez este mundo tão belo — onde o pecado e a morte abundam — quão maravilhoso e incomparável o paraíso será.

Nada mais de lágrimas. Sem mais dores. Sem morte! O céu é o lugar por que todo coração humano anseia, o lugar onde Deus corrigirá todas as coisas e viverá em meio ao seu povo — para sempre.

A Armadura do Rei

"[...] fortalecei-vos no Senhor e na força do seu poder."
Efésios 6.10

Deus nos concede o que precisamos para permanecermos firmes nas lutas diárias da vida. Ciente das nossas fraquezas, o Senhor sabe quão desesperadamente precisamos dEle. O ponto até onde Deus nos prepara para a batalha é uma medida da sua graça.

Considere o equipamento que Ele nos dá. Não é o de um soldado comum da infantaria. É a armadura de Deus — as roupas de um poderoso guerreiro, Cristo, o Rei. Usando tal armadura, somos como um novo recruta usando o uniforme de um general de quatro estrelas. Agarrando a arma que Deus colocou em nossas mãos, parecemos um humilde camponês segurando "a espada Excalibur".

Somos envoltos com o cinturão da verdade — a verdade eterna e implacável de Deus. Usamos a couraça da justiça — não a nossa justiça, mas a de Cristo. Nossos pés estão calçados em sinal de prontidão, porque ouvimos o evangelho da paz. Somos coroados com o capacete da salvação — uma dádiva impenetrável da graça de Deus. Seguramos o escudo da fé — tão confiável quanto aquEle em quem cremos. E empunhamos a espada do Espírito — a própria Palavra de Deus!

A carta aos efésios nos ensina sobre vestir a armadura de Deus. Não conseguimos fazer isto sozinhos; o Senhor precisa nos ajudar. Jesus, que certa vez lavou os pés de seus discípulos, assume o papel de um escudeiro ajudando o seu cavaleiro a vestir-se. Então, Cristo começa a nos ensinar, transmitindo-nos, por palavra e por exemplo, o conhecimento e os talentos necessários para vencermos.

Entretanto, mesmo depois de estarmos tão excelentemente equipados e treinados, Deus não nos abandona. Ele cavalga conosco até o campo de batalha, lutando ao nosso lado todo o tempo. E, o que é maravilhoso, pelo processo de santificação, Ele nos terá feito campeões no final da batalha, dignos da gloriosa armadura que usamos.

GRAÇA PARA HOJE:

A armadura de Deus protege-nos enquanto combatemos o bom combate da fé.

Quinta

Coroas Duradouras

"Desde agora, a coroa da justiça me está guardada, a qual o Senhor, justo juiz, me dará naquele Dia."
2 Timóteo 4.8

Em um mundo onde o tempo acaba roubando todos os nossos troféus tão duramente conquistados, Deus, em sua graça impressionante, estende-nos recompensas infinitamente melhores, porque são eternas. O Senhor nos oferece a oportunidade de parar de gastar energia buscando recompensas temporárias na terra e focalizar um objetivo muito mais valioso, muito mais nobre.

A durabilidade das coisas exerce um papel essencial no modo como fixamos os valores nesta vida. Por isso o ouro e as terras valem tanto. O ouro não corrói, como outros metais. E as terras, diferentemente de um carro ou de um edifício, não degeneram com o passar do tempo. Um terreno de uma propriedade importante da cidade ainda estará ali muito tempo depois que os carros que embelezam o seu estacionamento já tiverem virado sucata, e muito tempo depois que o arranha-céu sobre ele cair, vítima da equipe de demolição.

Não deveríamos usar os mesmos critérios para comparar recompensas terrenas com as eternas? Usando calculadoras financeiras sofisticadas, os homens de negócios são capazes de determinar, em dólares, o valor atual de um investimento, levando em consideração a vida útil esperada de um bem. Imagine o valor que seria computado se a eternidade entrasse na equação! Calcular um valor assim está além da capacidade da nossa tecnologia. Imaginá-lo está além da capacidade da nossa imaginação.

A Bíblia diz que se buscarmos o Reino de Deus em primeiro lugar, tudo o mais nos será acrescentado. Faça com que realizar a vontade de Deus e obter a sua recompensa sejam a força motriz da sua vida, e deixe que o Senhor decida como Ele irá conceder-lhe as coisas deste mundo. O nosso Pai celestial é gracioso e sábio, e escolherá para você as bênçãos temporárias que irão satisfazê-lo e mantê-lo no caminho para a glória eterna.

GRAÇA PARA HOJE:

As recompensas de Deus são infinitamente melhores do que os troféus deste mundo, porque são eternas.

Sexta

O Príncipe da Paz

A paz começa em Deus. Por isso este mundo tem problemas para obtê-la. A maioria das pessoas mal consegue defini-la. No entanto, como crentes, temos uma conexão direta com a paz perfeita — o Príncipe da Paz.

Neste mundo turbulento, não é bom saber que temos um refúgio para as ocasiões difíceis? Quando o nosso país está em guerra, quando as nossas escolas não são mais os lugares seguros que eram, quando o crime e o ateísmo nos cercam de todos os lados, o Príncipe da Paz governa os nossos corações. Quando não podemos mais acreditar no que lemos nos jornais, quando somos inundados por más notícias, tristes e conflitantes, o Príncipe da Paz governa os nossos corações. Quando somos constantemente bombardeados por imagens comerciais e esgotados pelos desafios a nossa fé, o Príncipe da Paz governa os nossos corações. Quando os líderes das igrejas caem e os escândalos abundam, até mesmo nos lugares mais sagrados, o Príncipe da Paz governa os nossos corações.

GRAÇA PARA HOJE: **Deus nos deu uma conexão direta com a paz perfeita — o relacionamento com Jesus Cristo, o Príncipe da Paz.**

Deus não prometeu que viveríamos em um mundo pacífico. O que Ele prometeu foi que viveríamos em paz em meio a um mundo caótico. É muito freqüente esperarmos que Deus acalme as tempestades ao nosso redor; a verdade é que Ele deseja acalmar as tempestades dentro de nós. Estamos neste mundo, mas não pertencemos a ele. Somos pessoas de paz em um mundo enlouquecido, confuso e irado.

Você está procurando paz? Agora sabe onde encontrá-la. Abra o coração para o Príncipe da Paz — o seu nome é Jesus.

"[...] o seu nome será Maravilhoso Conselheiro, Deus Forte, Pai da Eternidade, Príncipe da Paz."

Isaías 9.6

Expressões de Preocupação

Por John MacArthur Jr.

A palavra inglesa *worry* (trad. "preocupar-se") vem de um antigo termo, *wyrgan*, que significa "sufocar" ou "estrangular". Isto é apropriado, uma vez que a preocupação estrangula a mente, que é o lugar das nossas emoções. A palavra até mesmo se encaixa no sentido de um ataque de pânico.

Não somos muito diferentes das pessoas a quem Jesus falava. Elas se preocupavam com o que iriam comer, beber e vestir. E se você quiser legitimar a sua preocupação, não existe melhor maneira do que dizer: "Bem, não estou me preocupando com nada extravagante, afinal de contas; só estou me preocupando com as coisas básicas". Mas isto é proibido ao crente.

Quando lemos as Escrituras, uma coisa que aprendemos é que Deus quer que seus filhos se concentrem nEle, e não nas coisas terrenas e passageiras deste mundo. Está escrito: "Pensai nas coisas que são de cima e não nas que são da terra" (Cl 3.2). Para que possamos fazer isto, Ele diz: "Não se preocupem com as coisas básicas. Eu cuidarei delas" (ver Mt 6.25-33). Um princípio fundamental da vida espiritual é que não somos pessoas terrenas. Confiar plenamente no Pai celestial dissipa a ansiedade. E quanto mais soubermos sobre Ele, mais iremos confiar nEle.

Acredito em um planejamento sábio e prudente, mas se depois de fazer tudo o que é capaz, você ainda se sentir temeroso do futuro, o Senhor diz: "Não se preocupe". Ele prometeu satisfazer todas as nossas necessidades, e Ele o fará.[9]

PAI CELESTIAL: AGRADEÇO E LOUVO-TE PELO MILAGRE DA TUA GRAÇA — GRAÇA SUFICIENTE PARA FORNECER TUDO DE QUE NECESSITO. TROCO A MINHA PREOCUPAÇÃO PELA TUA PROVISÃO, A MINHA ANSIEDADE PELA TUA PAZ. AMÉM.

"O meu Deus, segundo as suas riquezas, suprirá todas as vossas necessidades em glória, por Cristo Jesus."

Filipenses 4.19

Justamente quando Você Precisar

"[Disse Jesus:] Não vos inquieteis, pois, pelo dia de amanhã, porque o dia de amanhã cuidará de si mesmo. Basta a cada dia o seu mal."

Mateus 6.34

A vida dramática de Corrie ten Boom é familiar à maioria dos crentes de hoje. Quando era uma jovem cristã na Europa, durante a Segunda Guerra Mundial, ela e seus familiares ajudaram a esconder judeus dos nazistas — e foram descobertos. Juntamente com sua família, ela foi enviada a campos de concentração — e poucos, além de Corrie, sobreviveram.

Corrie relatou que, quando criança, teve uma conversa com seu pai, à qual ela se agarrou para atravessar os tempos difíceis que enfrentou mais tarde. O pai contara à filha sobre os primeiros discípulos cristãos que haviam sofrido enormemente por causa de sua fé — mas o que o pai lhe contou trouxe medo ao seu coração. Ela revelou-lhe que provavelmente não teria forças para sofrer por Jesus.

GRAÇA PARA HOJE:

Deus nos dá o antídoto para a preocupação: confiar que Ele estará presente para nos ajudar em toda e qualquer circunstância.

Em resposta aos temores da filha, o pai perguntou:

— Corrie, quando você compra a sua passagem de trem?

Corrie respondeu prontamente:

— Pouco tempo antes de entrar no trem.

Ele então explicou:

— Bem, Corrie, é quando a graça de Deus vem: justamente quando você precisa dela.

Suas preocupações de hoje são suficientes — você não precisa preocupar-se também com o seu futuro. Não importa o que venha enfrentar na vida, quando você estiver diante de situações adversas, a graça de Deus estará presente — justamente quando dela precisar.

Terça

Palavras Duras, Graça Resistente

"que [...] redarguas, repreendas, exortes, com toda a longanimidade e doutrina."
2 Timóteo 4.2

Um amigo está trilhando um caminho cujo resultado, você sabe, será desastroso. Talvez você tenha estado no mesmo caminho antes, ou conhece alguém que ali esteve, ou simplesmente sente que o amigo está fazendo algumas escolhas erradas. Você deseja confrontá-lo, mas será apropriado? Ele irá entender que você está tentando ajudar? Como saber?

O autor da carta de Judas, a curta epístola do Novo Testamento que leva o seu nome, possuía um dilema similar. Ele quis escrever uma carta aos crentes a respeito da salvação. Mas escreveu: "Tive por necessidade escrever-vos e exortar-vos a batalhar pela fé que uma vez foi dada aos santos" (Jd 1.3). Falsos mestres haviam penetrado na congregação e começaram a desviar os crentes do caminho certo. Judas sentia que o Espírito Santo o impelia a guiá-los pelo caminho de volta.

GRAÇA PARA HOJE:

A disciplina de Deus sempre é abrandada por sua graça.

Obviamente, Judas pensou e orou muito antes de começar a escrever. Da mesma maneira, você sempre deve orar antes de tentar corrigir alguém. Embora Deus o possa estar impelindo a intervir diretamente, Ele também pode apenas querer que você interceda por aquela pessoa em oração. Se intervir, você precisa saber que é a pessoa certa para fazer isto. Este conhecimento requer discernimento de Deus.

Quando houver a correção, esta deverá ser abrandada com a graça. Judas estabeleceu uma relação com os seus leitores, lembrando-os do seu amor por eles antes de chegar às palavras duras. Coloque-se no lugar do seu amigo, e compartilhe suas experiências pessoais sem "pregar" para ele. Isto poderá não ser fácil; entretanto, mais cedo ou mais tarde, quando a pessoa perceber o próprio erro, apreciará o fato de você ter dado um passo à frente para alertá-la.

Quarta

Um Alicerce para a Fé — O Espírito Santo

"O mesmo Espírito testifica com o nosso espírito que somos filhos de Deus."
Romanos 8.16

Deus não espera nem exige que você creia nEle com base somente nas palavras da Bíblia, por mais confiáveis que estas sejam. Tornar-se um crente não é uma questão de pesar as evidências contra a fé e as que são a favor, e daí chegar a uma conclusão própria. Não é uma questão de calcular as probabilidades da existência de Deus, "colocar as fichas na mesa" e esperar que o futuro revele se você fez a "aposta correta". Nós nos tornamos crentes quando encontramos a Deus por intermédio do seu Filho, passamos a conhecer Jesus pessoal e intimamente, nos apaixonamos por Ele, e por fim decidimos manter com Ele um compromisso. Tudo isto acontecendo por meio do ministério do Espírito Santo.

Em um instante milagroso, há muito tempo, o Deus Todo-poderoso e invisível veio à terra e relacionou-se conosco, fazendo-se homem, como nós. Durante alguns breves anos, pudemos ver o seu rosto, ouvir a sua voz e tocar-lhe as mãos. Agora isto não mais é possível; porém, logo depois que Jesus deixou este mundo e subiu ao céu, Deus concedeu aos seus seguidores um presente inimaginável: o Espírito Santo derramado em seus corações. No Pentecostes, o Espírito tornou-se o novo Emanuel — "Deus conosco". Naquele dia, Deus cumpriu a sua promessa de nunca nos deixar, e Jesus cumpriu a sua palavra de estar conosco até o fim dos tempos.

Se todas as Bíblias do mundo desaparecessem, se todas as igrejas desaparecessem, se todos os livros, CDs, estações de rádio, DVDs e programas de TV evangélicos desaparecessem, cada crente iria conservar o componente essencial da fé, a "única coisa que é necessária" segundo Jesus: a presença de Deus dentro de nós. O Espírito Santo é a nossa garantia de que Deus é real e que pertencemos a Ele. Que maravilhoso presente da graça!

GRAÇA PARA HOJE:

O Espírito Santo é o nosso Emanuel de hoje, a nossa prova de que Deus existe e dEle somos.

Quinta

Alegria Indescritível

"Ao qual, não o havendo visto, amais; no qual, não o vendo agora, mas crendo, vos alegrais com gozo inefável e glorioso."
1 Pedro 1.8

Muitas coisas neste mundo prometem a felicidade, mas poucas a proporcionam. Alguns crêem que se tivessem dinheiro suficiente, seriam felizes. Outros acham que se conseguissem perder peso, ou tivessem mais amigos, a felicidade estaria à porta todos os dias. Você se deu conta de que sua vida cristã tem sido redirecionada em busca de felicidade? Se este é o caso, é tempo de abandonar a ansiedade e experimentar a alegria.

A alegria está sempre a sua disposição, e é muito diferente da felicidade. Esta depende de situações favoráveis. Ela espera até que as coisas estejam exatamente da maneira como deveriam estar antes de poder se cumprir. Assim, um jovem profissional não é feliz porque não é um milionário. Os milionários não são felizes porque não são bilionários. De igual modo, uma pessoa que veste o tamanho 48 não é feliz porque não usa roupas tamanho 46. E quem usa o 46 não é feliz porque não usa um tamanho menor... A felicidade nunca está satisfeita.

A alegria, por outro lado, não depende das situações para estar realizada. Ela jorra de uma única fonte — Deus. Com a alegria, uma pessoa pode ganhar ou perder grandes riquezas e ainda assim encontrar satisfação e contentamento na vida. Esta alegria é o que você vê em alguém que, doente em um hospital, mantém atitude positiva e jovial. Pessoas assim podem não saber por que estão alegres, mas seus corações estão cheios de glória, honrando a Deus, apesar da situação precária em que se encontram.

A alegria não precisa de um motivo. Ela está disponível a todos os que precisam viver neste mundo de tribulações. E está disponível hoje para você, se desejar andar com ela.

GRAÇA PARA HOJE:

Deus é a única fonte de alegria em nossa vida.

O QUE VOCÊ DISSE?

Há muitos anos, a juíza Claudia Jordan causou pânico no seu tribunal em Denver, quando entregou um bilhete ao escrivão, onde se lia: "Não vejo nada do lado direito. Talvez esteja caindo. Por favor, chame alguém". O escrivão imediatamente pediu ajuda, ligou para 191 e solicitou que uma ambulância viesse até a corte o mais rapidamente possível.

Quando a juíza foi informada de que os paramédicos estavam a caminho, apontou tranqüilamente para as persianas fechadas do lado direito da sala, e disse: — Na verdade, eu estava esperando alguém da equipe de manutenção.

Todo mundo já teve uma experiência de mal-entendido em sua vida. É o tipo de coisa que acontece o tempo todo, e algumas vezes pode ser bastante divertido! Mas esteja você falando com o seu cônjuge, com os filhos, amigos ou colegas de trabalho, a comunicação clara é importante para entender efetivamente as necessidades, os desejos, as esperanças e os sonhos do outro — e para conseguir transmitir o evangelho com eficiência.

O apóstolo Paulo sabia que a boa comunicação era importante — especialmente quando se tratava de crentes transmitindo a fé a outras pessoas. Apresentar o evangelho de uma maneira clara e significativa a outras vidas deveria ser a prioridade de cada seguidor de Cristo. Comece a orar como Paulo fazia, a fim de que a sua transmissão do evangelho seja eficiente e produza muitos frutos para o Reino de Deus.

GRAÇA PARA HOJE:

Se pedirmos, o Senhor fielmente nos dará as palavras corretas para compartilharmos a nossa fé.

"Para que a comunicação da tua fé seja eficaz, no conhecimento de todo o bem que em vós há, por Cristo Jesus."

Filemom 1.6

Substituindo a Preocupação pelo Enfoque Correto

Por John MacArthur Jr.

Deus quer libertar os seus filhos da preocupação com o que é terreno. Em Colossenses 3.2, está escrito, tão diretamente quanto possível: "Pensai nas coisas que são de cima e não nas que são da terra". Desse modo, um crente materialista é uma contradição.

A palavra grega *protos*, que significa "primeiro", tem o seguinte sentido: "o primeiro em uma seqüência de mais de uma opção". De todas as prioridades da vida, buscar o Reino de Deus é a número um. Isto significa fazer o que puder para promover o domínio de Deus sobre a sua criação. Inclui procurar fazer com que as regras de Cristo se manifestem em sua vida por meio da "justiça, e paz, e alegria no Espírito Santo" (Rm 14.17). Quando o mundo vir estas virtudes no lugar da preocupação em você, será uma evidência de que o Reino de Deus está presente.

Qual é a preocupação do seu coração? Você está mais preocupado com o Reino ou com as coisas deste mundo? Não fique ansioso pelos bens da terra — ou qualquer outra coisa que diga respeito a isto. Como diria Sherlock Holmes, não se limite a ver, mas observe. E lembre-se do que Jesus disse que você deveria observar: evidência abundante a sua volta do grande zelo de Deus em suprir as necessidades dos seus amados.[10]

QUERIDO PAI: AJUDA-ME A DESVIAR OS OLHOS DAS COISAS DESTE MUNDO E FIXÁ-LOS EM TI E NAS VASTAS PROVISÕES QUE RECEBO POR MEIO DA TUA GRAÇA. ACREDITO QUE A VIDA NO TEU REINO INCLUI TUDO O QUE EU PODERIA NECESSITAR NESTE MUNDO. AGRADEÇO-TE POR ME DARES MAIS DO QUE O SUFICIENTE. AMÉM.

"[Disse Jesus:] Buscai primeiro o Reino de Deus, e a sua justiça, e todas essas *coisas* vos serão acrescentadas."

Mateus 6.33

Segunda

Você É um Charlie Brown?

"Assim que, se alguém está em Cristo, nova criatura é: as coisas velhas já passaram; eis que tudo se fez novo."
2 Coríntios 5.17

Você fez algum teste de personalidade ultimamente? Não um dos testes psicotécnicos — mas um destes baratos que são constantemente anunciados em capas das revistas mais vendidas ou que circulam pela internet? Aqui estão algumas das perguntas contidas neles:

"Você é uma pessoa viciada em TV ou é uma pessoa audaciosa?"

"Felina ou canina — que tipo de pessoa é você?"

E, sempre uma favorita: "Que líder famoso você é: Gandhi ou Hitler?"

O mais novo teste de personalidade que anda circulando atualmente é também o mais fora de moda: "Você é um Charlie Brown?" Depois de responder a dez perguntas profundas, que o obrigam a fazer um exame de consciência — como "Que tipo de filme você prefere?" ou "Qual é a sua cor favorita?" — você consegue determinar com qual personagem de história em quadrinhos você é mais parecido: Garfield, Snoopy, Dexter, Charlie Brown e, por último, mas não menos importante, Bob Esponja.

GRAÇA PARA HOJE:

Graças a Cristo, podemos ter certeza da nossa identidade como filhos de Deus.

Por que as pessoas respondem a tolices como essas? Porque elas são divertidas, naturalmente, mas também porque estes testes mostram um lado de nós mesmos que sequer sabemos que está presente. Em alguns casos, podem dar uma idéia de quem somos.

Felizmente, por meio de Jesus, você pode saber quem realmente é — e pode ter certeza da sua identidade em Cristo. Você é uma nova criatura nEle, a menina dos olhos de Deus, comprado por um alto preço e redimido pelo sangue de Jesus. Você é um filho amado do Rei! Isto é melhor do que ser um Charlie Brown em qualquer dia.

Terça

O Momento Certo

"Espera no Senhor, anima-te, e ele fortalecerá o teu coração; espera, pois, no Senhor."
Salmos 27.14

Atletas de todo o mundo alinham-se junto à linha de partida, esperando o disparar da pistola. Parece que esperam uma eternidade até poderem começar a correr a toda velocidade a fim de alcançar um prêmio. Se começam a correr antes do momento certo, são desclassificados. Este é um princípio também verdadeiro em nossa vida.

Você já começou alguma coisa boa no momento errado? Muitos fazem isto, provando que esperar pode ser algo difícil de fazer, especialmente quando os sonhos estão envolvidos. O pior momento da espera é quando ela parece exigir nenhuma ação, numa ocasião em que parece ser necessário agir. Mas este período de espera é parte do cronograma de Deus. É a oportunidade que o Senhor tem para preparar-lhe o caminho, e para prepará-lo também.

Deus faz algo especial no coração daqueles que sabem esperar. Um crente assim estará a sua disposição no momento adequado. O Senhor usa estes filhos porque sabe que são fiéis para esperar a sua ordem de ir adiante. Hoje, talvez você ainda não tenha ouvido o disparo da pistola, mas vê o caminho em que deve correr. Use fielmente a virtude da paciência, e a sua corrida será concluída com o resultado tão almejado.

GRAÇA PARA HOJE:

O cronograma de Deus é sempre perfeito — nunca é atrasado, nunca adiantado; o momento de Deus agir chega sempre e exatamente quando precisamos dEle.

Aquele em Quem Podemos Confiar

"Nem a altura, nem a profundidade, nem alguma outra criatura nos poderá separar do amor de Deus, que está em Cristo Jesus, nosso Senhor!"
Romanos 8.39

Certa vez, um rapaz telefonou à namorada a fim de convidá-la para um encontro importante. Algo muito especial iria acontecer, ele garantiu-lhe. Ela vestiu-se cuidadosamente para ter a melhor aparência possível e esperou ansiosa pelo momento do encontro. O rapaz a apanhou naquela noite em seu carro antigo e permaneceu quieto enquanto dirigia, obviamente imerso em seus pensamentos.

Finalmente, rompeu-se o silêncio — com entusiasmo, o rapaz disse à moça que o grande momento estava próximo. Imaginando que se tratava de uma proposta de casamento, ela mal podia conter a excitação. Então, ele declarou: — Chegou o grande momento! — Ele observou, esfuziante, o hodômetro do carro passar da marca dos 100 mil quilômetros. Quase delirando de alegria, ele exclamou: "Olhe! Tudo voltou ao zero!"

A jovem fez uma careta. "Voltou ao zero, é verdade, disse ela."

Algumas vezes, a vida nos traz desapontamentos — especialmente quando depositamos a nossa esperança, a nossa confiança e as nossas expectativas nas coisas erradas. Mas não importa quanto as outras pessoas ou as circunstâncias o tenham desapontado — existe um Deus cujas promessas continuam verdadeiras. Ele é completamente fiel, e nada jamais poderá separá-lo do seu amor.

GRAÇA PARA HOJE:

Deus nunca nos desaponta, nunca nos decepciona. Ele sempre cumpre as suas promessas.

QUINTA

FIQUE EM SILÊNCIO... E OUÇA

"Chegai-vos a Deus, e ele se chegará a vós."
Tiago 4.8

Passar um tempo tranqüilamente com Deus todos os dias é vital para todo crente. Somente conectando-se com Deus dia-a-dia podemos, de forma gradual, fortalecer a nossa fé e edificar a nossa resistência para vencer as tentações e provações. Como acontece com qualquer amizade, apenas por meio de contatos repetidos podemos vir a compreender a vontade de Deus para nós e aprender a confiar nos seus objetivos. E esta é a única maneira de poder apreciar a graça, a misericórdia e o amor de Deus.

No entanto, encontrar tempo todos os dias para estar sozinho com Deus pode representar uma luta; e não saber o que fazer quando estivermos em sua presença pode transformar um "momento de tranqüilidade" em um "momento de frustração". Experimente ler alguns versículos da Bíblia todos os dias. Eles são a carta de amor de Deus para você. Depois, converse com Ele sobre o que leu. Não se trata de compreender tudo nem de falar em termos teológicos e eloqüentes. Trata-se de estar com Deus, passar tempo com Ele, desfrutar a sua companhia.

Na verdade, não há problema algum em simplesmente ficar quieto na presença de Deus; chamamos isto de "momento tranqüilo". Abra os ouvidos espirituais e ouça. Ele pode não falar-lhe com muitas palavras, mas irá falar às profundezas do seu coração.

Faça o que fizer, não adie isto nem por mais um dia. Separe alguns momentos e preste atenção a Deus. Concentre-se nEle. Não existe comunhão mais doce na terra, nem no céu.

GRAÇA PARA HOJE:

O Deus do universo não apenas nos ama; o seu desejo é passar todos os dias conosco, em uma doce comunhão.

Tudo o que Você Precisa Fazer É Pedir

Todos nós temos nossas necessidades e nossos desejos — pedidos que, se fossem atendidos, melhorariam enormemente a nossa capacidade de levar uma vida feliz e produtiva. Mas, por algum motivo, deixamos de pedir. Que grande engano! A Bíblia mostra-nos que Deus está comprometido em nos atender quando oramos. E Ele quer que tenhamos tudo o que é necessário para a nossa saúde e nosso bem-estar.

Talvez fosse mais fácil orar se pudéssemos entender que as nossas orações são como um doce incenso para Deus. Ele gosta de ouvir a nossa voz quando recorremos a Ele, pedindo que tenha uma participação ativa em nossa vida diária. Deus sente alegria em seu coração quando realmente confiamos nEle para cuidar de nós, pela fé, e deixamos de lado as nossas preocupações. Ele gosta quando pedimos. E Ele gosta de dar uma resposta. Não é maravilhoso saber que a nossa vida está segura, sob o cuidado de um Deus que nos responde?

GRAÇA PARA HOJE:

Deus gosta de ouvir a nossa voz quando recorremos a Ele, pedindo que Ele tenha uma participação ativa na nossa vida diária.

A Palavra de Deus contém as respostas para qualquer oração que você proferir. Não existe nenhum desejo justo que Deus não possa atender. Mas temos de ir até Ele, e pedir, para poder receber.

Talvez agora seja o momento de assumir um novo compromisso de buscar a Deus em oração, sem ter medo nem vergonha de pedir-lhe aquilo que precisamos. Ele é leal em sua determinação de nos ouvir e atender. E tudo o que precisamos fazer é pedir.

"[Disse Jesus:] Se pedirdes alguma coisa em meu nome, eu o farei."
João 14.14

O Pai que É completamente Suficiente

Por Luis Palau

Não importa quão impressionantes possam ser os nossos recursos terrenos — amigos, família, riquezas, segurança, reconhecimento — eles não representam uma fortaleza invencível contra as pressões da vida. As pressões externas sobre as quais temos pouco controle — perder um emprego, problema financeiro, uma tragédia pessoal ou problemas familiares graves — podem se tornar demais para nós.

Alguns sofrem de um desespero interior: o inexplicável e terrível sentimento de vazio, solidão e medo, o qual os alemães chamam de *Angst*. Passamos de um conselheiro a outro, procurando alívio para o nosso redemoinho interior.

Outros sofrem com o tédio absoluto por causa das rotinas diárias. Nós nos rebelamos contra fazer as mesmas tarefas insuportáveis repetidas vezes. De repente, não mais suportamos ir ao escritório, conversar com amigos pelo telefone, preparar outra xícara de café ou levar as crianças para outra atividade.

Hoje, vemos um número crescente de pessoas cujos recursos são insuficientes para sustentá-las em meio às dificuldades da vida. No entanto, Deus pode satisfazer nossas mais profundas necessidades, mesmo quando enfrentamos pressões externas, desespero interior ou rotinas diárias terrivelmente monótonas. Em 2 Coríntios 1, Paulo fala de um Deus que é suficiente para satisfazer todas as pressões que enfrentamos na vida; alguém que é fiel para conduzir seus filhos em meio às turbulências. O nosso Pai suficiente pode nos consolar e sustentar nas situações de aperto e nos capacitar a viver como crentes vitoriosos![11]

SENHOR DEUS: Coloco as minhas pressões e responsabilidades aos teus pés, e peço o teu amor e a tua graça — graça que é suficiente para satisfazer todas as minhas necessidades e capacitar-me a viver uma vida cristã vitoriosa. Amém.

"Mas já em nós mesmos tínhamos a sentença de morte, para que não confiássemos em nós, mas em Deus, que ressuscita os mortos."

2 Coríntios 1.9

UM ESPÍRITO SERENO

"Retém as suas palavras o que possui o conhecimento, e o homem de entendimento é de precioso espírito."
Provérbios 17.27

Pouca coisa na vida é mais difícil do que controlar as palavras — especialmente quando sentimos fortemente que estamos certos. Como podemos nos controlar quando alguém que nos provoca ao conflito certamente vencerá se nós não nos manifestarmos? Naturalmente, há ocasiões em que precisamos erguer a voz para sermos ouvidos, mas também há ocasiões em que os nossos protestos só irão piorar as coisas.

Você conhece pessoas que parecem sempre trazer consigo uma discussão sobre as coisas mais simples? Estas parecem ser especialmente destinadas a trazer sofrimento e irritação a sua vida. E, às vezes, você tem a impressão de que, quanto mais intimamente tenta andar com Deus, mais se torna alvo de pessoas assim, desejando atormentá-lo. Com a sabedoria de Deus, você pode revidá-las com a sua própria força, ou ficar quieto.

GRAÇA PARA HOJE:

Quando nos aquietamos, conservamos a paz.

Quando você se aquieta, conserva a paz. Ficar tranqüilo significa que você decidiu não permitir que ninguém lhe remova a dádiva da paz de Deus. Você guarda algo que os outros freqüentemente não têm. Ao fazer isto, você se permite algum espaço para ouvir a Deus, a fim de ter as palavras corretas para dizer. Deus quer que você tenha um espírito sereno. Desta maneira, quando a vida ficar complicada, tenha consolo em saber que a paz do Senhor está sempre com você, e que a resposta dEle virá em breve.

Terça

O Sacrifício de Louvor

"Portanto, ofereçamos sempre, por ele, a Deus sacrifício de louvor, isto é, o fruto dos lábios que confessam o seu nome."
Hebreus 13.15

Vivemos em um mundo que nem sempre faz sentido, e que nem sempre parece trabalhar a nosso favor. Mas quando a vida fica difícil, sempre podemos começar a louvar a Deus em meio à dificuldade. Louvar a Deus pode, às vezes, parecer a atitude mais ineficaz e insignificante que podemos tomar, especialmente quando estamos cercados por desafios. Então, por que deveríamos fazer isto? Por que devemos cantar um cântico a Deus quando tudo na vida está lutando duramente contra nós, e Deus parece ausente?

Deus conhece o final de cada desafio que enfrentamos, antes mesmo que o enfrentemos. Aos seus olhos, não há nada além da vitória diante de você. O seu desejo nunca é trazer-lhe dano e destruição, mas sim vitória e paz. Louvar a Deus em meio aos seus dias mais atormentados mostra que você confia que Deus está no controle. O seu louvor brilha contra o rosto do adversário espiritual, declarando a derrota iminente que este sofrerá. Este louvor, que se expande do seu coração e sai dos seus lábios, professa que você não irá abandonar a fé, não importa o que venha a enfrentar. Uma sinceridade tão grande jamais fica sem resposta.

GRAÇA PARA HOJE:

Deus está sempre nos ajudando, especialmente quando o louvamos.

Embora louvar a Deus durante períodos de desentendimentos, dificuldades e até mesmo necessidades possa parecer insensatez, com muita freqüência é o caminho para sair da tribulação. Você lhe dará o seu louvor hoje? Você dirá a Deus que sabe quem Ele é, e quanto Ele é grandioso? Se você fizer isto, a vitória será sua, agora mesmo. Você pode não ver nenhuma transformação imediata na situação, mas uma coisa é certa — você terá se transformado. Você terá mostrado a Deus que as suas lágrimas foram enxugadas, e que você confia nEle completamente. Este é o sacrifício de louvor.

O nosso Deus Exultante

"O Senhor, teu Deus, está no meio de ti, poderoso para te salvar; ele se deleitará em ti com alegria; calar-se-á por seu amor, regozijar-se-á em ti com júbilo."

Sofonias 3.17

Você alguma vez já se perguntou como Deus se sente? Qual é o seu estado de espírito em um dia como hoje? Será que Ele está sentado ali, sofrendo com a situação do mundo? Estará chorando por causa dos pecados que são praticados na terra? Estará zangado e irado vendo o mal e a injustiça que poluem e corrompem a sua magnífica criação?

Você pode se surpreender ao saber que uma característica básica de Deus é a felicidade. Ele está cheio de gozo e júbilo. A imagem que muito freqüentemente fazemos de um Cristo agonizante na cruz não é o retrato de Jesus hoje. Ele provou ser vitorioso sobre o sepulcro. Ele completou a sua obra de redenção na cruz. Ele caminhou em obediência e possibilitou a dádiva da graça de Deus. Agora Ele vive nas moradas eternas, alegrando-nos e encorajando-nos em nosso caminhar pela vida.

Certamente, não é difícil louvar um Deus que é feliz e cheio de alegria! Não é uma tarefa árdua cantar para um Deus que se alegra quando você canta a música dEle.

Será que o seu conceito de Deus precisa de alguma mudança? Deixe de lado as imagens religiosas. Limpe a sua mente. Então, peça a Deus para dar-lhe uma visão da glória de Cristo hoje. Sentado à direita do Pai, Ele está exultante — por você! Ver isto modificará a sua vida para sempre.

GRAÇA PARA HOJE:

O nosso Deus é um Deus feliz, que se alegra por nós.

Quinta

Misericórdia, Misericórdia

"Bem-aventurados os misericordiosos, porque eles alcançarão misericórdia."
Mateus 5.7

Durante a Guerra Civil, um jovem adolescente alistou-se no exército da União, mas era jovem demais para poder servir ao seu país. Assim, quando começou a primeira batalha contra o inimigo, ele sentiu muito medo e fugiu. Sendo capturado, foi preso, acusado de deserção e condenado à morte por fuzilamento de um pelotão.

Seus pais se entristeceram muito. Eles escreveram uma carta ao presidente Abraham Lincoln, implorando por misericórdia para o seu amado filho. Enormemente comovido pela carta sincera, o presidente Lincoln investigou os fatos. Quando descobriu a verdade, ele concedeu ao rapaz o perdão presidencial pleno. Explicando seus atos, o presidente escreveu: "Ao longo dos anos... observei que atirar num rapaz não lhe traz bem nenhum!" Obviamente, Lincoln compreendia o verdadeiro significado de misericórdia.

Mais tarde, quando a guerra estava quase no fim e já se podia ver a vitória da União, perguntaram ao presidente Lincoln como ele trataria os sulistas depois do fim da guerra. Ele respondeu: "Como se eles nunca tivessem se separado da União". Um entrevistador protestou: "Mas, presidente, não devemos destruir os nossos inimigos?" Lincoln nem sequer fez uma pausa: "Não destruímos os inimigos quando os transformamos em amigos?"

Esta qualidade de misericórdia fez do presidente Lincoln um dos líderes mais populares que já honrou o cargo de presidente. Obviamente, ele tinha memorizado as Bem-aventuranças — especialmente aquela que diz: "Bem-aventurados os misericordiosos, porque eles alcançarão misericórdia".

Como anda a sua misericórdia hoje? Aquele mandamento, "como vós quereis que os homens vos façam, da mesma maneira fazei-lhes vós também", definitivamente se aplica aqui. Se quiser receber misericórdia, você terá de mostrar misericórdia. Seja misericordioso hoje.

GRAÇA PARA HOJE:

Não existe neste mundo nenhuma qualidade mais semelhante a Deus do que a misericórdia.[12]

James W. Moore

Sexta

O Salário do Pecado

Rafiq Abdul Mortland precisava claramente escolher outra carreira. O trabalho deste homem de 38 anos de idade causava-lhe muita pressão — sem mencionar o fato de que era ilegal! Mortland tinha cometido uma série de roubos em County, Minnesota, e, felizmente para ele, acabou sendo preso. Depois de ser detido, ele foi condenado a um período de oito a dez anos de prisão por ter assaltado oito estabelecimentos locais.

Durante a sua série de crimes, Mortland recebeu o apelido de "O ladrão dos antiácidos", porque ele sempre pedia antiácidos aos funcionários das lojas durante os roubos. A explicação? Mortland tinha acidez gástrica por causa do stress gerado pelos crimes!

GRAÇA PARA HOJE:

Deus está sempre pronto a nos perdoar os pecados. A vida santa para a qual Ele nos chamou é uma vida de bênçãos, paz, esperança e bondade.

Talvez a sua série de crimes não seja tão visível quanto a de Mortland. Pode ser que os seus pecados sejam pequenos, quase imperceptíveis, exceto no seu coração e na sua mente. Deus diz que devemos nos afastar do pecado, porque Ele sabe que não importa se a transgressão é grande ou pequena, o salário final é a morte. Isto parece dramático, mas se estiver prestando atenção, você perceberá os sintomas reveladores — inquietude, insônia, atordoamento e a incapacidade de aproveitar as bênçãos que Deus disponibilizou para você.

À luz das riquezas da graça de Deus, por que você desejaria viver desta maneira? Deixe de lado os antiácidos e peça a Deus que o perdoe e limpe o seu lar. Escolha o caminho da vida!

"O mal perseguirá aos pecadores,
mas os justos serão galardoados com o bem."
Provérbios 13.21

O Tribunal da Misericórdia

Por Warren W. Wiersbe

O Tribunal de Cristo é aquele evento futuro em que o povo de Deus comparecerá diante do seu Salvador, e as suas obras serão julgadas e recompensadas (ver Rm 14.8-10). Através da obra de Cristo na cruz, que é fundamentada na graça, os crentes não serão punidos por causa dos pecados que praticaram (Rm 8.1; Jo 5.24), mas terão de prestar contas das obras e do serviço ao Senhor.

O Tribunal de Deus será um lugar de revelação, pois a palavra "comparecer" significa "tornar conhecido abertamente". Vivendo e trabalhando aqui na terra, é relativamente fácil ocultar as coisas e fingir; mas o verdadeiro caráter das nossas obras será exposto diante dos olhos perscrutadores do Salvador. Ele irá revelar se as nossas obras foram boas ou más ("sem valor"). O caráter do nosso serviço será revelado (1 Co 3.13), assim como os motivos que nos impeliram a fazê-lo (1 Co 4.3).

Será também um lugar de ajuste de contas, quando prestaremos conta dos nossos ministérios (Rm 14.10-12). Se tivermos sido fiéis, será um lugar de recompensas, reconhecimento e alegria, enquanto glorificaremos ao Senhor redirecionando as recompensas a Ele em adoração e louvor (1 Co 3.10-15; 4.1-6).[13]

PAI CELESTIAL: AGRADEÇO-TE PORQUE NÃO SEREI JULGADO COM BASE EM MINHAS FALHAS E IMPERFEIÇÕES, MAS SOMENTE POR AQUELAS OBRAS QUE REALIZEI PELO PODER DA TUA GRAÇA. ESPERO ANSIOSAMENTE PELO DIA EM QUE COMPARECEREI DIANTE DE TI, CONFIANTE E EXULTANTE. AMÉM.

"[...] Pois todos havemos de comparecer ante o tribunal de Cristo [...] De maneira que cada um de nós dará conta de si mesmo a Deus."

Romanos 14.10-12

Crescer na Graça

"[Disse Jesus:] E outra caiu em boa terra e deu fruto: um, a cem, outro, a sessenta, e outro, a trinta."
Mateus 13.8

A vida cristã é como cuidar de uma horta. Pense no seguinte: Se você não regar a horta, as plantas não crescerão, e algumas poderão morrer. Uma horta precisa ser protegida das ervas daninhas que procuram enraizar-se e roubar água e luz dos vegetais. Você precisa livrar-se dos insetos destruidores (como as lagartas), ao mesmo tempo que ajuda os insetos úteis (como as abelhas) a viver. Se há um problema sério com sua horta, talvez você precise da ajuda de um especialista e de estar disposto a ouvir os seus conselhos.

O mesmo se dá com a vida cristã. Se você não alimentá-la com oração, comunhão e o estudo da Palavra de Deus, não irá amadurecer em Cristo, e os velhos hábitos, assim como as ervas daninhas, podem voltar a sua vida. Você tem de proteger-se das idéias profanas que tentam sufocá-lo arrancando-as pela raiz. Além disso, precisa discernir quem, entre os amigos, está disposto a ajudá-lo na sua caminhada cristã, ao mesmo tempo que deve se proteger contra aqueles que surgem para tentar impedi-lo.

E, o mais importante, você deve perceber que haverá ocasiões em que precisará recorrer à graça de Deus para obter ajuda em certas batalhas da sua vida. Deus está pronto e é capaz de trazer crentes amadurecidos até você para orientá-lo e apoiá-lo, mas você precisará estar disposto a permitir que eles o ajudem. Deus deseja que você produza bons frutos para Ele. Permita que Ele derrame a sua graça sobre a sua vida.

GRAÇA PARA HOJE:

Deus estende a sua graça a cada um de nós por meio de pessoas que nos ajudam a manter firme a nossa fé e a viver uma vida consagrada ao Senhor.

Terça

Aproximando-se

"Não to mandei eu? Esforça-te e tem bom ânimo; não pasmes, nem te espantes, porque o Senhor, teu Deus, é contigo, por onde quer que andares."
Josué 1.9

O seu crescimento em Deus estagnou? O pecado entrou em sua vida, pouco a pouco? O fogo que antes existia em seu coração parece extinto? Se este é o caso, lembre-se: Deus não irá partir. Ele não o deixará sozinho em nenhum momento. E você sempre terá um lugar especial no coração do Senhor. Quando Jesus se tornou uma realidade em sua vida, Deus fez-lhe algumas promessas e está dedicado a cumpri-las, começando com o compromisso de ser-lhe leal. O Senhor deseja tanto vê-lo na sua presença que em todo o tempo irá lembrar-lhe que você deve aproximar-se dEle.

Imagine isto: Deus o vê exatamente onde você está agora. Exatamente neste momento, os olhos vigilantes de Deus estão sobre você. A disposição do Senhor não é a de sacudir a cabeça em desapontamento quando o vê. Ele é amor. Ele é cuidado. Ele está cheio de misericórdia e graça. Ele apenas deseja novamente a comunhão com você para que possa derramar o seu amor e as suas bênçãos sobre a sua vida. Ele prometeu que nunca o abandonará. Ele está com você, onde quer que esteja.

GRAÇA PARA HOJE:

Deus espera que nos aproximemos dEle.

Não gostaria de se aproximar dEle outra vez, com fé e amor? Fazer isto trará contentamento tanto ao coração de Deus como ao seu. Também lhe devolverá a alegria jovial de ter a fé de uma criancinha, recompensando-o com uma comunhão sem limites com o Criador do universo.

A Lição da Espera

"O Senhor não retarda a sua promessa [...]"
2 Pedro 3.9

Em seu livro *Sabbatical Journeys*, o falecido Henri Nouwen escreveu sobre uma família de trapezistas — os Roudellas Voadores. Os trapezistas descreviam a ligação especial entre o "voador" e o "agarrador" quando faziam suas exibições: o "voador" é aquele que solta, e o "agarrador" é aquele que o agarra de volta. Enquanto o voador dança no trapézio lá no alto, acima da multidão, chegará o momento inevitável em que precisará soltar a barra. Ao soltá-la, o seu corpo estará arqueado no ar, e ele precisará ficar tão imóvel quanto possível esperando que as fortes mãos do agarrador o apanhem, antes que ele caia.

Como disse um dos Roudellas Voadores a Henri Nouwen, "o voador nunca deve tentar pegar o agarrador. Ele deve esperar com total confiança. O agarrador irá apanhá-lo — mas ele precisa esperar".

Esperar por Deus pode ser uma das coisas mais difíceis para um crente fazer. A nossa sociedade confere grande valor à produtividade — faça as coisas, e faça-as agora. No entanto, esperar por Deus é um assunto bem diferente. O cronograma de Deus não é o nosso. José passou muitos anos na prisão antes que os seus sonhos de liderança se realizassem. Os israelitas estiveram em escravidão por quarenta anos antes que Deus os libertasse. Deus usa o tempo de espera a fim de preparar o seu povo para coisas maiores, mas este período pode ser frustrante sem a confiança nEle.

Você está na posição da espera hoje? Como se estivesse balançando no ar, prestes a mergulhar em direção ao solo, esperando que Deus o agarre antes que você caia? Ele é fiel e cumprirá todas as suas promessas para você — de acordo com o cronograma que Ele estabeleceu. Assim como o voador espera em total confiança pelo agarrador, continue a confiar que Deus tem tudo sob controle.

GRAÇA PARA HOJE:

As promessas de Deus são garantidas. Elas nunca nos desapontam, nunca nos deixam cair.

Quinta

Mostrando o Caminho

"Disse-lhe Jesus: Eu sou o caminho, e a verdade, e a vida."
João 14.6

Um orador bastante famoso estava programado para falar na prefeitura de uma cidade que não conhecia. Ele decidiu caminhar de seu hotel até o evento, mas perdeu-se no caminho. Ao ver um grupo de rapazes do outro lado da rua, aproximou-se para pedir orientação.

— Ei, garotos — disse. — Algum de vocês pode me dizer como chegar até a prefeitura?

— O que vai fazer quando lá chegar? — perguntou um dos rapazes. Pressentindo uma oportunidade para convidar os garotos para a reunião, o orador informou-lhes, pomposamente: — Bem, vou dar uma palestra.

— Sobre o quê? — foi a pergunta esperada.

— Vou falar às pessoas desta cidade como podem ir para o céu. Não gostariam de vir também?

— Está brincando? — perguntou o menino, surpreso. — Você nem mesmo sabe chegar à prefeitura!

Às vezes, é fácil para o crente escorregar em um falso orgulho religioso. A verdade, porém, é que sem Jesus estamos todos perdidos, no caminho errado. Mas graças a Deus, Jesus é o Caminho!

Você já encontrou Jesus, o único Caminho para o Pai? Se já o encontrou, então faça uma oração de agradecimento a Deus por não estar mais perdido, debatendo-se em um mundo de pecado e desesperança. Mas esteja preparado para também mostrar o caminho a outros. Quando convidamos humildemente outras pessoas para se unirem a nós nesta jornada — aceitando a Cristo como seu Senhor e Salvador — estamos seguindo o exemplo do apóstolo Paulo: "E não buscamos glória dos homens, nem de vós, nem de outros [...] sendo-vos tão afeiçoados, de boa vontade quiséramos comunicar-vos, não somente o evangelho de Deus, mas ainda a nossa própria alma" (1 Ts 2.6,8).

GRAÇA PARA HOJE:

Não estamos mais perdidos, procurando o caminho que leva a Deus. Jesus o revelou a nós. Ele é o Caminho!

O Melhor dos Amigos

No início do épico de J. R. R. Tolkien, *O Senhor dos Anéis*, Gandalf designou uma difícil tarefa ao seu jovem, ingênuo e despreparado amigo Frodo. Era uma tarefa que expandiria o seu pequeno mundo e transformaria a sua vida para sempre. Uma tarefa que precisava ser realizada, mas era tão difícil que ele não podia garantir que Frodo seria bem-sucedido. Mas ele pôde oferecer este poderoso conselho: "... você não deve ir sozinho, não sem conhecer alguém em quem confie, e que esteja disposto a estar ao seu lado... mas se procurar alguém para acompanhá-lo, seja cuidadoso na escolha!"

A comunhão com outros crentes pode fazer a diferença entre atravessar uma situação difícil e deixar que o mundo o vença. Partilhar as suas alegrias, tristezas, esperanças e frustrações com alguém pode fortalecê-lo como indivíduo e ajudá-lo a definir as providências a tomar. A comunhão ajuda-o a transmitir o amor de Cristo a outros. À medida que você aprende a confiar em outras pessoas, estas aprenderão a confiar em você. E, por meio da comunhão, você poderá sentir diretamente a graça de Deus quando vir outros lhe estendendo gentileza e compaixão justamente quando você precisar.

Lembre-se, até mesmo Paulo precisou de um amigo como Barnabé ou Silas para dividir o peso do seu ministério e ter comunhão. Procure maneiras de construir amizades cristãs na sua igreja, em um grupo de estudo bíblico do qual participe ou até mesmo no trabalho. Peça a Deus que traga amigos a sua vida, e dedique algum tempo para descobrir pessoas que desejem ter comunhão com você.

GRAÇA PARA HOJE:

Deus nos dá amigos na fé — aqueles que estão conosco quando mais precisamos deles.

"Levai as cargas uns dos outros e assim cumprireis a lei de Cristo."
Gálatas 6.2

FIM DE SEMANA

VIVENDO PARA CRISTO

Por Warren W. Wiersbe

A vida eterna por meio da fé em Jesus Cristo — esta é a nossa experiência de salvação. Jesus também morreu para que pudéssemos viver por Ele, e não mais para nós mesmos. Esta é a nossa experiência de serviço. Lemos em 2 Coríntios 5.15: "E ele [Cristo] morreu por todos, para que os que vivem não vivam mais para si, mas para aquele que por eles morreu e ressuscitou". Se um pecador perdido aproximou-se do Cristo da cruz e foi salvo, como poderá ele passar o resto de sua vida agindo com egoísmo?

Em 1858, Frances Ridley Havergal visitou a Alemanha com seu pai, que estava fazendo um tratamento para a visão. Quando estava na casa de um pastor, ela viu na parede um quadro da crucificação contendo a seguinte legenda: "Fiz isto por você. O que você fez por mim?" Rapidamente, ela pegou um pedaço de papel e escreveu um poema baseado nestas palavras, mas não ficou satisfeita e jogou-o no fogo da lareira. O papel saiu intacto! Mais tarde, seu pai incentivou-a a publicá-lo. E nós o cantamos hoje, com uma música composta por Philip P. Bliss:

Morri na cruz por ti
Morri pra te livrar
Meu sangue sim verti
E posso te salvar.
Morri, morri na cruz por ti
Que fazes tu por mim?

Cristo morreu para que pudéssemos viver *através* dEle, *para* Ele e *com* Ele![14]

PAI CELESTIAL: AGRADEÇO-TE PELA TUA GRAÇA QUE ME PERMITE VIVER POR MEIO DO TEU FILHO JESUS CRISTO. FORTALECE-ME E ORIENTA-ME À MEDIDA QUE APRENDO A VIVER PARA ELE. AMÉM.

"Nisto se manifestou a caridade de Deus para conosco: que Deus enviou seu Filho unigênito ao mundo, para que por ele vivamos."

1 João 4.9

Fora de Controle

"Lançando sobre ele toda a vossa ansiedade, porque ele tem cuidado de vós."

1 Pedro 5.7

A sua vida parece sem controle? Até mesmo os seus mais sinceros esforços fracassaram? Se for este o caso, não há necessidade de preocupação. Tudo o que você precisa fazer é render-se. Isto mesmo, render-se. Mas render-se não significa simplesmente desistir ou aceitar a derrota. Na verdade, é exatamente o oposto. Significa entregar o controle da sua vida a alguém mais poderoso.

Na vida, a rendição não envolve uma opção. Guerras aconteceram somente para se verem nações rendendo-se à vontade dos vencedores. Elas não tiveram escolha quanto a quem iriam se render. Mas em Cristo temos uma escolha. Não precisamos nos render à vontade de um adversário sedutor. Podemos nos render à vontade daquEle que nos ama — aquEle que triunfa contra o adversário em nosso lugar. Esta é a dura realidade que o Diabo precisa encarar todos os dias — jamais ele conseguirá nos derrotar porque Deus está ao nosso lado.

GRAÇA PARA HOJE:

Quando estamos sob ataque, Deus luta as nossas batalhas por nós!

Quando entregamos a Deus o controle de nossa vida, Ele assume tudo como deixamos e ajeita o que pensávamos não ter mais remédio. Ele toma as áreas da nossa vida que estão sendo atacadas e luta as nossas batalhas a sua própria maneira.

Portanto, quando a vida está fora de controle, somos nós que devemos nos conformar aos desejos de Deus, e não o contrário. Se abrirmos mão do controle, tudo o que devemos fazer é nos rendermos à poderosa graça.

Terça

Deus, por Favor, Mostra-me o que Fazer!

"E, se algum de vós tem falta de sabedoria, peça-a a Deus, que a todos dá liberalmente [...]"
Tiago 1.5

Davi não sabia o que dizer aos filhos quando estes perguntaram se a sua mãe morreria. A esposa de Davi, Stephanie, havia começado a ter ataques. No início, eram leves e somente ocorriam poucas vezes no mês, mas com o passar do tempo, os sintomas pioraram em uma velocidade rapidamente crescente. Embora centenas de amigos, parentes e membros da igreja realizassem inúmeras vigílias de oração por ela, o seu peso diminuiu para 40 quilos e a sua condição piorou. Em 1996, os ataques aconteciam diariamente, às vezes de hora em hora.

Davi raramente deixava Stephanie, e começou a se perguntar se ela conseguiria sobreviver até o dia do seu aniversário, quando faria trinta anos. Certa noite, nas primeiras horas da madrugada, Davi chegou ao limite. A situação parecia desesperadora, e ele estava exausto. Ele foi até o quintal, iluminado somente pela luz das estrelas, e caiu de joelhos. "Deus!" Suplicou. "Não posso agüentar mais! Por favor, mostra-me o que fazer!"

Foi uma oração desesperada, feita por um homem desesperado. Naquele momento, contudo, um sentimento de tranqüilidade encheu o coração de Davi, e imediatamente veio-lhe à mente o nome de um médico. No mesmo dia aquele médico examinou Stephanie e diagnosticou uma rara deficiência química — algo que os outros médicos tinham ignorado.

GRAÇA PARA HOJE:

Deus promete ouvir as nossas orações — e Ele as atende!

Dentro de uma semana, os ataques de Stephanie haviam desaparecido. Seus olhos brilhavam, e sua mente estava lúcida. A oração de Davi a Deus foi sincera: "Obrigado, Senhor, por devolver-me a minha esposa!"

Deus ainda atende a orações hoje, e ama quando os seus filhos vêm até Ele com suas necessidades. Quando você não souber o que fazer, quando precisar da sabedoria divina acima de tudo, simplesmente peça-a — Ele a oferece gratuitamente!

Crescimento Garantido

"[...] aquele que em vós começou a boa obra a aperfeiçoará até ao Dia de Jesus Cristo."

Filipenses 1.6

Amadurecer fisicamente é com freqüência algo frustrante para as crianças. Elas estão ansiosas por serem mais altas, mais fortes, mais rápidas. Elas lutam para fazer coisas que estão além da sua capacidade, desejando ser mais desenvolvidas, mas ainda não o são. De tão gradual o processo chega a ser quase imperceptível. Algumas vezes, elas acham que não irão crescer.

Seus pais lhes explicam que para crescer leva tempo. Eles lembram aos seus pequenos impacientes que o processo não pode ser forçado, e incentiva-os a cooperar com a natureza praticando os hábitos que favorecem o crescimento: comer bem, praticar exercícios, dormir o suficiente. "Tenha um pouco de fé", dizem os pais. "O crescimento virá."

Amadurecer espiritualmente pode ser de igual modo frustrante para os crentes. É desencorajador saber onde Deus quer que você esteja, ter um grande desejo de ser mais santo e melhor, até mesmo praticar a disciplina espiritual, mas nada parecer estar acontecendo. Todo o processo é confuso. Você percebe que a santidade começa e termina com a graça de Deus, e que a sua parte é meramente cooperar com a obra do Espírito Santo. Como uma criança tentando ajudar na cozinha, freqüentemente você não tem certeza de quando está sendo útil e quando está atrapalhando. A vontade de desistir é tentadora.

Que bênção é lembrar que não importa quanto você fique desanimado em seu andar com o Senhor, não importa quanto tenha certeza de que não irá conseguir — Deus nunca desistirá de você. Ele é completamente leal aos seus filhos e às suas promessas, e Ele prometeu nos apoiar em nossa jornada, até que algum dia compareçamos diante dEle completamente santificados (ver Jd 1.24,25). Imagine a sua alegria naquele momento, quando Deus sorrir e lhe disser: "Olhe só para você, como cresceu!"

GRAÇA PARA HOJE:

O nosso Pai celestial nunca desiste de nós — NUNCA!

Quinta

Com o Devido Respeito

"E, finalmente, sede todos de um mesmo sentimento, compassivos, amando os irmãos, entranhavelmente misericordiosos e afáveis."
1 Pedro 3.8

Honra e respeito freqüentemente são demonstrados em outras culturas de maneira diferente daquela que é comum nos Estados Unidos. Em algumas tribos aborígines da Austrália, por exemplo, os membros propositadamente usam "linguagem evasiva" especial quando falam com os parentes, para evitar determinados assuntos na presença de pessoas mais velhas e respeitáveis. Na cultura chinesa, os membros evitam o contato visual direto quando falam com alguém, para mostrar respeito. E em algumas culturas na Índia, os oradores mostram respeito pelos que têm mais autoridade dirigindo-se a estes na terceira pessoa.

Mas na vida agitada da maioria das pessoas, o respeito é algo freqüentemente negligenciado ou deixado de lado. As pessoas usam de pretexto para evitar dedicar algum tempo falando com alguém ou fazendo alguma coisa por ele. Elas evitam o contato visual direto para indicar desinteresse e mostrar a sua falta de vontade de ter uma conversa mais demorada. Em lugar de aproveitar o tempo para ajudar os outros com seus problemas, muitos simplesmente afirmam: "Não sou o mais indicado para ajudá-lo com isto", e dizem para a pessoa ir falar com outro.

Na "cultura" cristã, a honra é de extrema importância. A Bíblia ordena especificamente que os crentes honrem seus pais e mães (Êx 20.12), respeitem os cônjuges (Ef 5.33), e dediquem o respeito apropriado a todos em sua vida (1 Pe 2.17). E o que é ainda mais importante, honrar os outros é a melhor maneira de cumprir o mandamento de Cristo: "Amarás o teu próximo como a ti mesmo" (Mt 22.39).

Quando você sai da rotina para dizer às pessoas quanto as valoriza, fazendo algo que lhes agrade ou simplesmente dedicando algum tempo para sentar-se e ouvi-las, você está honrando-as e demonstrando o seu amor por elas. E esta é uma extraordinária maneira de retratar a graça de Deus a outros.

GRAÇA PARA HOJE:

Deus nos honrou enviando o seu Filho para nos ajudar a ser tudo o que Ele nos criou para sermos.

Sexta

O Almirante Está a Bordo

A vida não é um cruzeiro de férias, sem nenhuma responsabilidade. Deus o encarregou de conduzir o barco; fez de você o capitão. Ele exige que você use o seu talento e as suas habilidades nesta viagem. No entanto, Deus não solta simplesmente as amarras e acena enquanto você parte para o mar. Ele graciosamente envia o seu Filho Jesus junto com você nesta viagem. Neste momento, ao olhar para o amplo e incerto oceano, você pode obter consolo sabendo que o seu Almirante está no convés.

Antes de se inscrever na esquadra, você pensou que estar sob a autoridade de Jesus seria ameaçador, difícil, humilhante. Agora você descobre que é confortador. Você não precisa navegar sozinho pela vida, ameaçado por águas infestadas de tubarões, céus tempestuosos e navios inimigos. Você permanece no comando, com as mãos no leme, mas agora tem a bordo um oficial que poderá orientar, incentivar, fortalecer e proteger você. Jesus é, em última análise, responsável por garantir que você chegue a portos seguros, e Ele tem a sabedoria e a capacidade divinas para fazer com que isto aconteça. Ele tem domínio não apenas sobre você, mas sobre toda a criação. Sob a liderança dEle, você pode ficar a salvo e aproveitar a viagem, alegrando-se com a aventura, mesmo que diariamente seja posto à prova e seja desafiado a crescer na arte de navegar.

GRAÇA PARA HOJE:

Deus envia Jesus graciosamente para viajar conosco em nossa jornada pela vida.

Quando navegamos pelo mar aberto, Jesus nos orienta e instrui. O objetivo de Deus para esta viagem não é meramente trazê-lo a um porto, mas transformá-lo ao longo do caminho. Quando chegar ao seu destino, você terá se tornado muito mais do que um capitão experiente; o seu equilíbrio e comportamento serão tais que, não fosse a insígnia do seu uniforme, ninguém conseguiria diferenciar você do próprio Almirante.

"[...] Então, levantando-se [Jesus], repreendeu os ventos e o mar, e seguiu-se uma grande bonança."

Mateus 8.26

É DIVINA

Por John MacArthur Jr.

Em poucas palavras, a paz é um atributo de Deus. Se eu pedisse a você uma lista dos atributos de Deus, aqui estão alguns que provavelmente logo viriam ao seu pensamento: amor, graça, misericórdia, justiça, santidade, sabedoria, verdade, onipotência, imutabilidade e imortalidade. Mas você alguma vez pensou em Deus caracterizado pela paz? Na verdade, Ele é paz. Ele tem e é tudo aquilo que Ele nos dá. Não existe falta de paz em seu ser. Deus nunca está estressado. Ele nunca sente medo. Nunca é contrário a si mesmo. Nunca tem problemas em tomar decisão.

Deus vive em calma e contentamento perfeitos. Por quê? Porque Ele está a cargo de tudo, e pode operar tudo perfeitamente de acordo com a sua própria vontade. Por ser onisciente, nunca é surpreendido. Não há ameaças a sua onipotência. Não existe um pecado que possa manchar a sua santidade. Até mesmo a sua ira é clara, controlada e confiante. Não há arrependimentos em sua mente, pois Ele nunca fez, nem disse, nem pensou em algo que devesse mudar, de alguma maneira.

Deus desfruta de perfeita harmonia em si mesmo. As nossas bíblias o chamam de "Senhor da paz", mas no texto grego um artigo definido aparece antes da palavra traduzida como "paz", dando a entender que Ele literalmente é "o Senhor da paz". Esta é a paz real — divina — não do tipo que o mundo tem. A oração de Paulo é para que possamos sentir esta paz. A sua fonte é Deus, e somente Deus.[15]

PAI CELESTIAL: PRECISO DA TUA PAZ EM MINHA VIDA. PRECISO DA TUA CALMA, DA TUA SERENIDADE, DO TEU CONTENTAMENTO. QUERO SENTIR A PERFEITA HARMONIA. PEÇO-TE QUE DERRAMES A TUA GRAÇA SOBRE MIM, SENHOR — A TUA GRAÇA E A TUA PAZ. AMÉM.

"Ora, o mesmo Senhor da paz vos dê sempre paz de toda maneira."

2 Tessalonicenses 3.16

Jesus, o nosso Substituto

"Mas ele foi ferido pelas nossas transgressões e moído pelas nossas iniqüidades [...] pelas suas pisaduras, fomos sarados."
Isaías 53.5

No filme *O Último Imperador*, o menino que foi consagrado como o último imperador da China vivia uma vida de luxo, com mil empregados a seu dispor. "O que acontece quando você faz alguma coisa errada?", perguntou o irmão do menino imperador, ao que este orgulhosamente respondeu: "Quando faço algo errado, alguém é castigado."

Para demonstrar o poder excepcional que tinha, o menino quebrou propositalmente uma jarra, e um de seus servos enfrentou o espancamento que ele próprio merecia.

GRAÇA PARA HOJE:

Por meio do sacrifício de Jesus na cruz, a dívida do nosso pecado foi paga, e a justiça de Deus foi plenamente satisfeita.

Este é um maravilhoso exemplo do que Jesus Cristo fez por nós. No entanto, na cruz, o padrão foi invertido: quando seus servos pecaram, o Rei recebeu o castigo deles. Todos os pecados de todo o mundo foram atribuídos ao Salvador naquela ocasião. E ao morrer, em seu último fôlego, Jesus suspirou as palavras: "Está consumado". A dívida tinha sido paga, e a justiça de Deus fora cumprida.

A boa notícia para você é que a punição pelos seus pecados foi infligida ao Senhor Jesus. Graças ao sacrifício que Ele fez, você pode ser completamente perdoado! João, o apóstolo amado, conheceu Jesus muito bem quando Ele esteve na terra. Sobre o que o nosso Salvador fez por nós, o discípulo escreveu estas palavras confortadoras: "Se confessarmos os nossos pecados, ele é fiel e justo para nos perdoar os pecados e nos purificar de toda injustiça" (1 Jo 1.9).

Terça

Um Oásis Cintilante

"Mas os que esperam no Senhor renovarão as suas forças [...]"
Isaías 40.31

A esperança nos estimula e nos faz perseverar, mas somente se tivermos colocado a esperança na coisa certa. As falsas esperanças por fim se revelarão e, quando isto acontecer, a pessoa poderá sentir como se o seu espírito fosse esmagado. Um homem rastejando em um deserto se animará quando vir um oásis à frente. De repente, ele sente um novo ímpeto de energia e corre em direção a sua recém descoberta fonte de esperança. Se isto se revelar uma miragem, ele cairá ao chão, desamparado e fraco; se ele encontrar água, seus olhos irão brilhar e sua força retornará.

Este mundo oferece uma infinidade de coisas em que depositar a esperança. Mas Deus nos mostra com antecipação, na sua Palavra, quais esperanças são verdadeiras e quais são falsas. Ele faz isto por causa da sua graça, sabendo que se colocarmos a nossa esperança em algo que não seja Ele, mais cedo ou mais tarde ficaremos terrivelmente desapontados. Confiar no Senhor é a única esperança segura que existe, e sempre leva à renovação das forças. Isto porque Deus é real e pode satisfazer todas as nossas necessidades.

A esperança de água sustentará um homem no deserto somente por algum tempo; em algum momento, ele precisará beber a água. A Bíblia descreve a Deus como "fonte das águas vivas" (Jr 17.13) e diz que os que nEle confiarem serão bem-aventurados e irão de força em força (Sl 84.5-7).

Deus merece a nossa confiança. Ele é um oásis cintilante — não um oásis que oscila, distorcido pelas ondas de calor que se elevam da areia, como uma alucinação, mas um oásis que brilha no horizonte — a mais brilhante e segura esperança de todas.

GRAÇA PARA HOJE:

Deus é a Fonte de águas vivas, capaz de satisfazer todas as nossas necessidades.

O Poder na Oração

"Perseverai em oração, velando nela com ação de graças."
Colossenses 4.2

Em Lucas 11.1, os discípulos de Jesus fizeram um pedido simples: "Senhor, ensina-nos a orar". Eles sabiam a importância da oração e tinham ouvido quando Jesus falou sobre ir a Deus em oração com uma atitude de humildade e fé. No entanto, como ocorre com muitas pessoas hoje, os discípulos ainda se perguntavam se estavam orando da maneira correta, e pelas coisas certas. Eles queriam que Cristo lhes desse um exemplo de como orar.

Em um ato de graça, Jesus deu aos discípulos a "Oração do Senhor", que é um incrível instrumento de ensino sobre o que deve entrar em uma oração. Com a abertura, "Pai nosso, que estás nos céus", Jesus ensinou os discípulos a respeitar a Deus Pai e oferecer-lhe adoração e louvor. Ele lhes disse para focalizarem a vontade de Deus e não as suas próprias vontades, e para reconhecerem que estavam aqui na terra para servir ao Pai. Somente então Ele ensinou como pedir o suprimento das necessidades diárias e o perdão, com a ressalva de que eles deveriam, igualmente, perdoar aqueles que lhes tivessem feito algum mal. Finalmente, Jesus instruiu seus discípulos a pedir forças para resistir à tentação.

Como você pode ver, a oração pode fazer muitas coisas. Ela é o meio de expressar louvor a Deus e dizer-lhe que você se submete à autoridade dEle. Por meio da oração, você pode pedir a Deus as coisas de que precisa, e saber que Ele o ouviu e atenderá. Através do arrependimento, você pode admitir que falhou e pedir ao Senhor que lhe estenda a sua graça e o seu perdão.

É por meio da oração que você estabelece um relacionamento com Deus e recebe a sua benção enquanto Ele o ajuda a amadurecer em sua caminhada cristã diária.

GRAÇA PARA HOJE:

Deus está tão ansioso para atender às nossas orações que nos deu uma bela oração para usarmos como modelo quando levarmos até Ele os nossos pedidos.

Quinta

A Ilustre Paciência de Deus

"Passando, pois, o Senhor perante a sua face, clamou: Jeová, o Senhor, Deus misericordioso e piedoso, tardio em iras e grande em beneficência e verdade."

Êxodo 34.6

Se há alguém que tem o direito de fazer elogios a si mesmo, este é Deus. Quando revelou-se a Moisés, o Senhor levou-o para o alto de uma fenda no monte Sinai e passou diante dele com grande formalidade, proclamando o seu santo Nome, e anunciando os seus maravilhosos atributos. Não é possível anunciar alguém tão ilustre como o Todo-Poderoso. Talvez somente Deus possa verdadeiramente apresentar a si mesmo de maneira adequada, com toda a honra e glória que Ele merece.

Os autores da Bíblia repetiram estes atributos de Deus várias vezes, dando testemunho da sua paciência e do seu amor nos salmos e em outras passagens. Eles citaram a descrição que Deus fez de si mesmo, não somente porque Ele a proferiu, mas porque, repetidas vezes ao longo da história, Ele provou que ela era completamente exata e precisa. A paciência de Deus é famosa. Ele é conhecido por ser tardio em irar-se e rápido em perdoar. E todos os que se voltam para Jesus Cristo são receptores agradecidos da misericórdia e da graça de Deus.

A célebre paciência do Senhor significa que você não deve entrar em pânico quando pecar, nem exibir tristemente a culpa pelo seu erro, nem tentar desesperadamente voltar às graças do Senhor. Como Deus proclamou diante de Moisés, Ele também é conhecido pela sua fidelidade, e prometeu na sua Palavra que se você simplesmente confessar-lhe os seus pecados, Ele o perdoará e apagará os seus pecados completamente (1 Jo 1.9).

Deus quer que você siga o exemplo dEle e seja tardio em irar-se (Tg 1.19,20), e perdoe a outros como Ele o perdoou (Cl 3.13). Desta maneira, você pode estender a graça recebida a todos os que estiverem ao seu redor. Se for fiel a este respeito, um dia, quando entrar no céu, você também será honrado pela sua paciência e moderação.

GRAÇA PARA HOJE:

Todo aquele que se volta para Jesus Cristo é um receptor agradecido da misericórdia e graça de Deus — demonstradas pela paciência dEle.

Sexta

Perdoe — imediatamente

Eles cravaram os pregos em suas mãos, prendendo-o à cruz. Depois, seus pés também foram pregados ao instrumento da sua morte. Isto fizeram depois de espancá-lo impiedosamente e humilhá-lo em público. A multidão zombava dEle, e os seus discípulos desviaram-lhe o rosto. Apesar disso, mesmo durante tanto sofrimento, Ele foi capaz de perdoar — imediatamente.

Jesus entendeu que, sem Ele, o ser humano pode cometer os atos mais malignos e desprezíveis. O pecado do homem provocou a sua separação de Deus, sem nenhum caminho de volta para Ele. Então, a cruz que Jesus tomou foi o caminho para a redenção.

Todos nós fizemos coisas erradas na vida. Todos pecamos. Não é bom saber que, mesmo quando éramos pecadores, o nosso afetuoso Cristo morreu por nós, para nos levar de volta a Deus? Ele nos tratou com uma generosidade que não merecíamos de modo nenhum, a fim de podermos ter uma comunhão perfeita com Ele. Esta é a dimensão e a grandeza do perdão.

GRAÇA PARA HOJE:

Mesmo sendo pecadores, Cristo morreu por nós para levar-nos a Deus.

Enquanto atravessar os seus dias, lembre-se de ser rápido em perdoar. Quando a vida ficar dramática e movimentada (e você pode ter a certeza de que isto acontecerá algumas vezes), lembre-se da Paixão. Lembre-se dos sofrimentos de Cristo. E como Ele fez, você também deve fazer — perdoe imediatamente. Esta pode ser a atitude que lançará uma luz divina, por seu intermédio, tão grandiosa que salvará uma alma perdida, assim como aconteceu a você.

"[Disse Jesus:] E, quando estiverdes orando, perdoai, se tendes alguma coisa contra alguém, para que vosso Pai, que está nos céus, vos perdoe as vossas ofensas."

Marcos 11.25

PARE! LADRÃO!

Por Warren W. Wiersbe

"A doutrina de Paulo sobre a graça é perigosa!", gritavam os judaizantes. Em outras palavras: "Ela substitui a lei pela liberdade excessiva. Ora, se acabarmos com as nossas regras e abandonarmos os nossos padrões elevados, as sinagogas serão destruídas".

Os judaizantes do século I não são os únicos que sentiram medo de depender da graça de Deus. O conselho dos legalistas das igrejas de hoje é para não nos atrevermos a ensinar as pessoas sobre a liberdade que temos em Cristo, para que isto não resulte em uma anarquia religiosa. Tais pessoas não entendem o ensino de Paulo sobre a graça, e foi para corrigir esta interpretação errada que o apóstolo escreveu a parte final da sua carta (Gl 5—6).

Paulo passa agora dos argumentos à aplicação, da doutrina à prática. O crente que vive pela fé não se tornará um rebelde. Exatamente o contrário, ele sentirá que a disciplina interior de Deus é muito melhor do que a disciplina exterior criada pelos homens. Nenhum homem que confia na graça de Deus, que se sujeita ao Espírito Santo, que vive para o próximo e procura glorificar a Deus pode tornar-se um rebelde. O crente que se entrega ao Senhor e confia no poder do Espírito não está negando a lei de Deus nem se rebelando contra ela. Na verdade, a lei está sendo cumprida nele por meio do Espírito (Rm 8.1-4).[16]

PAI CELESTE: FRACASSEI AO TENTAR SEGUIR AS TUAS REGRAS. NÃO IMPORTA QUANTO EU ME ESFORCE, SIMPLESMENTE NÃO CONSIGO FAZER NADA SEM A TUA AJUDA. PORTANTO, SENHOR, RENDO-ME A TUA VONTADE. DERRAMA O TEU AMOR E A TUA GRAÇA SOBRE A MINHA VIDA, E AJUDA-ME A VIVER UMA VIDA QUE AGRADE A TI. AMÉM.

"Porque nós, pelo espírito da fé, aguardamos a esperança da justiça. Porque, em Jesus Cristo, nem a circuncisão nem a incircuncisão têm virtude alguma, mas, sim, a fé que opera por caridade."

Gálatas 5.5,6

A Alegria de Viver verdadeiramente

"Então, a nossa boca se encheu de riso, e a nossa língua, de cânticos [...] Grandes coisas fez o Senhor por nós [...]"
Salmos 126.2,3

Nos rios e lagos da América do Norte, dois animais de aparência semelhante, porém de costumes bem diferentes moram lado a lado. Um deles, o castor, trabalha com persistência durante o dia inteiro empilhando troncos para criar grandes barragens no rio. O outro, a lontra do rio, contenta-se em fazer de tudo uma brincadeira. As lontras apanham o que precisam para sobreviver, mas também aproveitam o tempo para brincar com pedregulhos, escorregar de taludes e beliscar as caudas dos seus vizinhos mais trabalhadores.

GRAÇA PARA HOJE:

A verdadeira alegria está em saber que você vive sob a graça de Deus e que Ele suprirá as suas necessidades.

Os dois animais vivem aproximadamente o mesmo número de anos, mas é possível acreditar que as lontras aproveitem um pouco mais a vida. Elas parecem perfeitamente satisfeitas se tiverem comida suficiente, e são felizes vivendo em pequenas cavernas de barro junto ao rio. Mesmo em idade avançada, nunca perdem a oportunidade de jogar uma pedrinha na água e apanhá-la antes que chegue ao fundo.

Você é um castor atarefado, sempre trabalhando para progredir? Acha que isto lhe trará alegria? De acordo com um estudo realizado em 2000, os americanos hoje são duas vezes mais saudáveis do que eram em 1957, mas o número de pessoas que afirmam ser "muito felizes" na realidade diminuiu. Quando as pessoas trabalham arduamente para acumular mais riquezas, a única coisa que parece aumentar são as suas expectativas — e não a felicidade.

A verdadeira felicidade não pode ser encontrada nem no trabalho nem nas realizações, mas em saber que você está vivendo na graça de Deus, e que Ele irá atender as suas necessidades. Assim, relaxe e dedique algum tempo para sair com um amigo, brincar com os filhos ou simplesmente ler um bom livro. Peça a Deus que o ajude a valorizar as bênçãos que Ele lhe deu por sua graça, e partilhe esta alegria com outros durante o dia.

Terça

A Liberdade de Escolha

"[...] o que semeia no Espírito do Espírito ceifará a vida eterna."
Gálatas 6.8

É um reflexo da natureza graciosa de Deus o fato de Ele sempre conceder-lhe a liberdade de escolha — o privilégio de decidir inteiramente por você mesmo se aceita a Palavra de Deus como verdadeira, se aceita as boas novas do evangelho, se aceita a Jesus Cristo como Senhor e Salvador. Desde o início do seu relacionamento com Ele, Deus permite que você decida.

Se você decidiu tornar-se um seguidor de Cristo, Deus continua a permitir-lhe liberdade de escolha. Como um crente, você tem muitas oportunidades de escolher entre alternativas que refletem ou não o desejo de Deus para você. Todos os dias, você tem importantes decisões a tomar. Você decide se vai satisfazer a sua antiga natureza pecadora ou o Espírito de Deus (Gl 6.8). Decide se vai servir a Deus ou ao dinheiro (Lc 16.13). Decide o que vai buscar primeiro, se o reino de Deus ou as suas necessidades (Mt 6.25-33). Decide se vai fixar os olhos nas coisas temporárias ou nas eternas (2 Co 4.18). Decide se confiará na sabedoria de Deus ou no seu próprio entendimento (Pv 3.5). Decide se irá se preocupar ou verá o lado positivo (Fp 4.4-9). Decide se buscará a glória para si mesmo ou para Deus (Jo 8.54).

GRAÇA PARA HOJE:

A graça de Deus sempre nos permite a liberdade de escolha.

Deus não apenas lhe dá todas estas escolhas, mas por meio do Espírito Santo, da Bíblia, da igreja, dos ministérios cristãos e de outros crentes, o Senhor ajuda-o a tomar as decisões corretas e a prosseguir nelas. De toda maneira, Ele oferece sabedoria, incentivo e força para darmos os passos corretos em nossa jornada espiritual.

A decisão correta sempre traz grandes recompensas; no entanto, a decisão continua sendo sua. Que bênção é, para Deus e para nós, o fato de estarmos andando com Ele por nossa livre e espontânea vontade!

Doce Descanso

"[...] assim dá ele [Deus] aos seus amados o sono."
Salmos 127.2

A Bíblia ensina que algumas manifestações da graça de Deus, como o brilho do sol e a chuva, toca todas as pessoas (Mt 5.45). O sono se inclui nesta categoria. Seja você um crente ou não, o sono é uma bênção do Senhor. O sono é tranqüilo, aconchegante e confortável; é um período para os sonhos, para revigoramento e renovação. No entanto, se você é um crente, o seu descanso é particularmente doce, pois você descansa sabendo que Deus, que nunca dorme, está sempre velando pelos seus (Sl 4.8; 121.3,4).

No mundo agitado de hoje, os minutos que você tem antes de ir para a cama podem ser a única oportunidade para uma reflexão profunda. É uma boa ocasião para meditar sobre o caráter de Deus, suas obras e suas promessas. É uma boa ocasião para uma comunhão honesta e sincera com Ele, pois nos últimos momentos antes de adormecer, você mostra quem é, estando mais aberto e inocente como uma criança.

Não importa se no céu você poderá ou não dormir (ali nunca há escuridão), mas aqui na terra isto é um sinal da graça de Deus. É um reflexo da natureza temporária da vida, um exemplo da dependência do Senhor e uma promessa da ressurreição futura. O dia chega ao fim, e vem a escuridão; você entrega o seu espírito nas mãos do Pai e confia que Ele o guardará durante a noite. Então Deus lhe dá condições de despertar nas primeiras horas da manhã, da mesma maneira como fez com Cristo naquela primeira manhã gloriosa de Páscoa, e da mesma maneira como Ele o ressuscitará e tudo parecerá ser uma bela manhã.

Deus dá descanso àqueles a quem Ele ama — santos e pecadores, da mesma forma. Ele deseja fervorosamente adotar todas as pessoas em sua família por meio da fé em Cristo, para que elas possam desfrutar de todas as bênçãos do sono. Os filhos de Deus verdadeiramente descansam em paz.

GRAÇA PARA HOJE:

Deus concede descanso aos seus filhos, tanto agora quanto por toda a divina.

Quinta

Música para a Alma

"falando entre vós com salmos, e hinos, e cânticos espirituais [...]"
Efésios 5.19

A música já foi descrita como um som bonito, mas para qualquer pessoa que tenha sido profundamente comovida pelo som, não é nada menos do que uma dádiva da graça. Combinada com palavras e verdades das Escrituras, a música pode tocar o coração com a cura, elevar o espírito com as promessas, exaltar a alma com o amor. O fruto da criatividade de um compositor temente a Deus abre-nos um espaço de grande intimidade com o nosso Criador.

As palavras e as verdades da Bíblia são poderosas por si mesmas, embora pareçam assumir uma nova dimensão quando talentosamente combinadas com a música, tornando-se ainda mais vivas e ativas. Pense nos grandes hinos e nas grandes composições clássicas do passado, lembretes esplêndidos e potentes da santidade, majestade e maravilhosa graça de Deus. Como é doce o som! Nem mesmo um rei conseguiu ficar sentado quando os magníficos acordes do coro de "Aleluia" alcançaram uma platéia pela primeira vez.

Canções cristãs contemporâneas como *Awesome God*, de Rich Mullins, e *I Can Only Imagine*, de Mercy Me, ajudam os crentes de hoje a fixar sua atenção nos atributos e nas promessas de Deus, enchendo suas mentes e seus corações com a verdade e incentivando-os a perseverar na fé.

Uma jovem mãe chegava ao limite das suas forças por causa das obrigações de cuidar de duas crianças pequenas, uma delas recém-nascida, e ficou perturbada ao saber que estava grávida novamente. A perspectiva de outro filho parecia-lhe angustiante. Ela sintonizou o rádio do carro em uma emissora evangélica local. De uma maneira sutil, mas ainda assim dramática, a música a ajudou, substituindo a sua tensão e incerteza por paz e confiança. Hoje, ela agradece a Deus pela sua amada filha, e por Ele ter usado hinos espirituais para ajudá-la em um período difícil.

A música inspirada verdadeiramente é um eco do céu, uma serenata de Deus.

GRAÇA PARA HOJE:

Deus nos abençoa por meio do ministério da música divina.

Um Riso Profundo

A marca registrada da vida cristã é a alegria e o riso. É claro, existe um tempo para chorar e lamentar-se, e os crentes são chamados a chorar com aqueles que sofrem. Este mundo caído está atormentado pela dor. Mas o milagre da fé é que, pela graça de Deus, os crentes podem passar pela vida com os olhos bem abertos, ser misericordiosos para com os que sofrem, suportar suas próprias tristezas, e ainda assim conhecer um sentimento permanente de alegria e paz.

Deus nos abençoa com o riso quando somos pequenos. É uma característica muito humana: todas as crianças riem; apesar de alguns animais produzirem um som parecido com uma risada, nenhum deles ri realmente. A nossa capacidade de rir reflete a imagem divina que trazemos. E o riso é bom para nós, física e emocionalmente. É uma maneira saudável de aliviar as tensões e produzir um sentimento amplo de bem-estar. Aqueles que são sábios cultivam a dádiva do riso, transportam-na da juventude até a idade adulta e a alimentam durante suas vidas, lembrando-se da promessa de Jesus de que o Reino do céu pertence às crianças.

Você tem conservado o precioso dom do riso à medida que os anos passam e você fica cada vez mais consciente das tragédias da vida? Lembre que o riso é uma bênção com raízes profundas. Escave um pouco, e você descobrirá a alegria. Um pouco mais profundo, e encontrará a fé. Ainda mais profundo, e encontrará as promessas de Deus. E lá embaixo, você encontrará o próprio Deus. O som do riso em sua vida não deve nunca desaparecer, porque, em última análise, ele está enraizado no amor e na fidelidade de Deus, os quais nunca mudam.

A Bíblia descreve uma pessoa de caráter nobre como alguém que pode rir do amanhã (Pv 31.25). Todos os que crêem em Cristo podem compartilhar deste privilégio, porque o seu futuro no céu está garantido, e este será cheio de exclamações de alegria, cantos e risos.

GRAÇA PARA HOJE:

O riso nunca deve desaparecer da sua vida, porque ele está enraizado no amor e na fidelidade de Deus.

"O coração alegre aformoseia o rosto [...]"

Provérbios 15.13

Vivendo uma Vida Cristã Vitoriosa

Por Luis Palau

Quando tornei-me um crente, aprendi sobre o perdão e nunca duvidei que Deus tivesse me perdoado. Mas eu não entendia muito sobre como um cristão poderia progredir em maturidade e santidade. Ansiava por passar pelas lutas contínuas e encontrar a vitória na minha vida.

Eu não estava sozinho em meu desejo de vitória grandiosa. Os outros jovens com quem eu passava o tempo também queriam vitória. E como precisávamos dela! Tínhamos muitas fraquezas — fazíamos observações sarcásticas, desprezávamos certas denominações, e tínhamos as nossas tentações com as mulheres — somente para mencionar algumas. Assim, sempre que um conhecido pregador vinha a nossa igreja a fim de ministrar cultos de reavivamento, nós o levávamos para um café e lhe perguntávamos como poderíamos conseguir a vitória em nossas vidas. Nunca lhe dizíamos muito sobre a nossa razão para querer uma grande vitória; simplesmente dávamos uma pista de que tínhamos algumas fraquezas.

Todas as vezes nos diziam que tínhamos de ler a Bíblia, orar todos os dias e trabalhar para Cristo. Se fizéssemos estas coisas, prometiam os nossos conselheiros, seríamos crentes felizes e santos.

Nenhum destes grandes homens de Cristo jamais disse: "Ouçam, o segredo não é ler, orar e trabalhar. O segredo é que Cristo viva em vocês. Toda a sabedoria, o poder e os recursos de Jesus Cristo estão disponíveis para vocês porque Ele vive em vocês".

O segredo da vitória não é o que *podemos fazer por Cristo* mas sim o que *Ele pode fazer por nosso intermédio*! Quando permanecemos em Cristo, e o nosso relacionamento com Ele é a parte mais importante da nossa vida, Ele nos leva à vitória autêntica.[17]

PAI CELESTIAL: Agradeço-te pela tua promessa de viver dentro de mim, tornando disponíveis para mim toda a tua força e os teus recursos, a fim de ajudar-me a viver uma vida santa. Escolho este dia para convidar-te a entrar. Obrigado por fazeres por mim o que não consigo fazer sozinho. Amém.

"aos quais Deus quis fazer conhecer quais são as riquezas da glória deste mistério entre os gentios, que é Cristo em vós, esperança da glória."

Colossenses 1.27

Aparatos

"Toda boa dádiva e todo dom perfeito vêm do alto, descendo do Pai [...]"
Tiago 1.17

Quando Deus concluiu a criação, tudo estava em seu lugar: a matéria, a energia, a luz, o som, o fogo, a água, o ar, a gravidade, a eletricidade, a energia nuclear, as leis da física, as relações matemáticas, a própria vida — e, o mais importante, a humanidade. O homem, a coroa da criação, foi feito à imagem de Deus, dotado de inteligência, criatividade e destreza. A criação era perfeita e abundante em potencial. O Senhor proferiu a declaração mais modesta de todos os tempos quando olhou a sua volta e declarou: "Muito bom".

Apesar da queda, a criação ainda é muito boa. Pela graça de Deus, desfrutamos hoje de muita tecnologia que facilita e enriquece a nossa vida. Graças à previdência do Senhor na criação, agora temos aquecimento, ar condicionado, refrigeração, telefones celulares, aparelhos de fax, computadores, internet, sistemas de localização globais, TV digital, rádio por satélite, CDs, DVDs, automóveis, trens, navios, aviões, e até mesmo estações espaciais.

GRAÇA PARA HOJE:

Entre as suas outras dádivas, Deus nos dotou da inventividade e da criatividade humana.

Nós damos glória a Deus pela maravilha e beleza da natureza, mas temos a tendência de dar crédito à humanidade pela ciência, indústria e tecnologia, como se tudo fosse idéia do homem e não parte do plano original do Senhor. No entanto, Deus pretendia que as pessoas progredissem no seu entendimento do mundo e aplicassem este entendimento de maneira prática. Se Adão e Eva nunca tivessem pecado e continuassem cuidando do jardim do Éden para sempre, não é possível que, mais cedo ou mais tarde, um deles inventasse a roda e acabasse construindo um trator?

A Bíblia diz que haverá uma cidade magnífica no céu e, embora não a construam, as pessoas terão autoridade para ajudar a administrá-la. Não há dúvida de que a inovação e a tecnologia se devem à mente infinita de Deus; Ele plantou as sementes para toda comodidade moderna no solo da criação. Deus merece o crédito e a glória por todas as maravilhas do mundo.

Terça

Golpes Duros

"Porque o Senhor repreende aquele a quem ama, assim como o pai, ao filho a quem quer bem."
Provérbios 3.12

Quando os sermões e os avisos fracassam, algumas vezes os pais decidem retroceder e permitir que um filho experimente as conseqüências naturais de seus erros. Eles não fazem isto para serem cruéis, mas para permitir que a escola da vida ensine ao filho uma lição valiosa. Assim, se uma criança insiste em pular dentro de poças d'água, sua mãe e seu pai podem resistir à necessidade de trazer-lhe imediatamente outro par de sapatos. Quando a criança cansar de dar voltas com os pés molhados, ela verá por si mesma que pular em poças d'água não é uma idéia assim tão boa.

Esta forma de disciplina, que se pode chamar de "amor duro", é um bom exemplo de como o Senhor pune os seus filhos quando estes se afastam do bom caminho. Na Bíblia, Deus nos deu toda a informação necessária para vivermos corretamente. Ele explicou com clareza a diferença entre um bom e um mau comportamento, apontando suas respectivas conseqüências e advertindo-nos de que colheremos o que plantarmos. Agora, Deus retrocede e nos dá a liberdade de tomarmos nossas próprias decisões, e, por mais que lhe doa, Ele resiste ao impulso de estender-nos a sua mão protetora quando fazemos escolhas tolas.

GRAÇA PARA HOJE:

Deus nos abraça com a sua misericórdia no momento em que retornamos para Ele.

Como demonstra a parábola do filho pródigo, a escola da vida pode ser muito dura. Se Deus fosse nos voltar as costas completamente, as conseqüências dos nossos pecados nos destruiriam. Mas, como qualquer pai amoroso, Ele graciosamente suaviza os resultados naturais da nossa rebelião e permite-nos sofrer somente o tempo que for necessário. Quando voltarmos correndo para casa, Ele não nos repreenderá mais. Em vez disto, Ele nos abraçará e nos dará bons presentes — da mesma maneira como a mamãe e o papai recebem à porta o filho arrependido: com abraços, meias secas e um chocolate quente.

Quarta

Batatas Podem Pesar!

"[Disse Jesus:] Porque, se perdoardes aos homens as suas ofensas, também vosso Pai celestial vos perdoará a vós."

Mateus 6.14

Certa vez, uma professora decidiu fazer uma experiência interessante com o seu grupo da oitava série. Cada aluno deveria trazer um saco plástico transparente e um saco de batatas para a aula. Assim, para cada pessoa que eles se recusassem a perdoar na vida, deveriam escolher uma batata, escrever nesta o nome da pessoa e a data, e colocar a batata no saco plástico. As sacolas plásticas de alguns alunos acabaram ficando bastante pesadas.

Então a professora lhes disse que levassem a sacola a todas as partes aonde fossem durante uma semana, colocando-a ao seu lado no ônibus da escola, no criado mudo ao dormir, junto com outras sacolas pelo shopping...

A inconveniência de levar as batatas durante todo o tempo deixou claro para os alunos o peso que carregavam quando se recusavam a perdoar — eles tinham de prestar atenção para não esquecer a sacola em nenhum lugar embaraçoso.

Naturalmente, a condição das batatas se deteriorou, soltando um limo mal cheiroso e repulsivo — uma grande metáfora para o preço que é pago por causa de mágoas e rancores passados.

Você está precisando carregar um notável saco de batatas? Existe alguém que você precisa perdoar hoje? Você pode pensar no perdão como um presente a outra pessoa, mas não esqueça que é antes um presente para você!

GRAÇA PARA HOJE:

Deus nos capacita a conceder perdão a outros, estendendo em primeiro lugar o seu perdão a nós.

Quinta

Só um Minuto

"[Oramos para que vocês sejam] corroborados em toda a fortaleza, segundo a força da sua glória, em toda a paciência e longanimidade, com gozo."

Colossenses 1.11

Com um suspiro, Clara olhou para o relógio do seu criado-mudo. Eram sete horas da manhã e o seu filho de treze meses de idade estava acordado. Embora preferisse ficar na cama um pouco mais, ela abriu os olhos cansados e "abraçou" o novo dia.

"Ok, agora fique quieto" disse ela alguns minutos depois, enquanto tentava vestir o menino. Ele se torcia, dificultando a tarefa da mãe. Assim que ela colocava o bracinho na manga da camisa, ele o tirava de novo. Ele tirou as meias quatro vezes, depois dobrou os dedos para dificultar a entrada dos sapatos. Quando Clara acabou de colocar o boné em sua cabecinha, ele o atirou do outro lado do quarto.

Obviamente, Clara foi abençoada com uma quantidade incrível de paciência. Embora estivesse em uma situação estressante que deixava-a frustrada e irritada, ela teve a capacidade de permanecer calma e não sucumbir àqueles sentimentos.

A paciência permite que você dê um passo atrás em qualquer situação e pense antes de agir motivado pelas suas frustrações. Embora pareça impossível às vezes demonstrar paciência em algumas ocasiões, é importante lembrar que Deus sempre é paciente com você. Assim como Ele decide estender-lhe graça, você pode decidir ser paciente com aqueles que precisam de um pouquinho mais do seu tempo e esforço. Adquirir paciência pode ser um processo lento e cansativo, mas permitirá que você reflita a graça de Deus a outros e demonstre o seu amor e a sua preocupação.

GRAÇA PARA HOJE:

Somos capazes de estender graça a outros porque Deus em primeiro lugar a estendeu a nós.

Boa Viagem

Alguém já lhe desejou "boa viagem" (em inglês, *Godspeed*)? Neste mundo acelerado, seria bom se o Senhor o ajudasse a mover-se mais depressa. Mas não é isto o que o termo *Godspeed* quer dizer. A palavra deriva da expressão inglesa da Idade Média *God spede you*, que significa "Deus o faça prosperar".[18] É uma oração para obter de Deus uma bênção de sucesso. Se ninguém nunca lhe desejou isto, você pode tentar pedi-lo para si mesmo. Deus o aprovaria, pois Ele deseja que você seja enormemente bem-sucedido.

GRAÇA PARA HOJE:

Deus nos abençoa — sempre da maneira que é melhor para nós.

No entanto, o Senhor quer que você prospere segundo os termos de prosperidade dEle. Isto não parece muito emocionante se você está preso à visão que o mundo tem do sucesso. Mas pense, por um momento, nos termos de Deus! Os pensamentos dEle são muito mais elevados que os nossos (Is 55.9) e a sua vontade é boa, agradável e perfeita (Rm 12.2). Deus tem uma visão abrangente da prosperidade. Ele deseja abençoar os seus filhos não apenas durante esta vida, mas por toda a eternidade; não apenas com tesouros terrenos, mas com todas as riquezas do céu.

Deus tem muitas maneiras de abençoar os que lhe são fiéis — maneiras que transcendem as posses, a fortuna e a fama, tais como boa saúde, relacionamentos duradouros, crescimento espiritual, oportunidades para servir ao Senhor. Se você entregar a Deus todas as suas atividades e permitir que Ele decida como irá abençoá-lo, você irá prosperar de maneiras que definitivamente serão o melhor para você. O seu comprometimento requer fé da sua parte, mas Deus é merecedor da sua confiança.

O Senhor quer que você confie a Ele tudo o que fizer, mas também ordena que você faça tudo para a glória dEle (1 Co 10.31). Você pode precisar examinar as suas motivações e reorganizar suas prioridades. Mas se estiver disposto a viver de acordo com os termos de Deus, Ele próprio irá fazê-lo prosperar mais do que você alguma vez sonhou.

"Confia ao Senhor as tuas obras, e teus pensamentos serão estabelecidos."

Provérbios 16.3

Grátis para Todos

Por John Wesley

A graça ou o amor de Deus, de onde se origina a nossa salvação, é de graça para todos. É grátis em todos aqueles a quem é dada. Ela não depende de nenhum poder ou mérito do homem; não, em nenhum grau, nem total nem parcial. Ela não depende das boas obras ou da justiça de quem a recebe, nem de nada que a pessoa tenha feito ou é.

Receber o amor e a graça de Deus não depende de esforço próprio. Não depende de bom humor, nem de bons desejos, nem de bons propósitos ou intenções. Tudo isto flui da graça gratuita de Deus, mas são somente as correntes, não a fonte. Elas são os frutos da graça livre, e não as raízes. Elas não são as causas, mas os efeitos.

Qualquer que seja o bem que haja no homem, ou que seja feito pelo homem, Deus é o autor e o realizador deste bem. Assim é a sua graça, gratuita em todos; isto é, ela não depende de modo nenhum de algum poder ou mérito do homem, mas só depende de Deus, que deu o seu Filho gratuitamente para nós e por nós, e com Ele nos deu gratuitamente todas as coisas.[19]

DEUS PAI: AGRADEÇO-TE POR ME SALVARES QUANDO EU NÃO PODIA SALVAR A MIM MESMO. SEI QUE NÃO MEREÇO O TEU AMOR E A TUA GRAÇA, MAS DESTE-ME ESTAS BÊNÇÃOS APESAR DA MINHA FALTA DE MÉRITOS. RECORREREI A ESTA GRAÇA TODOS OS DIAS, À MEDIDA QUE CAMINHO NA SALVAÇÃO. AMÉM.

"E Deus é poderoso para tornar abundante em vós toda graça, a fim de que, tendo sempre, em tudo, toda suficiência, superabundeis em toda boa obra."

2 Coríntios 9.8

Tão Feliz quanto Você Decidir Ser

"[...] tudo o que é verdadeiro, tudo o que é honesto, tudo o que é justo [...] se há alguma virtude, e se há algum louvor, nisso pensai."
Filipenses 4.8

Dois homens passavam por tempos difíceis, tendo perdido seus empregos e usado praticamente todas as suas economias. Por mais que tentassem, não conseguiam encontrar trabalho. Quando souberam que um museu estava disposto a comprar cascavéis vivas, pagando cinqüenta dólares por cada animal, os dois homens decidiram tentar capturar algumas cobras e ganhar algum dinheiro.

Equipados com uma rede e uma cesta, foram até uma região remota, conhecida por sua grande abundância de cobras. Depois de procurarem por algum tempo, não viram nenhuma cobra. Mas então, enquanto tentavam atravessar uma saliência íngreme, as rochas cederam e eles caíram pela encosta, diretamente dentro de um poço cheio de cascavéis!

GRAÇA PARA HOJE:

Deus nos deu graciosamente a capacidade de ver o bem em praticamente qualquer coisa — se estivermos dispostos a isto.

Um dos homens gritou de horror e medo, mas o outro, avaliando rapidamente a situação, gritou animado para o seu amigo: "Ei, Jimmy! Olhe! Estamos ricos!"

Algumas pessoas têm o dom de ver o lado positivo em praticamente qualquer coisa. Mas grande parte de ter uma boa atitude tem a ver com a sua perspectiva na vida. O seu maior poder está no seu poder de escolha. Como disse sabiamente Abraham Lincoln, "A maioria das pessoas é praticamente tão feliz quanto decidiu ser".

Você pode escolher concentrar-se nas dificuldades que a vida traz inevitavelmente ou pode programar a sua mente para pensar em coisas boas. A escolha é sua!

Terça

Bordas Prateadas

"Porque Deus, que disse que das trevas resplandecesse a luz, é quem resplandeceu em nossos corações [...]"
2 Coríntios 4.6

A vida abençoada que Deus oferece não é isenta de problemas e sofrimentos. Este fato é tão óbvio no mundo de hoje que, para pensar de outro modo, você teria de colocar óculos com lentes cor-de-rosa e enterrar a cabeça na areia! Deus nunca prometeu nenhum tipo de vida idílica e feliz, mas sim caminhar com você em meio a uma realidade freqüentemente dolorosa. Ele não o libertará de todas as tempestades da vida, mas as suportará com você. Além disso, o Senhor trará coisas boas a partir de cada situação difícil, embelezando cada nuvem negra com uma brilhante borda prateada.

Como o Senhor realiza este milagre? Às vezes, no Antigo Testamento, a glória de Deus era visível a todos, como a luz do sol explodindo em um céu melancólico. Mais tarde, Deus derramou a sua glória na forma humana, e ela resplandeceu no rosto de Jesus, no episódio da transfiguração. Agora o Espírito Santo vive no coração de cada crente, e a glória de Deus é irradiada pelo seu povo. Se você é um filho de Deus pela fé em Jesus Cristo, olhe ao redor enquanto é golpeado pelos ventos. A borda prateada de Deus é você!

GRAÇA PARA HOJE:

O Espírito de Deus nos dá santidade em qualquer situação.

O Espírito de Deus que habita em seu interior lhe dá consolo, sabedoria, coragem e força para enfrentar as tempestades da vida. E, como um ourives, Ele usa as condições adversas para refiná-lo e aperfeiçoá-lo (Sl 66.10). Ao mesmo tempo, Ele o capacita para ser bênção para aqueles que estão aprisionados nas tempestades deste mundo. A Bíblia ensina que o Espírito de Deus é a Fonte de amor, alegria, paz, longanimidade, benignidade, bondade, fidelidade, mansidão e domínio próprio (Gl 5.22,23).

Vivendo no seu coração, Ele o fortalecerá para que você seja afetuoso e bom em meio a qualquer circunstância adversa.

Quarta

O Problema da Espera

"Deleita-te também no Senhor, e ele te concederá o que deseja o teu coração."
Salmos 37.4

Você normalmente aprecia congestionamentos de trânsito? É divertido esperar pelo elevador? Você se levanta de manhã ansioso para chegar à estação do metrô? Quanto se diverte em olhar as roupas secando na secadora? A maioria de nós não gosta dessas coisas, e a razão é porque tudo isto requer "espera" — uma pausa forçada, um tempo precioso que é desperdiçado não fazendo nada.

Você se sente da mesma maneira enquanto espera por Deus. A Bíblia diz que o tempo dEle não é o nosso — é maior, melhor e mais produtivo. Mas com certeza não o sentimos assim, o que pode nos deixar impacientes e irritáveis, andando de um lado para outro.

Todavia, diferentemente de congestionamentos, viagens de metrô, elevadores e lavanderia, esperar por Deus nunca é uma perda de tempo. Em vez de esperar, torcendo as mãos e se perguntando quando Deus decidirá agir em seu benefício, dedique algum tempo para agradecer-lhe. Louve-o por sua lealdade, suas promessas, sua graça, seu amor, sua intervenção em seu favor. Agradeça ao Senhor pela oportunidade de se preparar para a resposta dEle, de tornar seu coração pronto para as mudanças que a resposta dEle trará a sua vida.

É verdade, esperar pode ser difícil. Mas esperar por Deus pode ser uma bênção em disfarce. Pode ser o catalisador para você receber a melhor resposta da parte de Deus, da melhor maneira possível, no tempo perfeito dEle.

GRAÇA PARA HOJE:

Deus envia as suas respostas certas no tempo perfeito.

Quinta

Liderar

"[Temos] diferentes dons, segundo a graça que nos é dada [...] o que preside [que o faça] com cuidado."

Romanos 12.6,8

Um pequeno artigo divertido conhecido como "Regras de Trabalho" freqüentemente surge nos quadros de aviso dos escritórios americanos. É algo assim:

Regra # 1: O chefe está sempre certo.

Regra # 2: Se o chefe estiver errado, aplique a Regra # 1.

Interessante. Estas "regras" simples descrevem as principais razões por que alguns ficam apreensivos quanto a aceitar funções de liderança. Uma das razões é que as pessoas temem que outros sempre esperem delas a resposta certa. As pessoas também se preocupam com o fato de outros pensarem que elas serão "mandonas" quando começarem a liderar. Mas o mais importante, elas se convenceram de que não possuem as aptidões e habilidades necessárias para liderar.

Se esta é a sua descrição, então você está em boa companhia. Thomas Jefferson foi um brilhante político e estadista, mas relutou em disputar a presidência. George Washington foi uma figura conhecida na Revolução Americana, mas relutou em tornar-se presidente porque temia que cada ação sua estabelecesse um precedente. Até mesmo personagens bíblicos como Moisés, Josué e Gideão precisaram da garantia de Deus de que seriam líderes capazes.

Se Deus o chamou para liderar, você não precisará se preocupar com estas coisas. Ele irá conceder-lhe a orientação e habilidade necessárias para você fazer as escolhas corretas, desde que confie nos propósitos e na graça dEle. Ele o levantará quando você tomar decisões erradas, e lhe mostrará o caminho certo. Tudo que o Senhor mais deseja é que você saia de sua zona de conforto e se ofereça para servi-lo.

GRAÇA PARA HOJE:

Deus prometeu nos dar a orientação e habilidade necessárias para fazermos as escolhas certas.

O que o Amor Significa?

Certa vez, um grupo de profissionais propôs a pergunta "O que significa amor?" a um grupo de crianças de quatro a oito anos de idade, e as respostas que receberam foram surpreendentemente profundas.

"Quando a minha avó teve artrite, ela não conseguia se curvar e pintar as unhas dos pés. Assim, meu avô fazia isto para ela, e as suas mãos também tinham artrite. Isto é amor.

"Amor é quando você diz a um menino que gosta da camisa dele, e então ele a usa todos os dias.

"Amor é quando a mamãe dá ao papai o melhor pedaço do frango.

"Amor é quando o cachorrinho lambe o seu rosto, mesmo depois de você tê-lo deixado sozinho o dia inteiro.

"Você não deve dizer 'Eu te amo' a menos que queira realmente. Mas se quiser fazer isto, então deve dizer muitas vezes. As pessoas se esquecem."

GRAÇA PARA HOJE: **Podemos derramar o nosso amor sobre outras pessoas porque Deus derramou o seu amor sobre nós.**

É fácil dizer "amo você", mas acreditar nisto é mais fácil quando as ações correspondem às palavras! O apóstolo João, também conhecido como o "apóstolo do amor", ensinou como demonstrar amor pelas outras pessoas: "por obra e em verdade". Existe alguém que precisa ouvir de você hoje as palavras "amo você"? Ou, ainda melhor, existe algo que possa fazer para demonstrar amor a alguém? "Que nos amemos uns aos outros", escreveu o apóstolo (1 Jo 3.11). Demonstre hoje o seu amor pelo próximo.

"Meus filhinhos, não amemos de palavra, nem de língua, mas por obra e em verdade."

1 João 3.18

Deus Está no Controle

Por John MacArthur Jr.

A graça de Deus salva-nos, ajuda-nos a enfrentar as nossas ansiedades, prepara-nos para a adoração, permite-nos crescer espiritualmente e ser abundantes em Deus. Como a paz de Deus, a graça está sempre acessível e não há limites para ela. E novamente, como a paz de Deus, as condições para recebê-la são confiar em Deus, renunciar ao pecado, suportar o processo de aperfeiçoamento, fazer o bem e viver de acordo com a Palavra. À medida que nos tornamos aquilo que deveríamos ser, Deus nos inspira com a sua paz e graça. E esta paz e graça são bênçãos maravilhosas que impedem a ansiedade.

Poucos dias depois de apresentar esta mesma mensagem para a minha congregação na Igreja da Graça, tive uma oportunidade sem precedentes de aplicá-la em minha vida. Fui informado de que a minha esposa e a minha filha mais nova haviam sofrido um grave acidente automobilístico e que a minha esposa, Patrícia, provavelmente morreria. Tudo parecia uma névoa para mim. Sem saber os detalhes, tive medo de que ela já tivesse morrido.

Durante o tempo que levei para chegar ao hospital, refleti sobre a gravidade da situação. Entretanto, eu experimentava uma paz profunda e serena, simplesmente porque sabia que Deus não tinha falhado comigo — a sua graça operava na vida da minha família e Ele tinha o controle completo de tudo. Fico feliz por dizer que Deus salvou a vida de ambas, e que Patrícia se recuperou de uma forma admirável. Se você também confiar na graça de Deus, Ele o ajudará nas provações mais difíceis.[20]

PAI: AGRADEÇO-TE PELA TUA GRAÇA QUE OPERA EM MINHA VIDA E PELA PAZ QUE VEM COMO RESULTADO DELA. SEI QUE TU NUNCA ME DECEPCIONARÁS. AMÉM.

"E a graça de nosso Senhor superabundou com a fé e o amor que há em Jesus Cristo."

1 Timóteo 1.14

O que Você Dirá a Ele?

"Se vós estiverdes em mim, e as minhas palavras estiverem em vós, pedireis tudo o que quiserdes, e vos será feito."
João 15.7

Vivemos em um mundo que pode ser opressivo, para dizer o mínimo. Temos guerras em quase todo continente. A pobreza e a fome são uma epidemia. As doenças impiedosamente tiram vidas aos milhares. Até mesmo as famílias de classe média sofrem a tragédia de suicídios de adolescentes, uso de drogas e desastres naturais. O que podemos fazer para lidar com as calamidades que existem a nossa volta?

GRAÇA PARA HOJE: Da próxima vez que você orar, lembre que você está operando sob um céu aberto.

A resposta pode estar em nossa estante de livros. Deus não só nos dá a paz em meio a tempestades e tragédias, como também nos dá o poder da sua Palavra e da oração. Isto significa que não apenas encontramos um refúgio ao passarmos por todas as aflições da vida, mas também temos uma espada que podemos usar para nos defendermos contra ataques espirituais. Temos a habilidade de impactar as situações que existem neste mundo através do poder de Deus — se crermos que a Bíblia é verdadeira.

Se a Bíblia for verdadeira (e ela é), então não há nada impossível para nós. O que quer que peçamos ao Pai, em nome de Jesus, pode ser feito se pedirmos com fé. Temos poder e autoridade sobre todo o mal que permeia esta terra. Através da oração e da Palavra, questões muito reais podem ser afetadas pelo poder e pela força de Deus. Da próxima vez que orar, lembre que você está operando sob um céu aberto; está usando um poder que é muito maior do que a sua própria habilidade. Você está se comunicando com Deus, e Ele quer responder-lhe. O que você dirá a Ele?

Terça

Perseguindo o Vento

"[...] é necessário que aquele que se aproxima de Deus creia que ele existe e que é galardoador dos que o buscam."

Hebreus 11.6

No livro de Eclesiastes, o rei Salomão lutou contra a falta de sentido das coisas, lamentando que a vida parecia ser tão fútil quanto perseguir o vento. E Salomão cria em Deus! O Senhor falara com ele pessoalmente em um sonho, e ele escreveu incontáveis provérbios sobre Deus. Mesmo se você for crente, viver pode parecer não ter propósito se você tirar os olhos do Senhor e fixá-los no mundo. A graça de Deus se mostrará quando você buscá-lo com sinceridade — seja como um descrente ou um crente que se entregou de novo — e Ele abençoará a sua vida com significado e propósito.

Quando Salomão derramou todos os seus pensamentos e sentimentos no livro de Eclesiastes, o Senhor ajudou-o a descobrir o antídoto para a falta de sentido da vida: "Teme a Deus e guarda os seus mandamentos" (12.13). Esta revelação deve ter parecido óbvia para um homem tão sábio quanto Salomão, e você quase consegue imaginá-lo batendo em sua cabeça, dizendo: "É claro!" Mas, para entender a sua cura, é importante observar que ela está enraizada na fé.

Para temer e obedecer a Deus, você deve primeiramente reconhecer que Ele é real e colocar a sua confiança nEle. Salomão já tinha feito isto. Pode ser que você precise dar este passo ou, como Salomão, precise realinhar os seus pontos de vista. Quando você crê e se concentra em um Deus impressionante e amoroso, temê-lo e obedecer-lhe se torna um fim em si mesmo, e a vida faz-se rica em propósito.

GRAÇA PARA HOJE:

Deus abençoará a sua vida com propósito quando você o buscar com sinceridade.

Deus quer que você saiba que Ele vive, e que você o encontrará se o buscar de todo o coração (Jr 29.13). Agora, a Bíblia diz que Deus é Espírito, e seu Espírito é freqüentemente descrito como um vento. Então aqui está uma maneira fácil de lembrar a chave para encontrar ou redescobrir o significado da vida: Quando você se sentir como se estivesse perseguindo o vento, comece a perseguir o verdadeiro Vento.

Humildade Graciosa

"Humilhai-vos perante o Senhor, e ele vos exaltará."
Tiago 4.10

Ao olhar pela primeira vez através de seu telescópio e observar o planeta Saturno, Galileu Galilei declarou confiantemente que se tratava de uma "estrela" rodeada por duas luas. Quando observações posteriores indicaram que estas luas haviam desaparecido, Galileu teve de voltar atrás em sua declaração e admitir que a sua teoria estava incorreta. "Não sei o que dizer em um caso tão surpreendente, tão inesperado e tão singular", ele escreveu.

Como a maioria dos grandes cientistas, Galileu possuía a coragem de apresentar novas idéias que freqüentemente desafiavam a percepção das pessoas em relação ao mundo. Contudo, ele possuía uma habilidade maior: a humildade para admitir quando suas idéias estavam erradas. Tal humildade permitiu que outros assumissem o trabalho a partir do ponto onde ele havia parado e acabassem descobrindo que aquelas "luas" eram na verdade anéis orbitando em torno do planeta.

Da mesma forma, a humildade é exigida na vida de todo crente, pois apenas admitindo os próprios defeitos pode-se "descobrir" a verdade da graça de Deus e receber a sua provisão na vida. Quando você se humilha e admite que fez algo errado, ou se sujeita à vontade de uma outra pessoa, ou ainda perdoa aqueles que lhe fizeram algum mal, você demonstra o amor de Cristo em sua vida e reflete a graça dEle.

Então seja corajoso e reconheça quando estiver errado. Seja gentil quando receber correção e direção de outros. Procure maneiras de servir e deixe que outras pessoas recebam a glória e a honra. Seja rápido em perdoar e não guarde mágoas contra ninguém. Praticar a humildade não é fácil, mas você descobrirá que a graça de Deus estará presente para ajudá-lo a fazer isto.

GRAÇA PARA HOJE:

Quando andamos em humildade, refletimos a imagem de Deus.

Quinta

A Lição de Ewok

"[...] Deus não aceita a aparência do homem [...]"
Gálatas 2.6

Uma família estava muito empolgada para praticar canoagem nas corredeiras pela primeira vez. Quando um dos guias, Joe, apresentou-se para dar instruções, eles souberam instantaneamente que este era o guia que queriam: Joe tinha boa aparência, era forte e alinhado, mas infelizmente não seria o guia. Esta honra foi dada a Ewok, de quem eles imediatamente não gostaram.

Ewok tinha cabelos longos que corriam pelas costas, cortados em um estilo *Mohawk*. Havia apenas poucos centímetros em seu corpo bastante redondo que não estavam cobertos por tatuagens. A primeira impressão da família foi de decepção: estava claro que Ewok não seria o melhor guia para eles.

Mas com o passar do dia, suas impressões aos poucos começaram a mudar. Joe mostrou-se um pouco "tolo" — continuamente jogando água do rio nas pessoas que estavam em seu barco, e então rindo disso. Mas a aparência de Ewok não correspondia a sua gentileza interior. Ele mostrou que era o guia mais experiente no rio. Ele foi um verdadeiro cavalheiro, ajudando as crianças com seus coletes salva-vidas e certificando-se de que aquele dia fosse uma lembrança familiar agradável a ser compartilhada nos anos vindouros.

As aparências podem ser enganosas. Muitas vezes os crentes fazem julgamentos das pessoas baseando-se nas aparências e em suas próprias experiências passadas. Deus não julga pela aparência exterior — você não está contente? Graças a Deus por Ele não julgar como às vezes fazemos!

GRAÇA PARA HOJE:

Deus não olha a aparência exterior. Ele olha para aquilo que está em nosso coração.

Ouça com o seu Coração

Um estudo conduzido pelas escolas públicas de Detroit há vários anos revelou que a maioria das pessoas gasta aproximadamente 45% do seu dia ouvindo os outros. No entanto, estudos similares indicam que as pessoas geralmente compreendem e retêm apenas cerca de 25% do que ouvem. Embora um pouco desta dificuldade possa ser atribuída a fatores externos (tais como o barulho no ambiente), a verdade é que a maioria das pessoas simplesmente não sabe ouvir.

É necessário muito esforço para ouvir o outro com sucesso. Quando escolhe ouvir, você conscientemente reprime o próprio desejo de expressar os seus sentimentos dando a vez para outros falarem. Você demonstra respeito permitindo que eles compartilhem as suas experiências sem interromper com as suas próprias observações ou conselhos. E quando ouve atentamente, você comunica que valoriza as opiniões de quem está falando e se importa com o que ele tem a dizer.

GRAÇA PARA HOJE:

Deus está sempre pronto para nos ouvir quando falamos com Ele — o dia todo, todos os dias; a noite toda, todas as noites.

Durante a época em que passou na terra, Jesus não andava simplesmente recitando uma série de sermões, mas interagia com as pessoas. Ele ouvia as suas perguntas e estava atento às necessidades delas. Às vezes, Jesus fazia perguntas adicionais para alcançar o cerne da questão. Outras vezes, Ele contava parábolas a fim de comunicar-lhes um ponto específico mais claramente. Mesmo que não gostassem do que ouvissem, as pessoas sempre sabiam que Jesus as tinha ouvido e entendido.

Ao viver o seu dia, lembre-se de que Jesus ainda o ouve, e tente estender esta mesma graça às pessoas com quem você interage. E quando passar um tempo com Deus em oração, certifique-se de estar atento aos momentos em que Ele quer que você o ouça, de forma que você receba a graça dEle em sua vida.

"Quando tu disseste: Buscai o meu rosto, o meu coração te disse a ti: O teu rosto, Senhor, buscarei."

Salmos 27.8

O Deus de toda Consolação

Por Luis Palau

Há alguns anos, um submarino afundou com toda a sua tripulação na costa do Atlântico na América do Norte. Depois que a embarcação foi localizada, mergulhadores foram investigar os danos e a possibilidade de resgatar o navio naufragado.

Quando alcançaram o casco do navio, eles ficaram surpresos ao ouvir uma mensagem sendo martelada em código Morse. Alguém realmente ainda estava vivo no submarino! Os mergulhadores ouviram com atenção. A mensagem era uma pergunta frenética martelada contra as paredes daquele túmulo aquático: "Há esperança? Há esperança?"

Você e eu podemos fazer a mesma pergunta quando um problema ou uma tragédia nos atinge. Quem, afinal, está totalmente livre da dor esmagadora da perda de um ente querido, do peso de uma saúde frágil, do medo de dificuldades financeiras, da angústia de um lar fragmentado ou uma centena de outros problemas?

Quando tais aflições surgem, podemos nos sentir aprisionados e submergir sob o peso da situação. Perguntamos se há alguma esperança de superar o problema. Alguém pode realmente nos consolar em nossa dor? Embarcamos em uma busca desesperada de consolo — que normalmente não é concluída.

O apóstolo Paulo diz que o próprio Deus se revela como o "Pai das misericórdias" e o "Deus de toda consolação". Na verdade, Paulo usa uma palavra derivada de *consolação* dez vezes nestes versículos. Assim, quando enfrentamos pressões externas, podemos ter certeza de que temos um Pai celestial que é misericordioso e consolador.[21]

SENHOR DEUS: PRECISO DA TUA CONSOLAÇÃO NESTE EXATO MOMENTO. TOCA-ME COM A TUA MÃO COMPASSIVA E TIRA-ME DA MINHA DOR E DO SOFRIMENTO. COLOCO A MINHA ESPERANÇA EM TUA BONDADE E GRAÇA. AMÉM.

"Bendito seja o Deus e Pai de nosso Senhor Jesus Cristo, o Pai das misericórdias e o Deus de toda consolação, que nos consola em toda a nossa tribulação, para que também possamos consolar os que estiverem em alguma tribulação, com a consolação com que nós mesmos somos consolados de Deus."

2 Coríntios 1.3,4

Segunda

O Gato em cima de uma Árvore

"O conselho do Senhor permanece para sempre; os intentos do seu coração, de geração em geração."
Salmos 33.11

A obra *The Book of Heroic Failures* ("O Livro dos Fracassos Heróicos") conta a história da greve dos bombeiros britânicos em 1978, na qual o exército foi forçado a preencher a falta dos bombeiros. Certa tarde, os bombeiros substitutos receberam um chamado para resgatarem um gato que estava no alto de uma árvore. Os soldados correram para a cena, colocaram uma escada, desceram o gato e o entregaram em segurança a sua dona. A mulher ficou tão agradecida que convidou os bombeiros para entrar e tomar um chá. Após um momento maravilhoso, eles se despediram, voltaram a entrar no caminhão e deram marcha à ré — atropelando o gato.

Alguém poderia se perguntar a respeito desta missão de resgate. Foi realmente bem-sucedida?

Os sucessos que experimentamos nesta vida — não importa quão bem merecidos ou difíceis de alcançar tenham sido — ainda são apenas isto: uma parte desta vida, temporária e propensa a desaparecer em pouco tempo. Mas o verdadeiro sucesso — o sucesso que irá durar por toda a eternidade — é baseado em fazer a vontade de Deus e viver em obediência a Ele.

As coisas que fazemos para o Senhor durarão eternamente, mas as que fazemos para nós mesmos, para nos promovermos e ganharmos o sucesso do mundo aqui e agora, ao final irão desaparecer e murchar como a erva. Viver do modo de Deus é muito mais gratificante. Quando assim fizermos, estaremos vivendo de forma muito mais segura, "firmados" no Senhor!

GRAÇA PARA HOJE:

Deus nos dá o verdadeiro sucesso — o que durará eternamente — quando fazemos a vontade dEle em nossa vida.

Terça

Experimentando a Graça

"para que a prova da vossa fé,
muito mais preciosa do que o ouro[...]"
1 Pedro 1.7

Após bater o recorde da milha corrida, conquistado por um americano nos Estados Unidos, vencer a sua primeira corrida internacional e obter vitórias no campeonato de trilhas americanas, Alan Webb pensou que estivesse pronto para participar de sua primeira Olimpíada. Ele estava concentrado, determinado e disposto a treinar muito. Ao chegar o grande dia, ele confiantemente pensava ter todos os elementos para o sucesso.

Mas enquanto acontecia a corrida, Webb, que tinha 21 anos de idade, percebeu que lhe faltava um elemento importante: experiência. Outros corredores ultrapassavam-no, dando-lhe cotoveladas, jogando-o de um lado para o outro, como em uma máquina de diversões eletrônicas. Não acostumado com uma corrida física deste tipo, Webb debatia-se enquanto os outros corredores forçavam-no para uma ala exterior da pista e o ultrapassavam. Quando a corrida acabou, Webb percebeu que a sua falta de experiência lhe custara a chance de ganhar uma medalha nas Olimpíadas.

Pode ser difícil ver as provações em seu caminho como um dom da graça de Deus. No entanto, estas provações às vezes são a única maneira de você ganhar a experiência necessária para lidar com um problema maior que poderá aparecer na estrada. O fracasso parece um passo atrás, mas você sempre aprende mais com os erros do que com as vitórias. O conhecimento que você ganha a partir de contratempos hoje pode ajudá-lo a lidar com eventos semelhantes (e freqüentemente mais importantes) no futuro.

A boa notícia é que você não terá de passar por estes momentos sozinho, porque Deus sempre coloca pessoas com experiência em sua vida para o orientar e influenciar. Tudo o que você precisa fazer é estar disposto a aceitar a graça de Deus e ouvir seu conselho.

GRAÇA PARA HOJE:

As nossas aflições e tribulações nunca são um desperdício. Deus as utiliza para nos fortalecer e formar o nosso caráter.

Três Palavras Simples

"[...] Com amor eterno te amei; também com amável benignidade te atraí."
Jeremias 31.3

Jesus é a maior benção que uma pessoa pode receber. Ele nos salva de uma vida de pecado, tira-nos das trevas e da solidão, e se oferece como o companheiro fiel e refúgio em tempos de necessidade. Além disso, coloca o seu Espírito Santo em cada um de nós para nos dar propósito, inspiração, consolação, ânimo, amor, paz, alegria — a lista abrange toda e qualquer necessidade humana que se possa enfrentar. Em certo sentido, o Espírito Santo é o modo de Deus dizer: "Eu amo você".

Um pensamento maravilhoso, não é mesmo? A Bíblia nos lembra que muitos ainda não ouviram o Senhor pronunciar-lhes estas três palavras simples. Eles não têm ciência do amor e da graça de Deus. Não experimentaram a glória indescritível de serem libertos de seus pecados, perdoados e restaurados. E ainda não sabem que Jesus é a melhor coisa que poderia lhes acontecer.

É neste ponto que você entra. Partilhe aquelas três palavras simples com alguém hoje. Alguém que ainda não o conheça, que não saiba que o amor e a graça de Deus estão disponíveis para serem reivindicados. Alguém que não saiba que Jesus é a melhor bênção que ele poderia receber.

Peça a Deus que lhe mostre quem Ele quer amar através de você. Faça tudo o que Ele disser. Vá onde quer que Ele o envie. Não pare até que tenha transmitido as três palavras simples para ao menos uma outra pessoa. Este é um pequeno investimento que gera dividendos eternos.

GRAÇA PARA HOJE:

Deus nos ama mais do que podemos imaginar — Ele sempre nos amará.

Quinta

Não Estamos Sozinhos

"Do Senhor é a terra e a sua plenitude,
o mundo e aqueles que nele habitam."
Salmos 24.1

Você já ficou alguma vez na margem de um lago antes do nascer do sol e olhou para as estrelas? Tudo está quieto. A única luz que brilha é a luz da lua que cobre a água. As mesmas estrelas que Adão e Eva viram ainda estão lá, brilhando só para você. É como se a parte mais escura da noite revelasse o brilho da criação de Deus. Na verdade, se observar durante o tempo suficiente, você poderá ver ainda mais estrelas no céu da madrugada. A beleza de tal momento pode ser descrita de modo infinitamente diferente. É uma vista que, quando contemplada, traz ao observador uma única conclusão: somente Deus pode mostrar este esplendor à humanidade. Uma beleza assim tão impressionante jamais poderia ter aparecido por acaso.

Uma coisa que aprendemos em um momento tão tranqüilo é que não estamos sozinhos. Deus fez a sua linda criação só para nós. O Deus que colocou a lua e as estrelas em seu lugar é o mesmo que prometeu estar conosco, sempre. Ele nos amou com amor eterno, enviando seu Filho para morrer na cruz por nós.

Da próxima vez que você se sentir sozinho, lembre que o Deus que criou o universo é o mesmo que prometeu viver dentro do seu coração. Você nunca está sozinho. O olhar cuidadoso e amoroso de Deus não será desviado de você. E a presença e o poder dEle não deixarão de agir em todos os aspectos da sua vida.

GRAÇA PARA HOJE:

O Deus que colocou a lua e as estrelas em seu lugar é o mesmo que promete estar conosco — sempre.

Sexta

Amo Estar na Igreja

Rich Mullins era um querido artista e compositor no mundo da música evangélica. Antes de morrer tragicamente em um acidente de jeep no dia 19 de setembro de 1997, ele havia escrito muitas lindas canções de louvor que tocaram os corações de inúmeras pessoas. Eric Hauck, um amigo íntimo de Rich, recorda-se de estar com ele em um culto de louvor apenas alguns dias antes da sua morte. Alguns amigos queriam reunir-se para louvar a Deus e todos levaram instrumentos para tocarem juntos. A música soava desagradável — até mesmo os cantores estavam desafinados.

Rich, porém, foi até o microfone e disse: "Amo estar na igreja. Amo ouvir as pessoas cantarem e tocarem de coração. Em minha profissão, nos preocupamos em estar afinados e cantar bem, mas a música desta noite é a mais agradável a Deus, porque é muito verdadeira e vem dos corações dos seus filhos". Esta foi a última vez que Eric viu Rich Mullins chorar.

GRAÇA PARA HOJE:

Deus nos deu uns aos outros como bênçãos.

Hoje, Rich Mullins está adorando a Deus no céu, mas enquanto esteve na terra, amou estar na igreja e adorar com seus irmãos em Cristo. Um dos componentes de sua banda disse uma vez: "Para Rich, até mesmo uma hora aparentemente "ruim" na igreja é melhor do que não ir à igreja.

Deus deseja que os seus filhos estejam em comunhão uns com os outros. Precisamos de outros crentes a nossa volta para estimular a nossa fé e ajudar-nos a adorar a Deus de todo o nosso coração. Não desista de se reunir com outros crentes — isto irá abençoá-lo mais do que você pode imaginar.

"Não deixando a nossa congregação [...] antes, admoestando-nos uns aos outros [...]"

Hebreus 10.25

O Deus que Ressuscita os Mortos

Por Luis Palau

O desespero parece assumir várias formas diferentes. O tipo mais comum ocorre quando uma pessoa é cercada por problemas "externos", tais como dificuldade financeira ou saúde debilitada. As pessoas que experimentam esta forma de desespero em particular geralmente são convencidas de que somente se as circunstâncias externas melhorarem, elas se sentirão bem.

Por outro lado, algumas pessoas passam por um desespero interior, embora as suas circunstâncias externas sejam ideais. Elas têm todo o dinheiro que querem, todos os amigos de que precisam, toda a educação que podem ter — mas ainda assim um vazio inexplicável as assombra. Este tipo de desespero pode muito bem ser o pior; sua fonte não é definível, e é um sofrimento que se passa sozinho.

Com freqüência, vemos Paulo como um apóstolo dinâmico e invencível, mas ele também sofria de um tipo de desespero interior. O sofrimento de Paulo, porém, não era devido a problemas "externos" ou ao vazio que acompanha a busca do ganho pessoal. Seu desespero resultava das circunstâncias que ele enfrentava no cumprimento de seu ministério. Mas Paulo encontrou consolação e vitória no Deus que ressuscita os mortos — uma consolação que nós também podemos encontrar!

Talvez você tenha passado por uma experiência semelhante à de Paulo. Acredite ou não, este pode ser o momento mais emocionante da sua vida — um momento de vitória real, quando Deus pode entrar na situação que o está perturbando. Ele pode controlar o desespero assustador que se encontra no interior do seu coração, o qual você não partilha com ninguém. Ele pode purificá-lo e transformá-lo. Pode enchê-lo com o Espírito e lhe dar a paz.[22]

PAI CELESTE: QUERO TROCAR O MEU DESESPERO PELA TUA CONSOLAÇÃO. BUSCO A TI AGORA, ESPERANDO QUE ESTE SEJA O MOMENTO MAIS EMOCIONANTE DA MINHA VIDA. AMÉM.

"Mas já em nós mesmos tínhamos a sentença de morte, para que não confiássemos em nós, mas em Deus, que ressuscita os mortos."

2 Coríntios 1.9

Segunda

As Maneiras de Adoração

"Eu te louvarei, Senhor, de todo o meu coração [...] Louvar-te-ei [...] te celebrarei."

Salmos 9.1; 35.18

Quando paramos para considerar o que Deus tem feito por nós, é impossível não querer adorá-lo e louvá-lo por sua misericórdia e graça, que são incríveis. A adoração é uma reação natural aos sentimentos de alegria e felicidade que você experimenta quando segue a Deus e anda em seus caminhos. Através da adoração, você não só é capaz de expressar a sua gratidão a Deus, como também demonstra que Ele é digno de receber a sua máxima honra e devoção.

Os israelitas do Antigo Testamento entenderam o quanto Deus tinha feito por eles quando foram retirados do cativeiro no Egito e exaltados como povo escolhido de Deus. O povo expressava sua adoração a Deus de diversas maneiras, tais como levantar as mãos em louvor (hb. *yadah*) ou inclinar a cabeça em humilde submissão a Ele (*barouch*). A adoração dos israelitas era freqüentemente em voz alta e impetuosa quando expressavam o louvor da glória de Deus (*shabach*), quando apanhavam os seus instrumentos e o glorificavam em uma canção (*zamar*), ou quando simplesmente dançavam e celebravam na presença dEle (*halell*). Eles também elevavam o seu louvor a Deus em tempos de necessidade, independentemente das circunstâncias (*towdah*).

GRAÇA PARA HOJE: A adoração é uma resposta natural ao amor e à maravilhosa graça de Deus.

Separe um tempo do seu dia para lembrar e considerar as muitas bênçãos que Deus lhe deu. Quer você prefira adorar de maneira audível com uma celebração, quer adore de uma maneira mais silenciosa e introspectiva, não se esqueça de dizer a Deus quanto o dom da graça significa para você, para a sua vida. Não importa quais situações venham a surgir em seu caminho, há sempre algo pelo que você pode ser grato, expressando esta gratidão a Deus em adoração.

Terça

Senhor, Dá-me Paciência — Agora Mesmo!

"O longânimo é grande em entendimento [...]"
Provérbios 14.29

Gladys e Rhonda andavam pela calçada depois do culto em direção a sua casa, pensando nas refeições planejadas para aquela tarde e fazendo comentários casuais sobre o culto da manhã.

"Foi um grande sermão sobre a paciência", observou Rhonda.

Gladys respondeu: "Sim, mas ele se estendeu por cinco minutos além do horário".

Alguma vez você se sentiu desta maneira quando se trata de cultivar a paciência? A maioria das pessoas diria que sim, uma vez ou outra. A nossa sociedade corre em ritmo frenético e as responsabilidades e obrigações se amontoam. Isto freqüentemente cria frustração e impaciência — em especial quando o semáforo fica vermelho no exato momento em que você se aproxima ou quando a senhora idosa a sua frente na fila do banco esqueceu de preencher o papel do depósito. Talvez você tenha feito recentemente a infame oração: "Senhor, dá-me paciência — agora mesmo!" Mas a paciência não é desenvolvida em nossa vida da noite para o dia. Podemos adquiri-la somente através das circunstâncias que a testam — e muitas vezes tais circunstâncias são desagradáveis, para dizer o mínimo! Até aqueles que amamos — filhos, cônjuges, colegas de trabalho, chefes, amigos, vizinhos, irmãos da igreja —testam repetidas vezes a nossa paciência, e queremos saber quanto tempo levará até que Deus esteja convencido de que aprendemos a nossa lição.

GRAÇA PARA HOJE:

Deus prometeu que os resultados da paciência compensarão a luta que travamos para alcançá-la.

Felizmente, Deus prometeu que os resultados da paciência compensarão a luta que travamos para alcançá-la: o longânimo, seja homem ou mulher, "é grande em entendimento" (Pv 14.29). Você precisa de mais entendimento? Então provavelmente precisa de mais paciência. Peça que Deus a conceda. Ele a dará — em seu tempo perfeito.

Quarta

Sirva sempre com um Sorriso

"Cada um administre aos outros o dom como o recebeu, como bons despenseiros da multiforme graça de Deus."
1 Pedro 4.10

Em uma anotação em seu diário, feita pouco antes de completar 17 anos, Florence Nightingale escreveu: "Deus falou comigo e me chamou para servi-lo". Ela não fazia idéia de que serviço se tratava, mas aceitou o chamado e esperou que Deus lhe desse maiores instruções. Sete anos depois, Florence sentiu-se compelida a servir nos hospitais de Londres cuidando dos doentes.

Infelizmente, naquela época, cuidar de doentes era considerado um dos trabalhos mais inferiores que uma pessoa poderia ter. A maior parte dos enfermeiros era composta de veteranos do exército, incapacitados ou aleijados, que não tinham um treinamento adequado. As condições dos hospitais eram tão terríveis que a maioria dos pacientes ficava melhor fora deles. No entanto, determinada a servir a Deus cuidando dos doentes, Florence empenhou-se em melhorar as condições hospitalares em Londres. Suas inovações, incluindo um sistema de campainhas e pequenos elevadores manuais para ajudar as enfermeiras a evitar a exaustão, formaram o alicerce dos hospitais modernos que vemos hoje.

Florence confiava em Deus o bastante para responder ao seu chamado e servi-lo, e seu único ato de obediência salvou a vida de centenas de pessoas. Da mesma maneira, quando você se comprometer a servir a Deus e a ajudar outros, Ele usará as suas habilidades para glorificar o nome dEle — e abençoará a sua vida com a graça que só Ele pode conceder.

Não importa quais talentos ou habilidades você possua, ofereça-os a Deus e peça que Ele lhe mostre maneiras de servir. Procure oportunidades para trabalhar na igreja como assistente, professor, conselheiro, etc. Seja o primeiro a oferecer ajuda quando perceber que um amigo está em necessidade. Embora isto possa não parecer muito, a sua simples disposição de servir demonstrará a graça de Deus a outros e os trará para o Reino.

GRAÇA PARA HOJE:

Deus usará as suas habilidades para glorificar o nome dEle — e abençoará a sua vida com a graça que só Ele pode conceder.

Quinta

Você Pode Amar o Suficiente?

"Porque Deus não nos deu o espírito de temor, mas de fortaleza, e de amor, e de moderação."

2 Timóteo 1.7

Certa vez uma jovem mãe levou sua filha ao zoológico local. Ao parar em uma barraca para comprar algum lanche, sua filhinha afastou-se. Depois de passar alguns minutos em agitação procurando-a, a mãe viu que a menina havia passado pelos obstáculos para dar uma olhada mais de perto nos ursos. Sem pensar em olhar em volta ou pedir ajuda, a jovem mãe de 60 quilos passou correndo pelos obstáculos e tirou a filha rapidamente do meio do perigo. Já vimos isto antes. O amor de mãe é uma força poderosa.

O amor de Deus também é poderoso — na verdade tão poderoso que fez com que Ele enviasse o seu Filho unigênito para dar a vida em nosso favor. Tão poderoso que Deus lutou para nos redimir — sua criação manchada — mesmo antes de estarmos cientes da nossa condição. Tão poderoso que tem se inflamado durante os séculos e brilhará por toda a eternidade. Tão poderoso que nos persegue sem hesitação, pronto para nos livrar do perigo.

Quando se é amado desta forma, jamais se esquece. Este amor nos transforma de dentro para fora. Com ele fazemos coisas que jamais teríamos considerado fazer antes. Ele nos inspira a dar tudo de nós para outros sem fazer questionamentos, sem hesitar.

Você está procurando este tipo de amor poderoso? Tudo o que você precisa fazer é pedir, e saiba que ele será seu. Seu nome é Jesus, e Ele tem esperado por você durante toda a sua vida.

GRAÇA PARA HOJE:

O amor de Deus é tão poderoso que transcende o tempo e o espaço, e atende exatamente às nossas necessidades.

A História do Relógio da Torre

Conta-se a história antiga de uma aldeia que comprou um lindo relógio de torre. Algum tempo depois de ele estar instalado, um visitante da cidade descobriu que todas as pessoas estavam dormindo durante o dia e trabalhando à noite. Quando o visitante lhes perguntou acerca deste comportamento, eles responderam: "Temos a cidade mais singular da América. Depois que compramos o nosso relógio novo, percebemos que o sol começou a levantar-se cada vez mais cedo todas as manhãs. Por fim, as horas do dia ficaram escuras, e as da noite, iluminadas. Estamos solicitando ao Presidente que nos dê um reconhecimento especial como a única cidade na América nesta situação!"

Como se descobriu, naturalmente, o relógio novo funcionava cada vez mais lentamente — porque pardais estavam empoleirando-se nele. As pessoas haviam permitido que um instrumento feito pelo homem as controlasse.

A tirania do relógio pode roubar-nos a alegria na vida. As disputas diárias podem muito facilmente tornar-se uma regra: "Corra, ou vamos nos atrasar!", "Tenho apenas cinco minutos para chegar à reunião!" Tais pressões são normais, mas quando começam a controlar a nossa vida, está na hora de diminuir o ritmo.

> **GRAÇA PARA HOJE:**
>
> **Em meio a nossa vida ocupada, Deus nos convida a vir até Ele e descansar.**

Em meio à agitação diária, ouça as palavras de Jesus a você: "Vinde vós, aqui à parte, a um lugar deserto, e repousai um pouco". O jugo de Jesus é suave, e seu fardo é leve. Portanto, faça um pequeno intervalo. Tire o olhar do relógio e repasse as suas preocupações para Jesus: "lançando sobre ele toda a vossa ansiedade, porque ele tem cuidado de vós" (1 Pe 5.7).

"[Disse Jesus aos discípulos:] Vinde vós, aqui à parte, a um lugar deserto, e repousai um pouco."

Marcos 6.31

O que É a Graça?

Por Warren W. Wiersbe

O que é a graça? É a provisão de Deus para todas as nossas necessidades. Já se disse corretamente que Deus em sua graça nos dá o que não merecemos, e em sua misericórdia não nos dá o que merecemos. Alguém escreveu: "As riquezas de Deus estão disponíveis à custa de Cristo". E João 1.16 diz: "E todos nós recebemos também da sua plenitude, com graça sobre graça".

Nunca há carência da graça. Deus é suficiente para os nossos ministérios espirituais (2 Co 3.4-6), nossas necessidades materiais (9.8), como também as nossas necessidades físicas (12.9). Se a graça de Deus é suficiente para nos salvar, com certeza é suficiente para nos manter e nos fortalecer em nossos momentos de sofrimento.

Na vida cristã, obtemos muitas das nossas bênçãos através da transformação, e não da substituição. Quando Paulo orou três vezes para obter a remoção da sua dor, ele estava pedindo a Deus uma substituição: "Dá-me saúde, em lugar da doença; libertação, em vez da dor e fraqueza". Às vezes, Deus realmente supre a necessidade pela substituição. Mas Ele também o faz pela transformação. A aflição não é removida, mas Deus nos dá graça para que ela funcione a nosso favor e não contra nós.

Paulo reivindicou a promessa de Deus e recorreu à graça que lhe foi oferecida, e esta transformou a aparente tragédia em triunfo. Deus não mudou a situação de Paulo; Ele adicionou um novo ingrediente: a graça. O nosso Deus é o "Deus de toda a graça" (1 Pe 5.10), e o seu trono é o "trono da graça" (Hb 4.16). A Palavra de Deus é a "palavra da sua graça" (At 20.32), e a promessa é que Ele "dá maior graça" (Tg 4.6). Não importa como olhamos para os problemas, Deus é suficiente para suprir toda necessidade que tenhamos.[23]

PAI PRECIOSO: Transforma-me pela tua graça para que eu possa adorar-te mais plenamente. Amém.

"[...] Porque, quando estou fraco, então, sou forte."

2 Coríntios 12.10

Amaldiçoando a Chuva

"E não somente isto, mas também nos gloriamos nas tribulações, sabendo que a tribulação produz a paciência."
Romanos 5.3

Quando era criança, você costumava sentar-se perto da janela em um dia de chuva e recitar a antiga rima: "Chuva, chuva, vá embora. Venha outra vez, uma outra hora"? Em nossa vida abençoada e privilegiada, freqüentemente desejamos que a chuva vá embora, mas no mundo inteiro, muitos agonizam sob o sol, desesperados por uma chuvarada. Portanto, devemos nos sentir abençoados por termos a chuva.

Há, ainda, outros motivos por que devemos apreciar mais os dias de chuva. Quando você der um passeio a pé em um dia quente de verão ou fizer uma caminhada na floresta, observe a criação de Deus. Note as lindas flores desabrochando na primavera, os tons alaranjado e vermelho dourado do outono, e a abundância das frutas típicas de cada estação. Observe a despreocupada vida selvagem que desfruta de tudo o que Deus tem proporcionado a ela. Nada desta grandeza seria possível sem aqueles melancólicos dias de chuva. E onde estaríamos sem o arco-íris? A chuva é uma das dádivas mais preciosas de Deus.

GRAÇA PARA HOJE:

Deus transforma os nossos dias chuvosos em chuva de bênçãos.

O mesmo se aplica aos dias chuvosos em nosso coração. Eles são freqüentemente necessários a fim de produzir as folhagens verdejantes do crescimento espiritual ou o esplendor colorido do bom caráter. Sem os dias de chuva, agonizaríamos sob o sol brilhante das nossas próprias buscas egocêntricas. A chuva que cai em nossa alma muito freqüentemente equivale a uma chuva de bênçãos.

Você tem amaldiçoado a chuva? Talvez seja hora de dar uma outra olhada. É possível que você esteja perdendo um dos mais extraordinários dons de Deus.

Terça

Isto Eu Sei

"E nós conhecemos e cremos no amor que Deus nos tem."
1 João 4.16

Um bebê sabe que é amado quando sente o abraço carinhoso de sua mãe e vê os olhos de amor do pai, ouvindo suas palavras tranqüilizadoras e sem sentido. Uma criança pequena sabe que é amada quando um de seus pais se deita no chão com ela e brinca de bola. Uma menina de cinco anos sabe que é amada quando sua mãe lhe compra lindos prendedores para o cabelo. Um menino de dez anos sabe que é amado quando o pai ajuda-o a consertar sua bicicleta. E lá no fundo, um adolescente sabe que é amado quando seus pais estabelecem limites para as suas idas e vindas, disciplinando-o caso ele cometa excessos.

A partir do momento em que expressões de afeição tangíveis como estas são oferecidas diariamente, a criança capta o verdadeiro significado da palavra, quando seus pais vêm à noite sussurrar em seus ouvidos: "Eu te amo".

Deus mostra amor pelos seus filhos de diversas maneiras. Todos os dias Ele faz o sol nascer, dando-nos luz e calor. Através da cadeia alimentar, Ele proporciona a energia que nos sustenta. O Senhor que fez a terra, e tudo o que nela há, sustém a sua criação, mantendo todo átomo no lugar de acordo com a sua vontade. Deus também nos sustenta, mantendo as nossas moléculas intactas e suprindo todas as nossas necessidades. Ele nos conforta com a sua presença, inspira-nos com as suas promessas, guia-nos com o seu Espírito, e enche-nos de bênção sobre bênção para satisfazer as nossas necessidades e os nossos desejos.

GRAÇA PARA HOJE:

As ações de Deus provam as suas palavras de amor.

Há muito tempo, Deus permitiu que seu Filho morresse em uma cruz para que seus filhos pudessem viver. Depois, em João 3.16, Deus sussurrou para o mundo inteiro: "Eu te amo".

Desde muito cedo, muitos de nós cantamos: "Jesus me ama, isto eu sei, porque assim a Bíblia me diz". As crianças sabem que a palavra por si só não traz muita significação, mas a palavra acompanhada de ação significa tudo.

Pescando com Deus

"Rogo-vos, pois, irmãos, pela compaixão de Deus, que apresenteis o vosso corpo em sacrifício vivo, santo e agradável a Deus, que é o vosso culto racional."
Romanos 12.1

O primeiro parágrafo do livro de Norman Maclean, *A River Runs Through It*, começa com esta descrição interessante:

"Em nossa família, não havia uma linha definida entre religião e pescaria. Vivíamos na junção de grandes rios de trutas, no oeste de Montana. Nosso pai era um ministro presbiteriano e um pescador que amarrava as próprias iscas e ensinava a outros como fazê-lo. Ele nos contou que os discípulos de Cristo eram pescadores, e nós deveríamos pensar, como meu irmão e eu fizemos, que todos os pescadores de primeira classe no mar da Galiléia eram pescadores que usavam insetos como isca e que João, o favorito, era um pescador que usava inseto artificial".

A frase mais interessante neste parágrafo é a primeira: "Não havia uma linha definida entre religião e pescaria". Não deve haver uma linha definida entre a nossa espiritualidade e a nossa "pescaria" — ou qualquer outra coisa em nossa vida. Deus quer fazer parte de todas as áreas do nosso mundo, e quando descobrirmos como Ele pode agir em qualquer aspecto da nossa existência, experimentaremos suas bênçãos e a alegria de sua presença contínua.

Como Paulo instruiu: "apresenteis o vosso corpo" (a vida cotidiana, comum) — até mesmo a sua pescaria — a Ele hoje!

GRAÇA PARA HOJE:

Deus deseja fazer parte de todas as áreas da nossa vida.

Quinta

Boas Novas

"Deus ressuscitou a este Jesus, do que todos nós somos testemunhas."

Atos 2.32

Quais são as Boas Novas do evangelho? É uma notícia exclusiva da fé cristã — a notícia de que o nosso Salvador vive. A sepultura não pôde retê-lo cativo. Ele venceu a morte, a sua própria morte e a nossa também. As Boas Novas do evangelho são as boas novas da vida eterna por meio de Jesus Cristo.

A Palavra de Deus nos ordena que anunciemos as Boas Novas a todo o mundo, a cada canto da terra. Não devemos descansar até que todas as pessoas tenham ouvido e tido uma oportunidade para responder ao evangelho.

Grande tarefa. Grande responsabilidade. Grande problema. É uma tarefa simplesmente grande demais para nós. Então como Deus espera que façamos isto? Ele espera que nos lembremos do milagre da multiplicação. Ele espera que nos lembremos de que Ele alimentou mais de cinco mil pessoas com a pequena refeição de um menino. Ele espera que mergulhemos os nossos esforços em oração e sigamos as suas instruções ao pé da letra, olhando exclusivamente para Ele, e isto será o bastante. Foi exatamente assim que os discípulos fizeram naquele dia na encosta da montanha na Galiléia; e Deus se encarregou de fazer o restante.

Você tem feito a sua parte para anunciar as Boas Novas do evangelho? Já partilhou a sua fé com um amigo, um vizinho, até mesmo um estranho que cruzou o seu caminho? Você pediu a Deus para usar o seu testemunho para transformar um coração?

Deus chama a tarefa de espalhar as suas Boas Novas de Grande Comissão. Ela é grande, e nós somos pequenos; mas todos podemos fazer a parte que Ele nos designou. Espalhe a notícia em seu mundo. Faça isto hoje.

GRAÇA PARA HOJE:

Deus toma os nossos pequenos esforços para anunciar as Boas Novas e os transforma em grandes resultados.

Dando Graças

Mesmo que a vida se torne tão dura quanto possa ser, se você ainda estiver respirando, e seu coração, batendo, há uma razão para louvar a Deus. Não importa o que foi roubado de você — saúde, bens, família, ou amigos — isto não foi suficiente para fazê-lo deixar de viver. Você ainda está aqui, vivo. Daqui você pode ir a qualquer lugar com Deus. Não há limites para a grandeza que você pode trazer para o seu mundo, não importa o estado em que se encontre neste momento. Mas a fim de entrar na presença de Deus, algo que talvez pareça estar em total desarmonia com os tempos difíceis tem de acontecer. Você precisa ser agradecido.

GRAÇA PARA HOJE:

Deus garante grandes e gloriosas promessas em sua Palavra.

Alguma vez se perguntou como pode ser agradecido quando o mundo parece estar desmoronando sobre você? O segredo é a fé. Ter fé significa confiar completamente na palavra de alguém que é fiel. A fé em Deus significa que você acredita nas promessas da Bíblia — a sua Palavra.

Ainda que esteja se sentindo ferido, você pode ser agradecido pelas promessas de Deus de trazer paz e consolação. Ainda que esteja doente, você pode ser agradecido por um Deus que cura. Ainda que esteja sofrendo uma carência, você pode ser agradecido por um Deus que provê. A resposta para tudo o que você enfrenta na vida pode ser declarada com ações de graças quando você ora.

"Entrai pelas portas dele com louvor e em seus átrios, com hinos; louvai-o e bendizei o seu nome."

Salmos 100.4

Lições da Resposta "Não" de Deus

Por Evelyn Christenson

Na segunda carta aos coríntios, através de uma resposta do Senhor a Paulo, aprendemos como um "não" pode ser transformado em ganho. Deus estava ensinando a Paulo duas das maiores lições da vida.

A primeira lição que Jesus lhe ensinou foi: "A minha graça te basta" (2 Co 12.9). Enquanto durasse o sofrimento de Paulo (obviamente até o tempo de sua morte), haveria graça suficiente para cobrir todas as dificuldades causadas por ele. Oh, como Paulo iria precisar desta lição — não só em sua enfermidade, mas também em suas aflições, prisões, seus naufrágios e finalmente no martírio que viria!

Então em sua resposta, o Senhor ensinou a Paulo uma segunda lição poderosa: "o meu poder se aperfeiçoa na fraqueza" (v. 9; Paulo repetiu este pensamento no v. 10, concluindo: "quando estou fraco, então, sou forte"). Não é a força física que conta; o poder de Cristo é que erige a sua tenda sobre o nosso corpo quando estamos fracos. O que era a força máxima de Paulo (ou a minha) comparada com a onipotência de Cristo? Em comparação com o poder infinito e ilimitado de Cristo, toda a força que pudéssemos formar, reunida em um único impulso gigantesco, seria fraca como um vaga-lume competindo com uma explosão nuclear. O que Paulo ganhou quando o Senhor disse "não" ao seu pedido? O que eu ganho? A força do Cristo onipotente![24]

PAI PODEROSO: TU ESTÁS SEMPRE CUIDANDO DE MIM E DOS MEUS MELHORES INTERESSES. QUANDO DISSERES "NÃO", DÁ-ME A TUA FORÇA PARA SUBMETER A MINHA VONTADE À TUA. AMÉM.

"[...] De boa vontade, pois, me gloriarei nas minhas fraquezas, para que em mim habite o poder de Cristo."

2 Coríntios 12.9

Segunda

O Ápice da Graça

"Para mostrar nos séculos vindouros as abundantes riquezas da sua graça, pela sua benignidade para conosco em Cristo Jesus."
Efésios 2.7

Jesus Cristo é o pináculo da graça de Deus. O que mais Deus poderia oferecer-nos além do seu Filho unigênito? A morte de Jesus na cruz foi um sacrifício inimaginável para Deus, mas Ele amorosamente o fez sabendo que isto resultaria em benefícios excepcionais para nós. Ao considerarmos a maravilha e a magnitude da bondade de Deus, devemos lembrar que a totalidade da sua graça está envolvida na pessoa de seu Filho, e é através de Jesus que as bênçãos de Deus fluem para nós todos os dias.

Pense nas vantagens que Deus nos oferece através de Cristo! Por ser o Caminho, a Verdade e a Vida, Jesus revela-nos a senda que conduz à santidade e ao céu, mostra-nos a realidade final, e abençoa-nos com vida abundante e eterna. Como o Cordeiro de Deus, Jesus paga o preço pelos nossos pecados e nos dá a sua justiça, para que possamos suportar o santo juízo de Deus. Como o nosso Redentor, Jesus levanta-nos de nosso estado caído e restaura-nos para Deus. Como a nossa Rocha sólida, Jesus confere à nossa vida um fundamento seguro. Como o Salvador, Ele nos livra das garras de Satanás. Como o nosso grande Sumo Sacerdote, Jesus nos oferece acesso ao Pai e intercede em nosso favor. Como o nosso Mestre, Jesus partilha conosco a sabedoria e o conhecimento. Como o Servo humilde, Ele nos dá um exemplo a seguir. Como o nosso grande Pastor, Jesus nos guia e protege. Como o Filho de Deus, Jesus torna possível que sejamos adotados na família de Deus. Como o Rei dos reis, Ele partilha conosco a sua supremacia sobre o Diabo, sua autoridade no céu e todos os seus tesouros no paraíso.

GRAÇA PARA HOJE:

Jesus Cristo é o pináculo da graça de Deus.

Jesus Cristo é a nossa brilhante Estrela da Manhã, nossa esperança da glória. Ele é o Alfa e o Ômega, o Princípio e o Fim da espantosa graça de Deus.

TERÇA

NADANDO CONTRA A CORRENTE

"[Abraão] em esperança, creu contra a esperança [...] estando certíssimo de que o que ele [Deus] tinha prometido também era poderoso para o fazer."

Romanos 4.18,21

Às vezes, a vida pode parecer uma constante barreira de desafios e obstáculos. Você mal acabou de transpor uma barreira, e uma outra aparece para substituí-la. Mas os desafios podem com freqüência ser bênçãos disfarçadas — ferramentas para ajudá-lo a enfocar novamente os seus objetivos e perseguir novas opções.

Abraham Lincoln, o décimo sexto presidente americano, teve de enfrentar inúmeros desafios que o forçaram a reconsiderar seus objetivos. Quando as suas duas primeiras tentativas de tornar-se um proprietário de loja terminaram em fracasso e o deixaram profundamente endividado, ele fez a faculdade de Direito, e no final iniciou uma atividade bem-sucedida. Quando a sua primeira tentativa de tornar-se um legislador de Illinois fracassou, ele tentou novamente dois anos depois e ganhou o emprego. Ao ser derrotado na eleição para o Congresso, concorreu outra vez três anos mais tarde e foi eleito. Após fracassar subseqüentemente em ganhar uma indicação para o Senado, concorreu para Presidente — e ganhou em duas ocasiões separadas.

GRAÇA PARA HOJE:

Deus está sempre disposto a nos ajudar a vencer os obstáculos em nossa vida.

O triunfo de Lincoln sobre os obstáculos não era resultado de sua extraordinária confiança nas próprias habilidades. Certa vez, ele declarou: — Falando seriamente, acho que não sirvo para a presidência. — Mas ele nunca deixou que o fracasso arruinasse o seu progresso. Quando uma porta se fechava, ele a contava como experiência e tentava uma outra. — Ando devagar — disse em outra ocasião —, mas nunca ando para trás.

Não desanime quando os desafios aparecerem em seu caminho. Leve-os a Deus em oração e pergunte a Ele como você deve proceder. Ele pode estar chamando-o para um curso de ação diferente, ou pode simplesmente querer que você persevere. Seja qual for o caso, tenha certeza de que, durante estes momentos, Ele o consolará com a sua graça e o ajudará a entender a vontade dEle para a sua vida.

Quarta

Um Cordão de três Dobras

"Assim nós, que somos muitos, somos um só corpo em Cristo, mas individualmente somos membros uns dos outros."

Romanos 12.5

Um homem descobriu que seu barco ficara preso nos bancos lamacentos do lago em que estava atracado. Apanhando um velho rolo de corda, ele amarrou uma extremidade ao barco e tentou puxá-lo, mas a corda era fraca demais e partiu-se. Ele tentou um rolo de corda mais novo, mas esta também arrebentou. Frustrado, o homem apanhou um forte pedaço de corda de nylon, que também se rompeu na primeira puxada. Finalmente, ele enrolou os três pedaços de corda juntos e os prendeu ao barco. Desta vez, a força da corda foi capaz de suportar o peso do barco, que se desprendeu.

Como o autor de Eclesiastes 4.12 observa, "[...] o cordão de três dobras não se quebra tão depressa". Ao unir-se com seus irmãos em Cristo para perseguir um objetivo comum, você realiza muito mais do que jamais poderia realizar sozinho. Quando se une para servir, você envia uma mensagem poderosa ao mundo sobre a incrível graça de Deus. Quando se recusa a deixar que as diferenças rompam os seus relacionamentos, você revela uma força de caráter que outros desejarão imitar.

A divisão traz somente fraqueza ao corpo de Cristo, e rouba a alegria que Deus quer que você experimente. Discussões e desentendimentos insignificantes destroem os nossos relacionamentos e prejudicam a obra que Cristo quer fazer em nossa vida. Perdão e entendimento, ao contrário, fortalecem os nossos relacionamentos e permitem-nos estender a graça de Deus a outros, a fim de podermos verdadeiramente permanecer juntos, unidos como um só.

GRAÇA PARA HOJE:

O Pai, o Filho e o Espírito Santo vivem em união vital, e nós fomos chamados para fazer o mesmo.

Quinta

Uma Boa Milícia?

"Milita a boa milícia da fé, toma posse da vida eterna, para a qual também foste chamado, tendo já feito boa confissão diante de muitas testemunhas."

1 Timóteo 6.12

Era o terceiro round, e Jason dava tudo de si em busca desesperada de uma vantagem na luta do campeonato de boxe. Ele dava um golpe após outro, mas o seu adversário parecia estar perturbado, avançando sobre ele com vingança. Então acabou. Jason estava na lona e seu adversário ganhara a luta.

Às vezes, a vida se parece muito com uma luta de boxe, não é mesmo? Você está trabalhando duro, dando socos que não parecem dar resultado. Você tenta com esforço criar os seus filhos, mas eles estão constantemente fazendo as escolhas erradas. Você dá tudo de si no trabalho, mas é ignorado quando chega a oportunidade de ganhar uma promoção. É fácil ficar deitado na lona e decidir ser simplesmente um perdedor, nocauteado, aguardando a contagem, fora de combate.

Mas Deus tem um plano diferente para a sua vida. Ele o declarou vencedor, um campeão! A Bíblia diz que mesmo quando parece que estamos perdendo, na verdade estamos ganhando. Você entende, Deus acrescenta fé a sua luta. Ele promete que se você criar os seus filhos no caminho certo, um dia eles verão a luz (Pv 22.6). Se você fizer o melhor no seu trabalho, você será recompensado (Pv 10.4).

A chave é manter os olhos no Senhor e lembrar que Ele está lutando cada batalha ao seu lado. Ele tem toda a coragem, força e resistência que você precisa para viver a vida como um vencedor.

GRAÇA PARA HOJE:

Deus luta ao nosso lado para garantir que vençamos a boa milícia da fé.

Sexta

Colocando outros em Primeiro Lugar

A "Fundação Faça um Pedido" tem realizado os desejos de crianças com doenças graves desde 1980. É muito comum as crianças desejarem conhecer uma celebridade, apertar a mão do presidente ou ir à Disney World.

Mas Mak Shulist, um menino de 9 anos com uma doença em estado crítico, desejou enriquecer a vida de outros. Antes que um tumor cerebral levasse a vida de Mak em 9 de abril de 2004, ele pediu que a Fundação construísse algo para os seus amigos: uma parede de escalada no playground da escola primária de Ellisville.

Mak nunca teve a chance de escalar a parede, mas conseguiu vê-la construída e constatar quanto os seus amigos gostavam de brincar nela. Dave Knes, o diretor da escola de Mak, resumiu o que todos na cidade pensavam: "Aprendemos uma lição com um menino de 9 anos: mesmo quando estivermos passando por momentos difíceis, devemos pensar nas outras pessoas e não em nós mesmos".

GRAÇA PARA HOJE:

Jesus nos deu a sua vida como exemplo de generosidade e de um viver verdadeiro.

Certamente, se alguém tinha um motivo para ser egoísta e pedir algo para si mesmo, este era Mak. Mas, em vez disso, ele seguiu o exemplo generoso de Jesus — que deu a própria vida pelas outras pessoas — e por sua vez tornou-se um exemplo para todos nós.

Você tem sido egoísta ultimamente? Deixe que Mak — e Jesus — o inspirem a ser uma bênção para outras pessoas e experimente a alegria de colocar os outros antes de você mesmo.

"Portanto, assim como em tudo sois abundantes [...] assim também abundeis nessa graça."

2 Coríntios 8.7

Obstáculos Removidos

Por Evelyn Christenson

Estou fascinada com as máquinas varredoras de rua — aquelas grandes que removem e sugam o lixo e o entulho das vias e estradas. Sabendo da magnitude da tarefa para a qual Deus chamou Paulo na estrada de Damasco, não parece lógico que Ele enviasse o seu "limpador de ruas" sobrenatural para deslocar e remover todos os obstáculos no caminho de Paulo? Ele poderia limpar o caminho antes de enviar Paulo, ou pelo menos remover os obstáculos conforme estes fossem aparecendo. Mas o Novo Testamento nos diz que Deus não fez nenhuma das duas coisas. Vemos, antes, que os empecilhos foram deixados lá — deliberadamente.

A lista toda, que Paulo acrescenta às "enfermidades", foi deixada em seu caminho intencionalmente para que ele pudesse aprender e crescer a partir das dificuldades. Foram deixadas para que o poder fosse a onipotência de Cristo, e não a pequena força humana de Paulo. Do ponto de vista do homem elas eram perdas, mas nas mãos de Deus foram transformadas em ganhos gigantescos.

Quem de nós em algum momento na vida não desejou, até mesmo ansiou, uma vida como a de Paulo? Cheia de aventura, frutos, recompensas! O apóstolo mudou o mundo em que vivia! Ele influenciou as pessoas por todo o planeta! Seria o segredo de Paulo aprender e aceitar o princípio de Deus de "ganhar através da perda"? Foi ele beneficiado por entender a forma como Deus opera?

O que Paulo perdeu? Ele foi entregue a enfermidades, reprovações, necessidades, perseguições, e aflições. O que ele ganhou? A graça, o poder e a força de Cristo — repousando sobre ele![25]

PAI CELESTIAL: AS MINHAS AFLIÇÕES PARECEM ESMAGADORAS NESTE MOMENTO. PRECISO DA TUA AJUDA, FORÇA E GRAÇA PARA TRANSFORMÁ-LAS EM GANHOS PARA A MINHA VIDA E PARA O TEU REINO. AMÉM.

"Quem nos separará do amor de Cristo? A tribulação, ou a angústia, ou a perseguição, ou a fome, ou a nudez, ou o perigo, ou a espada? [...] Mas em todas estas coisas somos mais do que vencedores, por aquele que nos amou."

Romanos 8.35,37

Qual É o Plano?

"Porque eu bem sei os pensamentos que penso de vós, diz o Senhor; pensamentos de paz e não de mal, para vos dar o fim que esperais."

Jeremias 29.11

Na história de Lewis Carroll, *Alice no País das Maravilhas*, a personagem principal encontra-se em uma encruzilhada na estrada, sem nenhuma idéia de qual direção tomar. Notando um grande gato risonho em uma árvore nas proximidades, ela vira-se e lhe pergunta se ele sabe por qual caminho ela deve seguir a partir daquele ponto.

— Isto depende de onde você quer chegar — o gato responde.

— Não tenho nem idéia — ela diz.

— Então não faz diferença qual caminho seguir.

GRAÇA PARA HOJE:

"Deus, que dá o dia, mostrará o caminho; então prossigo com segurança."

John Oxenham

Talvez você se identifique com a pobre Alice. Com muitas possibilidades de lugares para ir e direções em potencial a tomar, pode ser difícil restringir-se a um único caminho específico. Na verdade, pesquisas indicam que 50% dos estudantes de faculdade hoje mudam a sua principal área de interesse no curso de formação até três vezes durante o período de seus estudos, enquanto estudos do Departamento do Trabalho americano mostram que o adulto médio muda a carreira de três a quatro vezes durante a vida.

Não saber que direção tomar pode ser frustrante, mas é importante lembrar que Deus sempre sabe o que você deveria estar fazendo. Ele tem um plano para a sua vida e entende qual caminho lhe trará realização. Ele lhe estende a sua graça dia a dia, enquanto revela gradualmente os planos excepcionais que tem reservado a você.

Lembre-se, Deus tem sempre o seu melhor interesse no coração. Quando você se submete à vontade de Deus e permite que Ele escolha o curso, Ele abre portas e coloca um chamado em seu coração. Ele lhe dará discernimento e sabedoria para saber qual caminho seguir e o levará a alturas que você jamais sonhou serem possíveis alcançar.

TERÇA

A COROA VAI PARA O VENCEDOR

"Prossigo para o alvo, pelo prêmio da soberana vocação de Deus em Cristo Jesus."

Filipenses 3.14

Nos dias da Roma antiga, os generais travavam batalhas valentes contra seus adversários, sabendo que se derrotassem com sucesso o inimigo, seriam recompensados com uma celebração de vitória especial em seu retorno. Estas celebrações, conhecidas como "triunfos", consistiam em paradas que aconteciam nas ruas de Roma, a fim de homenagear os feitos heróicos do general.

Enquanto o general era conduzido em uma carruagem puxada por dois cavalos brancos e acenava alegremente para a multidão, um servo atrás segurava uma coroa de louros sobre a sua cabeça para indicar as suas vitórias sobre os inimigos de Roma. Em alguns casos, um monumento especial era construído para melhor celebrar o triunfo e registrar o seu significado para as gerações seguintes.

Você luta um tipo diferente de batalha na sua vida cristã — um tipo de luta mais importante contra tudo, neste mundo, que se opõe ao amor de Deus. Como os generais romanos, você luta sabendo que será recompensado pela vitória, mas as recompensas que você receberá por combater o bom combate são de natureza espiritual, e nunca perecerão. Pois até mesmo os monumentos impressionantes construídos para homenagear os grandes generais romanos desde então caíram em ruína e no abandono; mas a recompensa de Deus de vida eterna para aqueles que o servem é eterna.

GRAÇA PARA HOJE:

Devemos manter os olhos em Jesus e avançar em direção ao nosso prêmio celestial — a vida eterna. Jesus nos dará a vitória!

Às vezes, as lutas na vida podem abatê-lo e fazê-lo sentir-se derrotado. Quando tais momentos ocorrerem, concentre-se na graça de Deus e lembre-se de que Ele já lhe deu a vitória definitiva na vida. Tudo o que tem a fazer é continuar a servi-lo e manter os seus olhos no "prêmio".

Pule para dentro com os dois Pés

"Retenhamos firmes a confissão da nossa esperança, porque fiel é o que prometeu."
Hebreus 10.23

Você orou por alguma coisa — algo importante — mas a resposta não veio? Aí está você esperando... e esperando... e esperando, mas nada muda. Talvez você estivesse bastante entusiasmado no início, pensando que Deus certamente responderia a sua oração com um estrondoso "sim". Mas a vida ainda continua como se você nunca tivesse orado. Você nem sequer recebeu uma inspiração ou ouviu a voz tranqüila e suave de Deus falando dentro do seu coração, tranqüilizando-o e indicando que a ajuda está a caminho. Agora você sente a sua confiança diminuindo, a fé vacilando.

É uma coisa difícil, e todos passamos por isto. O mais importante é aguardar. A resposta virá — talvez não da maneira como você espera, não da fonte que espera, não no momento que espera. Mas ela virá!

Servimos a um Deus que também prima pela razão. Ele tem uma razão para tudo o que faz. Talvez Ele queira aumentar-lhe a fé — ver quanto você confia nEle. Ele também pode estar testando o seu comprometimento com aquilo pelo que você está orando. É possível que haja outras considerações que nem sequer passaram em sua mente. Poderia ser qualquer uma destas coisas, ou todas — ou algo completamente diferente.

Seja qual for a razão de Deus, você pode ficar descansado, sabendo que o conhecimento que Ele tem é melhor e completo, pois Ele vê todas as coisas. Ele não o desapontará. Suas promessas são certas, e a sua maneira de agir é inteiramente soberana. Continue confiando. Tão certo quanto o sol nasce pela manhã e se põe novamente à noite, a resposta virá.

GRAÇA PARA HOJE:

Deus responde as nossas orações em seu próprio tempo, da sua própria maneira, e sempre para o nosso próprio bem.

Quinta

O Peso do Mundo

"Dissolve-se a terra e todos os seus moradores, mas eu fortaleci as suas colunas [declara o Senhor]."
Salmos 75.3

Na sociedade de hoje, com os canais de notícias informando por 24 horas e a internet constantemente relatando os acontecimentos globais, você logo começa a sentir o peso do mundo em seus ombros. A tentação é achar que você deve suportá-lo — isto é, acompanhar todo desenvolvimento, investigar toda questão, preocupar-se com o que acontece em todo lugar ao redor do planeta. Com todos os recursos e a tecnologia disponíveis no século XXI, você pode imaginar que é razoável tentar carregar o mundo como o Atlas.

No entanto, na mitologia grega, Atlas era um Titã, um grande gigante. Sobre os seus ombros enormes e musculosos, a terra parecia controlável, e abaixo de toda aquela carga, ele parecia bastante heróico. Uma imagem inspiradora, talvez, mas poderia ser bom colocar as coisas em uma perspectiva correta.

Do nosso ponto de vista, a superfície do mundo é bastante acidentada. O monte Everest tem quase 9.000 de altitude, enquanto o Grand Canyon tem mais de 1,5 km de profundidade. Colocar-se perto de qualquer um destes pontos da natureza o fará sentir-se bastante pequeno. Mas a terra é tão grande que, apesar de suas características mais impressionantes, podemos relativamente dizer que ela é lisa quanto um mármore. Agora, você consegue imaginar-se neste contexto?

O Construtor do universo, que pressionou um pouco a terra para moldar o monte Everest e a arranhou de leve para formar o Grand Canyon, segura este planeta na palma da sua mão. Deus é grande o suficiente para ver todo o quadro enquanto o seu plano para a humanidade se desdobra, contudo Ele também está ciente dos menores detalhes da vida de cada pessoa. Ele ordena a seus filhos, com misericórdia, que não se preocupem com os acontecimentos globais, mas que orem por estes. Quando fazemos assim, Ele levanta o peso do mundo de nossos ombros, liberta-nos para adorá-lo e concentra-se em cumprir os propósitos inigualáveis e individuais para os quais Ele nos criou.

GRAÇA PARA HOJE:

Só Deus pode suportar o peso do mundo, e Ele misericordiosamente o levanta dos nossos ombros.

Sexta

Uma Palavra de Incentivo

Um famoso autor contou sobre o desânimo que enfrentou quando começou a escrever o seu primeiro romance. Depois de digitar três páginas do primeiro rascunho, ele descobriu que não gostava do personagem principal, a história não o tocava emocionalmente e ele não conseguia fazer conexão com o assunto que havia escolhido. Então ele amassou as páginas com desgosto e jogou-as no cesto de lixo.

Quando voltou para casa na noite seguinte, ele descobriu que sua esposa tirara as páginas do lixo e as lera. Ela queria saber o resto da história e não entendia por que ele havia parado de escrever. Quando ele contou rapidamente as suas principais preocupações, ela simplesmente sorriu e disse que o ajudaria. "Você tem material aqui", disse ela. "Você realmente tem." A história prosseguiu e se tornou o primeiro romance best-seller do autor.

GRAÇA PARA HOJE:

Deus nos anima através de outros e então pede que deixemos que Ele anime outros através de nós.

Às vezes, tudo o que você precisa para atravessar um trecho problemático na vida é um pouco de estímulo vindo de um amigo. É incrível como uma palavra bondosa pode mudar toda a sua perspectiva de uma situação e motivá-lo a seguir em frente. Quando você busca a Deus e pede que Ele lhe conceda sua graça, Ele coloca pessoas em sua vida para levantar o seu ânimo e ajudá-lo a perseverar.

Da mesma maneira, quando os seus amigos estiverem lutando com problemas, vá até eles e encoraje-os. Deixe que saibam que você se importa com eles e pode identificar-se com o que estão passando. Embora possa não parecer, você nunca sabe o que o incrível dom da graça pode realizar através das poucas palavras, e o que estas podem significar para outras pessoas.

"E o próprio nosso Senhor Jesus Cristo [...] console o vosso coração e vos conforte em toda boa palavra e obra."

2 Tessalonicenses 2.16,17

Disciplinado pela Graça

Por Gene Getz

Pouco depois de me formar no Instituto Bíblico Moody, em Chicago, mudei-me para Billings, Montana, onde continuei o meu trabalho de faculdade e me envolvi em um ministério cristão de rádio. Viajei de Chicago até Billings pela ferrovia Northern Pacific, uma viagem de 24 horas. Lembro-me de entrar no trem em Chicago com um livro que ganhei, intitulado *Disciplined by Grace* (Disciplinado pela Graça), de J. F. Strombeck (livro que não é mais publicado, mas que deveria ser). Com bastante tempo para ler, terminei o livro antes de chegar a Billings.

Na verdade, o livro era um estudo cuidadoso de Tito 2.11,12. Para mim, uma pessoa criada em um sistema religioso legalista e disciplinada "pelas regras", a mensagem daquele livro trouxe libertação — não para fazer o que eu queria, mas para viver uma vida santa e justa, por causa do que Deus havia feito por mim. Foi por causa de sua misericórdia e graça que apresentei o meu corpo e a minha mente a Cristo, e determinei conformar a minha vida à vida dEle, não ao mundo (Rm 12.1,2). Este tem sido o meu objetivo desde então. Embora eu tenha falhado com Deus muitas vezes, Ele tem permanecido fiel.[26]

QUERIDO PAI: OBRIGADO PELA TUA MISERICÓRDIA E PELA TUA GRAÇA — SUFICIENTES PARA COBRIR TODAS AS MINHAS FALHAS E PERMITIR QUE EU VIVA UMA VIDA SANTA E JUSTA. TU TENS FEITO O QUE EU NÃO PODERIA FAZER POR MIM MESMO. POR ISSO SOU MUITO GRATO. AMÉM.

"Porque a graça de Deus se há manifestado, trazendo salvação a todos os homens, ensinando-nos que, renunciando à impiedade e às concupiscências mundanas, vivamos neste presente século sóbria, justa e piamente."

Tito 2.11,12

SEGUNDA

QUANDO A SABEDORIA É NECESSÁRIA

"E, se algum de vós tem falta de sabedoria, peça-a a Deus, que a todos dá liberalmente e não o lança em rosto; e ser-lhe-á dada."
Tiago 1.5

Fomos criados à imagem de Deus, redimidos dos nossos pecados e trazidos à presença do Criador. Também fomos capacitados pelo Espírito Santo para realizar o impossível. No entanto, há dias, em que os nossos esforços simplesmente não produzem resultados.

GRAÇA PARA HOJE:

Quando levamos os nossos fracassos a Deus, Ele nos perdoa e provê a sabedoria necessária para tornar o fracasso um sucesso.

Nestes momentos, quando os nossos esforços mais nobres falham, tendemos a nos sentir mais solitários e separados de Deus. Mas não estamos. Deus está sempre bem aí, esperando que reconheçamos que precisamos dEle.

Todos cometemos erros. Todos falhamos em alcançar o alvo. Fazemos das coisas uma freqüente confusão. Deus sabe que isto acontece porque somos humanos. Quando estes momentos chegam, devemos estar dispostos a reconhecer a situação e começar outra vez. Nunca seremos completamente derrotados desde que estejamos dispostos a admitir as nossas deficiências e receber o perdão de Deus.

Se você estiver se sentindo desanimado porque os seus planos mais bem elaborados têm se despedaçado, vá até aquEle que o conhece e entende. Diga que você lamenta e peça que Ele o ajude a construir novamente — desta vez sobre um alicerce de sabedoria e conselho; desta vez seguindo a orientação e liderança dEle.

Terça

A Lógica Circular

"Deleita-te também no Senhor,
e ele te concederá o que deseja o teu coração."
Salmos 37.4

Deus prometeu que se você fizer dEle o seu desejo, Ele lhe concederá os desejos do seu coração. Logicamente, esta promessa dá voltas e está em movimento, mas que maravilhoso é ser envolvido neste redemoinho!

Você pode perseguir outros desejos por toda a sua vida, e pode ou não obtê-los. A verdade dura da questão é que mesmo que você alcance algo, no final acabará perdendo tudo. Nada neste mundo dura para sempre, incluindo a nós mesmos. Buscar apenas as coisas do mundo em vez de buscar a Deus irá prendê-lo em um tipo diferente de espiral — aquele que o puxa para baixo, com a força de um redemoinho.

Você pode estar experimentando algo entre estes dois extremos. Ao buscar tanto a Deus como as coisas do mundo, talvez esteja girando sem direção em um torvelinho preguiçoso e morno, numa brisa leve que revolve os seus cabelos. Você pode estar se perguntando neste momento: "Onde foi parar toda a emoção e empolgação da minha vida espiritual, do meu andar com o Senhor?"

Deus quer que nos deleitemos em sua Pessoa e tenhamos prazer na sua bondade e graça. O seu Espírito se entristece quando não o buscamos de todo o coração, quando não esperamos muito que Ele revele mais de si mesmo a nós, mas sim que Ele nos dê algo material que o nosso coração tanto deseja.

Você está pronto para ser envolvido pelo amor de Deus? Se a sua resposta for "sim", terá de deixar este mundo para trás como aconteceu com Elias. Deus está sempre disposto a dar de si mesmo a você. E se você verdadeiramente deleitar-se nEle, poderá desfrutar da sua presença agora e para sempre. Além disso, Deus um dia fechará o círculo cumprindo a sua promessa de que se você buscá-lo em primeiro lugar, todas as coisas lhe serão acrescentadas.

GRAÇA PARA HOJE:
Deus concede o desejo de todo aquele que anela pela sua presença e graça.

A Chuva Purificadora

"Perto está o Senhor dos que têm o coração quebrantado e salva os contritos de espírito."
Salmos 34.18

Às vezes, a graça de Deus cai como chuva; às vezes, goteja como lágrimas. A Bíblia não diz quando Adão e Eva choraram pela primeira vez, mas há alguma dúvida de que tenham chorado? Em algum ponto depois de pecarem e serem expulsos do jardim no Éden, eles, que tinham andado com Deus pelo paraíso sem nunca conhecer um sinal de tristeza, devem ter chorado por muito tempo e copiosamente. Depois da queda, as lágrimas se tornaram parte da experiência humana. Mas elas não fazem parte da maldição de Deus; são um dom da graça para ajudar-nos a suportá-la. As lágrimas são uma chuva purificadora e curativa que permite que homens e mulheres, que foram criados para viver em um mundo perfeito, sobrevivam e perseverem em um mundo arruinado.

As lágrimas são semelhantes ao riso, que Deus utiliza para ministrar a cada um física, mental, emocional e espiritualmente. Elas proporcionam um alívio agradável, removendo o sofrimento e acalmando a tristeza. Após um choro bom e saudável, você se sente melhor, renovado. A fonte da sua dor não desapareceu, mas você está mais preparado para encará-la e prosseguir.

Em última análise, a fonte da sua angústia é a mesma de Adão e Eva. É um anseio pela plenitude e perfeição para as quais você foi criado — em seu ambiente, em si mesmo, nos seus relacionamentos, em sua comunhão com Deus. Portanto, não retenha as lágrimas. Quando tiver de chorar, caia nos braços amorosos do Pai celestial e derrame sobre Ele a sua tristeza, a sua frustração, solidão e confusão. Ele está perto; Ele entende; e Ele se importa. No céu, o seu verdadeiro lar, o Senhor preencherá o vazio do seu coração. Ele pode fazer isto, porque é o verdadeiro objeto de seu desejo. Ali, Deus enxugará as suas lágrimas para sempre, porque no céu — como uma vez no Éden — não há por que chorar.

GRAÇA PARA HOJE:

As lágrimas não fazem parte da maldição de Deus; elas são um dom da graça e têm a finalidade de ajudar-nos a suportar as nossas dificuldades.

Quinta

A Vida Precisa Ser Equilibrada

"Tudo tem o seu tempo determinado,
e há tempo para todo o propósito debaixo do céu."
Eclesiastes 3.1

João examinava ansiosamente o relógio na parede. Eram cinco e meia da tarde, e restava-lhe ainda uma pilha de trabalho sobre a mesa para terminar. Sendo um indivíduo altamente motivado, com um forte desejo de ser bem-sucedido, João sentiu-se tentado a pegar o telefone e dizer a sua esposa que ele iria se atrasar. Em vez disso, ele vestiu o seu casaco, apagou a luz e foi para casa.

João havia aprendido, por experiência, o valor de ter equilíbrio em sua vida. Ele sabia que quando concentrava toda a sua atenção em uma única área, algo ou alguém sempre sofria. Quando ele trabalhava até tarde da noite no escritório, sua família e vida caseira sofriam. Quando ele passava muito tempo sem fazer nada ou vendo televisão, suas amizades freqüentemente sofriam. Quando ele se encontrava tão envolvido nos acontecimentos do dia que negligenciava o seu tempo tranqüilo com Deus, a sua vida espiritual sofria.

O equilíbrio não era uma coisa que João achava fácil de manter. Ele rotineiramente tinha de avaliar a vida para ver se alguma área estava sendo negligenciada. Ele precisava se esforçar para fazer alguma atividade com os amigos, quando tudo o que ele tinha vontade de fazer era ficar em casa e tirar um cochilo. Ele precisava se disciplinar para diminuir o ritmo, o suficiente para poder passar algum tempo a cada dia em oração.

Quando fechava a porta do escritório, João agradecia a Deus pelas maneiras utilizadas pelo Senhor a fim de ajudá-lo a estabelecer limites em sua vida, e por sua graça ao ajudá-lo a permanecer no caminho certo, mantendo sempre o equilíbrio.

GRAÇA PARA HOJE:

Deus nos dá a sabedoria necessária para termos equilíbrio em todas as áreas de nossa vida.

FIGURAS DE PAPELÃO

Noé levou mais de cem anos para construir a arca. Quanto tempo você acha que levou para ele se tornar uma decoração infantil?

Quão reais são as pessoas da Bíblia para você? Pense no jovem Davi em pé diante de Golias, Daniel na cova dos leões, Sansão fazendo força contra as colunas do templo pagão. Considere todos os heróis da fé citados em Hebreus 11. Eles parecem pessoas reais para você, ou você tende a considerá-los como figuras bidimensionais, antigos personagens de papelão de alguma lição da escola dominical?

GRAÇA PARA HOJE:

Deus está intimamente familiarizado conosco e com a história da nossa vida.

Somos inclinados a reduzir as pessoas ao mínimo, à condição mais simples — uma característica física; uma nacionalidade, raça ou cultura; uma realização, um fracasso. Fazemos isto com as pessoas que habitam as páginas da Bíblia e com aqueles que vivem no mundo a nossa volta.

Louvado seja Deus, pois Ele sempre considera cada um de nós como pessoas reais de carne e sangue, seres eternos feitos a sua imagem, pessoas com pensamentos, sentimentos e alma. Dê uma olhada em todos os nomes mencionados na Bíblia, todas as longas genealogias. Deus se preocupa profundamente com todos representados ali. Estejam quaisquer detalhes acompanhados ou não do nome de um indivíduo, o Senhor está intimamente familiarizado com aquela pessoa e sua história.

Talvez o seu nome jamais venha a ser registrado nos livros de história, ou quem sabe você se torne até mesmo um personagem legendário. Por causa de um erro lamentável, qualquer um pode tornar-se uma pessoa envergonhada, seja em todo o globo, seja na esfera da família. Independentemente de qualquer coisa, Deus jamais o verá como o restante do mundo o vê. Ele o conheceu e amou antes da fundação do mundo (Ef 1.4-6). Ele o conhece e ama neste exato momento. Para Deus você é, e sempre será, nada menos que uma pessoa real.

"[...] o homem vê o que está diante dos olhos, porém o Senhor olha para o coração."

1 Samuel 16.7

Compra um Cachorro-Quente, Moço?

Por John C. Maxwell

Um homem vivia à margem da estrada e vendia cachorros-quentes. Ele não ouvia bem, por isso não tinha rádio. Tinha problemas de visão, e por isso não lia jornais. Mas ele vendia bons cachorros-quentes.

Este homem colocou cartazes na estrada, anunciando seus sanduíches maravilhosos. À beira da pista, gritava: "Compra um cachorro-quente, moço?" E as pessoas compravam. Ele aumentou seus pedidos de carne e pão e comprou um fogão maior para dar conta do seu negócio. Então conseguiu dinheiro suficiente para mandar o seu filho à faculdade.

Infelizmente, o filho voltou para casa como um pessimista instruído. Ele disse: "Pai, você não tem ouvido o rádio? Não tem lido os jornais? Há uma grande recessão acontecendo. A situação européia está terrível, e a nacional está ainda pior".

Conseqüentemente, o pai pensou: *Bem, meu filho esteve na faculdade. Ele lê os jornais e ouve rádio; ele deve saber*. Então ele cancelou seus pedidos de pão, removeu seus cartazes e não se importou mais em ficar à margem da estrada para vender seus sanduíches.

Naturalmente, as vendas caíram da noite para o dia. "Você tinha razão, filho", disse o pai ao rapaz. — Certamente, estamos em meio a uma grande recessão.

Os abaladores de confiança vêem o lado negativo de tudo. Quando conseguem que você aceite a idéia deles, aquilo que o estava ajudando a ser bem-sucedido torna-se uma decadência. A nossa confiança tem uma grande recompensa. Se a conservarmos e edificarmos sobre ela, seremos mais do que recompensados. A confiança, por si mesma, é a pedra fundamental do sucesso.[27]

QUERIDO PAI: PERDOA-ME POR PERMITIRES QUE ALGUNS ABALADORES DE CONFIANÇA ROUBEM A MINHA CERTEZA DE QUE ESTOU FAZENDO O QUE TU ME CHAMASTE PARA FAZER. PELA TUA GRAÇA, RESTAURA A MINHA CONFIANÇA A FIM DE QUE EU POSSA CUMPRIR A TUA VONTADE PERFEITA PARA A MINHA VIDA. AMÉM.

"Não rejeiteis, pois, a vossa confiança, que tem grande e avultado galardão."
Hebreus 10.35

O Deus Vivo

"Os olhos do Senhor estão sobre os justos;
e os seus ouvidos, atentos ao seu clamor."
Salmos 34.15

Você já adquiriu um bem cobiçado ou realizou algum objetivo muito desejado e então tentou manter a alegria que isto lhe trouxe? É uma das experiências mais estranhas. Você sente uma grande emoção ao sentar-se em seu novo carro esporte pela primeira vez, correndo as suas mãos pelo volante e pensando: *Isto é maravilhoso!* Mas logo a emoção é reduzida a um formigamento, e os seus pensamentos são reduzidos a: *Isto é bom*. Em pouco tempo você está entrando e saindo do carro sem pensar muito a respeito dele. E finalmente você se encontra olhando para o modelo do ano seguinte, pensando: *Este não seria ótimo?*

Estamos diante de um fenômeno antigo. O Salmo 115 fala dos falsos deuses que, embora tivessem boca, olhos, orelhas, nariz, mãos e pés, não podiam falar, ver, ouvir, cheirar, sentir ou andar. As pessoas estavam adorando obras sem vida feitas pelas próprias mãos! Agora, não gastamos mais muito tempo esculpindo imagens em madeira e pedra. O trabalho das nossas mãos consiste em todos os nossos pertences e realizações. E a Bíblia deixa claro que os produtos das mãos humanas são impotentes para satisfazer. Se procurarmos alimentar a nossa alma através deles, eles nos desapontarão repetidamente.

GRAÇA PARA HOJE:

Servimos a um Deus vivo que se relaciona conosco pessoalmente.

Precisamos de muito mais nesta vida do que a obra das nossas mãos. Precisamos da presença e do toque de Deus. Diferentemente de todos os outros "deuses", o Senhor nos vê e ouve. Ele é o Deus vivo, e pode relacionar-se conosco pessoalmente. Enquanto os falsos deuses em sua vida o decepcionam, tenha a certeza de que Deus sempre o surpreenderá. Ele vê as suas necessidades, ouve as suas orações, levanta-se de seu trono e estende as suas mãos poderosas para o ajudar, guiar, proteger e consolar. A verdadeira realização é encontrada no abraço vibrante e amoroso de Deus.

Terça

Os Atos de Deus

"A religião pura e imaculada para com Deus, o Pai, é esta: visitar os órfãos e as viúvas nas suas tribulações e guardar-se da corrupção do mundo."
Tiago 1.27

Nos Estados Unidos, sempre que a apólice de seguros de um proprietário de imóvel é preenchida, uma das primeiras coisas que o segurado quer saber é se ela cobrirá ou não os "desastres naturais". Isto inclui furacões, tornados, grandes tempestades e até terremotos. Todas estas coisas que não podem ser controladas por nenhum ser humano são chamadas de força maior. Mas, na verdade, Deus criou um mundo perfeito. Estes desastres naturais são o resultado "natural" do pecado sobre a criação.

GRAÇA PARA HOJE: Os atos de Deus em relação a nós são atos da graça, os quais têm a finalidade de suprir as nossas necessidades em um mundo arruinado pelo pecado.

Então quais são os verdadeiros atos de Deus? Estes atos eram abundantes na vida de Jesus. Ele deu cura, conforto e provisão àqueles que não podiam se alimentar. Deu amor aos que estavam solitários e liberdade aos aflitos. Hoje, Ele deseja que nós, crentes, continuemos a sua obra abençoada. Ele quer que derramemos os atos de Deus sobre esta terra.

A sua vida pode exemplificar os "atos de Deus". Através do amor ao próximo, você pode trazer um novo significado e profundidade para esta expressão freqüentemente mal usada. Você pode trazer provisão espiritual e natural tão desesperadamente necessária a multidões de pessoas. Pode colocar um sorriso no rosto de uma criança ou alegria no coração de uma pessoa idosa. Tudo o que precisa fazer é estar preparado para ser uma bênção, e Deus lhe concederá o necessário para praticar os atos dEle.

Uma Decisão de Vida ou Morte

"Vês aqui, hoje te tenho proposto a vida e o bem, a morte e o mal."

Deuteronômio 30.15

Imagine por um momento uma máquina fazendo ruído em uma fábrica. Ela funciona sem pensamento ou razão, simplesmente repetindo a tarefa que foi programada para fazer. É totalmente previsível e não tem qualquer controle sobre as próprias ações. Você não fica feliz por ver que Deus não nos fez assim?

Ao contrário, Ele nos deu vida e liberdade para vivermos da forma que escolhermos, seja para Ele ou para nós mesmos. Esta é uma grande responsabilidade que Deus não deu a nenhuma outra parte de sua criação. É, na verdade, uma das formas de refletirmos a sua imagem em nós. Somos agentes morais livres. É assim que Deus quer. O resto de sua criação lhe obedece sem pensar, sem raciocinar, algo muito parecido com a máquina que não tem qualquer controle sobre as suas ações. Nós somos diferentes. Ele nos deu o direito de escolhê-lo exatamente como Ele nos escolheu.

O que você fará com a liberdade que Deus lhe deu? Você a usará para fazer escolhas que glorifiquem a Deus e tragam alegria e paz para a sua vida e para aqueles a sua volta? Você a usará para entregar-se ao seu Criador? Você a usará para dar o seu amor àquEle que o amou primeiro, e da melhor forma possível?

Ele lhe deu o direito de partir; mas lembre-se, Deus é aquEle que deu a vida. Partir significa colocar-se a caminho da morte. Não se trata de algo pequeno. Só você pode decidir.

GRAÇA PARA HOJE:

Deus nos deu o direito de escolher a vida ao invés da morte.

Quinta

Um Alicerce para a Fé — a Igreja

"[...] estamos rodeados de uma tão grande nuvem de testemunhas [...]"
Hebreus 12.1

Considere todos os heróis da Bíblia mencionados em Hebreus 11, a "galeria dos heróis da fé", como também as inúmeras pessoas piedosas descritas nas Escrituras que não estão incluídas nesta lista. Contemple todos os grandes escritores e pensadores cristãos dos dois mil anos da história da Igreja, cujas obras têm permanecido para nos encorajar e inspirar. Pense nos muitos líderes da fé vivendo agora, cujos ministérios pastorais, editoriais, de rádio, televisão e da internet nos ajudam a manter a mente e o coração concentrados em Deus e defendem a nossa fé em Cristo. Finalmente, a este agrupamento impressionante adicione mais um grupo, o maior de todos: os incontáveis crentes anônimos que caminharam por esta terra desde a sua criação. Cada um deles poderia oferecer um testemunho pessoal influente da existência e da graça de Deus. Você está começando a entender o quadro da multidão vasta e diversificada descrita em Apocalipse 7.9?

Esta multidão que adora não parecerá desconfortável em algum ponto futuro no tempo. O Senhor tem reunido esta imensa multidão de adoradores desde os primórdios da história, desde cada canto do mundo. Esta é a sua Igreja universal; ela está hoje no céu e na terra, e existe neste exato momento tanto como testemunha silenciosa como não silenciosa, sustentando a nossa confiança de que Deus é real.

Você não está sozinho nesta jornada chamada fé! Toda vez que você ler a Bíblia ou um trecho da literatura cristã clássica, toda vez que ouvir um querido hino antigo do coro ou uma música contemporânea de adoração no rádio, toda vez que ouvir um membro de sua congregação dar um testemunho comovente sobre o amor de Cristo, considere isto um dom da graça do seu Pai celestial, uma bênção para fortalecer a sua fé.

GRAÇA PARA HOJE:

Deus nos oferece evidências todos os dias — através do testemunho do seu povo — de que Ele é real.

Ele Vive através de Você!

O filme *Gandhi*, visto e apreciado por milhões de pessoas, teve Ben Kingsley estrelando como personagem principal, fazendo o papel de Gandhi, o homem. Raramente um ator fez uma estréia tão impressionante como Kingsley fez neste filme. Ele passou meses se preparando para o papel, visitando muitos lugares que Gandhi freqüentara na Índia. Ele até mesmo aprendeu a tecer algodão em um tear de roda de madeira, como Gandhi fazia enquanto mantinha longas conversas espirituais com o povo da Índia.

GRAÇA PARA HOJE:

Cristo vive no mundo através daqueles que o amam e o seguem.

A semelhança física entre Gandhi e Kingsley mostrou-se surpreendente. Depois de filmar uma cena em uma aldeia ao sul de Delhi, Kingsley saiu de seu carro e um camponês idoso ajoelhou-se para tocar os seus pés. Constrangido, Kingsley explicou que era meramente um ator representando Gandhi. "Nós sabemos", respondeu o aldeão. "Mas através de você ele certamente viverá outra vez!"

Gandhi não foi capaz de "viver outra vez" através do filme que levava o seu nome. No entanto, Jesus Cristo realmente ressuscitou dos mortos e hoje vive dentro de cada um dos seus seguidores que são chamados pelo seu Nome. Os crentes receberam a ordem de "ser" as mãos e os pés de Jesus no mundo que está a sua volta. Através de seus seguidores fiéis que fazem a sua vontade, Cristo pode "viver" na terra — não só nos corações daqueles que o amam, mas também em suas ações e decisões.

"[...] nisto conhecemos que estamos nele. Aquele que diz que está nele também deve andar como ele andou."

1 João 2.5,6

Antes que Seja Tarde demais!

Por John C. Maxwell

É muito freqüente que as pessoas esperem tempo demais para perdoar. O perdão deve ser liberado tão rápida e completamente quanto possível. Faça isto agora. Não fique na posição do jovem que precisa e deseja muito o perdão dos pais, mas porque está fisicamente impossibilitado de se comunicar com eles, não consegue ter a certeza de que os pais o entendem. Todos os dias, ele vai ao hospital e pergunta, mas não obtém resposta. Por .causa da sua procrastinação, ele nunca sentirá a alegria do perdão e da reconciliação com os pais.

Uma das cenas mais impressionantes de 1973 foi o funeral de Hubert Humphrey. Sentado ao lado da esposa de Hubert, estava o presidente Richard M. Nixon, um antigo adversário político de Humphrey e um homem desgraçado pelo escândalo Watergate. O próprio Humphrey tinha pedido a Nixon que ocupasse aquele lugar de honra.

Três dias antes da morte do senador Humphrey, Jesse Jackson o visitou no hospital. Humphrey contou a Jackson que havia acabado de telefonar a Nixon. O reverendo Jackson, conhecendo o seu relacionamento passado, perguntou a Humphrey por que fizera aquilo. A resposta de Hubert Humphrey foi: "Nesta minha posição de vantagem, com o sol se pondo em minha vida, todos os discursos, as convenções políticas, as multidões e as grandes batalhas ficaram para trás. Em ocasiões como esta, você é forçado a lidar com a sua essência irredutível, e agarrar aquilo que realmente é importante. O que concluí sobre a vida é que, quando tudo já foi feito e dito, precisamos perdoar uns aos outros, redimir uns aos outros e prosseguir".

Você sabe como morrer de maneira vitoriosa? Deixe de manter a contagem das injustiças que já lhe aconteceram. Se tiver alguma pendência com alguém, dê o primeiro passo; confronte o problema e peça perdão.[28]

PAI CELESTIAL: DECIDO PERDOAR E SER PERDOADO. AJUDA-ME ENQUANTO SIGO ADIANTE NESTE CAMINHO PARA O PERDÃO. AMÉM.

"Antes, sede uns para com os outros benignos, misericordiosos, perdoando-vos uns aos outros, como também Deus vos perdoou em Cristo."

Efésios 4.32

Uma Vida Inteira de Segundas Chances

"Se confessarmos os nossos pecados, ele é fiel e justo para nos perdoar os pecados e nos purificar de toda injustiça."

1 João 1.9

Se a parábola do filho pródigo refletisse o tipo de relacionamento que muitos de nós têm com Deus, a sua continuação seria o filho teimoso saindo sorrateiramente pela porta dos fundos da casa do pai logo depois da festa, com seu estômago cheio, a fim de verificar o que mais o mundo poderia ter para lhe oferecer. E se esta história retratasse com precisão a graça ilimitada de Deus, ela mostraria o pai mais uma vez assumindo a sua saudosa vigília.

Jesus certamente escolheu o melhor modo para descrever a Deus, comparando-o a um pai amoroso e misericordioso. Em qual relacionamento na vida, além deste entre um pai e seu filho, uma pessoa recebe tantas segundas chances? Os filhos se rebelam e desobedecem, e seus pais, embora façam o melhor que podem para discipliná-los, perdoam e perdoam. O ciclo começa nos primeiros anos de vida de uma criança e se estende pela adolescência, seguindo até a vida adulta. Quem além do pai ou da mãe iria tolerar tantas infrações intencionais por tanto tempo? Certamente não um treinador ou empregador.

GRAÇA PARA HOJE:

Deus nos amará ainda que vaguemos longe dEle, e estará sempre esperando que voltemos para casa.

Se você é pai ou mãe, conhece algo a respeito do coração de Deus. Você conhece algo sobre a profundidade do amor que espera pelo retorno de um filho que caminha sem destino. Bem lá no fundo, um pai amará o seu filho mesmo que este acabe nas ruas. Uma mãe amará o seu eterno bebê mesmo que este acabe numa penitenciária. Eles farão o melhor possível pelo filho, talvez permitindo que ele sofra as conseqüências de suas ações por algum tempo. Mas nunca deixarão de amá-lo. Da mesma forma, Deus o amará onde quer que você for, esperando-o retornar para casa, correndo para você pela milésima vez ao primeiro sinal de que você está disposto a voltar para Ele.

Terça

Cultive o Amor que o Senhor Tem por Você

"Há muito que o Senhor me apareceu, dizendo: Com amor eterno te amei; também com amável benignidade te atraí."
Jeremias 31.3

Quando duas pessoas estão apaixonadas, seus dias são consumidos com pensamentos um do outro. Suas conversas são longas e cheias de afeição. E não importa quanto tempo passem juntos, eles sempre querem mais.

Pode ser que você tenha tido um relacionamento assim com Deus. Você ficava empolgado por estar com Ele, por contar-lhe sobre o seu dia, aquecendo-se no calor da sua presença. Além disso, dedicava bastante tempo meditando em sua Palavra, aprendendo tudo o que pudesse a respeito dEle. Mas, por uma razão ou outra, a sua paixão por Deus diminuiu. Talvez os cuidados desta vida tenham lhe roubado o tempo que passava com Ele. Talvez Ele não tenha respondido as suas orações conforme você pensou que deveria ser. Talvez você o tenha culpado por alguma tragédia em sua vida.

Não importa o que tenha acontecido, Deus quer que você saiba que o amor dEle por você ainda é fervoroso. Ele sente falta de como você costumava conversar com Ele, de como confiava nEle. Ele sente falta de fazer parte da sua vida.

Tudo o que é necessário para reacender aquele sentimento amoroso que você teve por Deus é abrir o coração para Ele novamente. Uma nova conversa começa com apenas uma palavra. Diga-lhe que você lamenta por ter deixado que outras coisas se colocassem entre você e Ele. Diga-lhe que você quer começar de novo; que ainda o ama. Não se preocupe, Ele o ouvirá — Ele nunca deixou de ouvi-lo.

GRAÇA PARA HOJE:

Deus nos ama hoje da mesma forma que nos amou quando o encontramos pela primeira vez.

O Consolador

"E eu rogarei ao Pai, e ele vos dará outro Consolador, para que fique convosco para sempre."
João 14.16

Não há nenhuma outra maneira de dizer isto — a vida é dura. Às vezes, é fácil sentir-se oprimido com as exigências da família e do trabalho e simplesmente ir passando neste mundo. É exatamente por isso que Deus nos deu misericordiosamente o seu Espírito Santo.

Tendemos a pensar na consolação como algo que precisamos quando estamos enfrentando uma tragédia ou uma doença, quando perdemos o emprego ou lidamos com alguma necessidade financeira grave. Reservamos as nossas orações por consolação para aqueles momentos em que estamos realmente sofrendo e não temos a quem recorrer. Infelizmente, isto significa que enganamos a nós mesmos.

O Espírito Santo de Deus nos foi dado para todos os minutos, dias e semanas de nossa vida. Ele está pronto para nos trazer consolação, tanto nas pequenas coisas como também nas grandes provações. Ele é o dom da graça de Deus; é o Espírito que nos anima e consola em todas as situações. Ele está pronto para nos ajudar quando lutamos com as dores e as aflições do envelhecimento, e Ele também está presente quando os negócios da família vão mal.

Se você tem sofrido em silêncio, entenda hoje que Deus quer ajudá-lo em cada detalhe de sua vida. Não varra as pequenas coisas para debaixo do tapete. Deixe que Ele o fortaleça e console. Sua graça é suficiente para você — em todas as situações.

GRAÇA PARA HOJE:

O Espírito Santo é a nossa consolação constante para todos os altos e baixos da nossa vida.

Quinta

A Família de Deus

"[Jesus respondeu:] Porque qualquer que fizer a vontade de meu Pai, que está nos céus, este é meu irmão, e irmã, e mãe."
Mateus 12.50

Billy comparecia ao seu primeiro dia de aula na sétima série. Todos os professores foram apresentados em uma assembléia de abertura; a Srta. Smith foi a primeira. Ela era uma professora "dócil", e por isso as crianças logo se alegraram. O Sr. Brown também foi recebido com uma aprovação retumbante. Mas o Sr. Johnson era conhecido por ser um disciplinador muito severo. Quando as chacotas vieram sobre ele, a dor ficou evidente em seu rosto.

A cena foi devastadora para Billy, o novo aluno da sétima série que, de repente, ficou de pé no meio das arquibancadas e gritou: "Calem-se! Este é o meu pai!" Instantaneamente, as vaias cessaram.

Depois da aula, Billy foi para casa e, ao ver o seu pai, começou a chorar. "Pai, disse uma mentira na escola hoje", confessou ele. Billy contou-lhe como havia dito que o Sr. Johnson era o seu pai, e como gritara para as outras crianças "se calarem" e serem simpáticas com o homem. Então seu pai lhe falou: "Está tudo bem, filho. Você apenas trocou os membros da família. O Sr. Johnson não é o seu pai, é seu irmão".

Jesus declarou especificamente quem era a sua família — a família de Deus. Um dia, quando estava ocupado no ministério, Ele foi interrompido por um de seus discípulos comunicando-lhe que a sua mãe e seus irmãos estavam esperando para com Ele falar. Qual foi a resposta de Jesus? "[...] qualquer que fizer a vontade de meu Pai, que está nos céus, este é meu irmão, e irmã, e mãe" (Mt 12.50).

Na família de Deus, somos todos irmãos e irmãs, e quando um de nós sofre, todos sofremos. Billy pode não ter agido perfeitamente, mas entendeu o conceito: Quando vemos outras pessoas — especialmente irmãos em Cristo — sofrendo ou com dor, devemos fazer tudo para ajudá-los. Afinal, eles também fazem parte da família.

GRAÇA PARA HOJE:

Deus nos trouxe para a sua família. Somos todos irmãos e irmãs nEle!

Herdeiros Humildes

Não é maravilhoso ficar junto de pessoas humildes e gentis que não têm nada para provar e não exaltam a si mesmas à custa de outros? Elas exibem uma confiança tranqüila no Senhor, a quem adoram e pertencem. São filhas do Rei, príncipes e princesas do Reino eterno de Deus, e sabem que o Senhor as exaltará em seu próprio lugar no tempo certo.

Como Jesus, os humildes estão aqui para servir, não para serem servidos. Com seu modo silencioso, eles ministram a você poderosamente, porque sabem como ouvir bem, e estão dispostos a separar um tempo para fazer isto. As pessoas não presunçosas são uma alegre companhia, porque você pode ser você mesmo perto delas, pode abrir-se e compartilhar as suas esperanças, seus sonhos, seus medos e preocupações. Você não precisa ter medo de admitir as suas fraquezas e seus fracassos, porque elas possuem uma consciência saudável de si próprias. São receptivas e gentis, e estão sempre dispostas a demonstrar a misericórdia e o perdão de Deus.

GRAÇA PARA HOJE:

A graça de Deus flui poderosamente através daqueles que são mansos e humildes.

As pessoas despretensiosas o tratam com educação, gentileza e respeito. Quando está com elas, você sente que foi elevado de alguma forma, em um sentido muito real e pessoal. De maneira sutil elas o exaltam, fortalecendo a sua fé em Deus — e no que Deus pode fazer em você e através de você. Tais pessoas fazem com que você se sinta renovado. Você se despede delas com um novo senso de vitalidade e esperança.

Agradeça a Deus por aqueles que são mansos e humildes! Glorifique-o porque algum dia seus filhos humildes herdarão a terra. Louve-o porque você passará a eternidade em comunhão com aqueles que são como Cristo — aquEle que nos ensinou todo o significado da verdadeira humildade.

"[...] e o que a si mesmo se humilhar será exaltado."

Mateus 23.12

Os Desejos do seu Coração

Por Dr. Charles Stanley

Quando chegou a hora de comprar um carro para a minha filha, perguntei qual ela gostaria. Ela vinha orando, e sabia exatamente o ano, modelo, a cor e o interior do carro que queria. Então começamos a procurar. Eu a tinha ensinado a ser específica em suas orações, mas não tinha idéia de que ela chegaria a tanto. Independentemente do tipo de carro que víamos, ou de quão bom era o preço, ela se mantinha inabalável esperando por aquilo que tinha originalmente pedido a Deus. Isto continuou durante meses.

Então, certa noite, meu filho estava olhando os anúncios classificados e encontrou um carro exatamente como o que Becky procurava. Tinha marca, modelo, cor e ano exatos. Fomos ver o automóvel naquela mesma noite e depois de falar com o proprietário por apenas alguns minutos, soubemos que era o carro certo. Não foi preciso muita oração para saber se estávamos tomando a decisão certa; toda a oração necessária já havia sido feita.

Deus nos incentiva a fazer orações específicas. Quando decidimos pedir alguma coisa em oração, precisamos ser fiéis a esta decisão; de outra maneira, estaremos demonstrando falta de fé. O salmista não diz: "Ele te concederá o que *precisa* o teu coração", mas: "Ele te concederá o que *deseja* o teu coração" (Sl 37.4). Precisamos entender que o que estamos pedindo não é a questão. É a atitude do nosso coração que realmente importa. Deus quer abençoar os seus filhos, mas o relacionamento e o método precisam ser corretos.[29]

QUERIDO PAI: OBRIGADO POR SE IMPORTARES COM CADA ASPECTO DO MEU SER, INCLUINDO AS MINHAS ESPERANÇAS E OS MEUS DESEJOS. OFEREÇO ESTES DESEJOS A TI. TRANSFORMA-OS PELA TUA GRAÇA, DE ACORDO COM A TUA VONTADE PERFEITA PARA A MINHA VIDA. AMÉM.

"[Jesus disse:] Por isso, vos digo que tudo o que pedirdes, orando, crede que o recebereis e tê-lo-eis."

Marcos 11.24

Um Alicerce para a Fé — a Criação

"Porque as suas coisas invisíveis, desde a criação do mundo, tanto o seu eterno poder como a sua divindade, se entendem e claramente se vêem pelas coisas que estão criadas, para que eles fiquem inescusáveis."

Romanos 1.20

Somente Deus pode fazer uma flor. As flores de seda, o melhor esforço da humanidade para duplicar a sua obra grandiosa, podem parecer bastante reais, contudo são meramente imitações sem vida. As pessoas podem ser capazes de cultivar novas variedades de flores, mas no final estamos apenas alterando as sementes e plantas que Deus criou em primeiro lugar. Apesar de todo o conhecimento e toda tecnologia que desfrutamos na modernidade, ninguém nesta terra é capaz de produzir — do nada — uma única flor viva que cresça; ninguém é capaz de produzir energia através da fotossíntese, alimentando outras vidas e se reproduzindo.

GRAÇA PARA HOJE:

Deus deixou suas impressões digitais em toda a criação, com a finalidade de fornecer uma base sólida a nossa fé nEle.

Hoje, início do século XXI, a ciência finalmente evoluiu a ponto de poder fabricar um robô de aparência humana que pode subir degraus. É uma conquista grande, porém totalmente insignificante em comparação com a magnífica criação de Deus. Uma criança de dois anos pode subir com maestria os degraus de uma escada! E este é só o começo das incríveis capacidades com que Deus dotou a raça humana. Pense em nossa habilidade de raciocínio, imaginação, linguagem, música, arte, literatura e invenção (afinal, podemos fazer robôs muito bons). E não somente isto, temos a habilidade de sentir uma variedade ampla de emoções, amar uns aos outros e adorar ao nosso Criador. Finalmente, para dizer o mais importante, somos seres eternos. Continuaremos a existir muito tempo depois que todos os robôs no mundo tiverem quebrado e virado pó.

A Bíblia diz que a criação dá testemunho constante da existência de Deus (Sl 19.1). Como parte da criação, os seres humanos são o maior testemunho da sabedoria, do poder e amor infinitos do Senhor. Podemos olhar uns para os outros, e para nós mesmos, e ver a marca inegável da imagem divina. Deus nos dá, diária e graciosamente — na natureza e através de toda a sua criação — evidências extraordinárias de que Ele é real.

TERÇA

UM SALTO DE FÉ

"Mas os que esperam no Senhor renovarão as suas forças e subirão com asas como águias; correrão e não se cansarão; caminharão e não se fatigarão."
Isaías 40.31

Wilbur e Orville Wright olhavam para baixo na encosta da colina, enquanto ventos fortes varriam as dunas de areia de Kitty Hawk, Carolina do Norte. Não era o melhor dia para testar seu avião, mas ambos foram pressionados pelo tempo e sabiam que tinham de aproveitar a ocasião. Confiando em seu projeto e em suas preparações, eles determinaram enfrentar corajosamente as condições de vento forte e rolaram o avião colina abaixo.

Os irmãos Wright estavam dispostos a arriscar a vida porque tinham fé em sua invenção e acreditavam que não se acidentariam. Esta não era uma fé infundada, pois os dois executaram inúmeros experimentos para assegurar que tinham pensado em todas as contingências possíveis. Embora não pudessem estar absolutamente certos de que o avião voaria de verdade, eles tinham uma razoável garantia — baseada em seus testes e observações — de que as coisas ocorreriam como planejado.

GRAÇA PARA HOJE:

A nossa fé é baseada na Palavra de Deus — que não pode falhar!

Quando confia na graça de Deus, você mostra um tipo de fé semelhante. Quando enfrenta uma situação difícil e confia em Deus para sair-se bem, você baseia a sua fé nas promessas que estão contidas na Palavra. Você tem uma garantia de que Deus o guiará em meio ao problema porque entendeu a natureza amorosa dEle e sabe que Ele o ajudou em outros momentos difíceis na vida. A fé é simplesmente confiar em algo maior do que você mesmo.

Os irmãos Wright alçaram um vôo alto que foi registrado nos livros de história porque creram que seriam bem-sucedidos. Quando você colocar a sua confiança em Cristo, Ele o encherá com a sua graça enquanto você alçar vôo em meio às situações que surgirão em sua vida.

A sua Vida — um Culto de Adoração

"Rogo-vos, pois, irmãos, pela compaixão de Deus, que apresenteis o vosso corpo em sacrifício vivo, santo e agradável a Deus, que é o vosso culto racional."

Romanos 12.1

Alguma vez você considerou a sua vida como um culto de adoração? Não, isto não significa que você tenha de passar cada minuto na igreja. Significa apenas que você adora a Deus constantemente, mantendo-o sempre em sua consciência e envolvendo-o nos detalhes da sua vida cotidiana.

Muito freqüentemente, pensamos na adoração como cantar hinos ou ouvir sermões. Sabemos como adorar juntos e nos sentimos bem com isto. Reconhecemos até que ler e estudar a Palavra, dedicar-se à oração e ao louvor, e ocupar-se de atividades piedosas são adoração. E são. Mas ainda há outros aspectos envolvidos no ato de adorar a Deus.

A palavra "adoração" significa, entre outras coisas, "dedicação". Quando a nossa vida está dedicada a Deus — cada segundo, todos os dias — ela torna-se um culto de adoração, totalmente agradável a Ele. Quando os nossos pensamentos estão constantemente mesclados aos pensamentos de Deus, quando as nossas ações tornam-se extensões das ações dEle, quando o nosso amor é purificado pelo amor dEle, tornamo-nos instrumentos de adoração.

Deus é glorificado através da adoração que lhe prestamos na igreja. Ele se regozija quando nos vê lendo a sua Palavra. Ele se deleita com as nossas orações e o nosso louvor, mas Ele deseja mais. Ele requer tudo de você, o tempo todo. Ele deseja que você o adore com a sua vida, todos os dias.

GRAÇA PARA HOJE:

Deus nos deu a graça necessária para tornar a nossa vida uma demonstração viva de adoração.

Quinta

Ele Vive em Mim!

"[...] Cristo em vós, esperança da glória."
Colossenses 1.27

Um dia uma professora pediu a sua classe de quarta série para citar quem eles consideravam ser a maior pessoa viva naquele dia em particular. Um menino gritou: "John Elway. Ele levou os Broncos a ganhar o Campeonato de Futebol Americano este ano!" "Uma menina levantou a mão e exclamou: "Acho que é o presidente dos Estados Unidos. A América é o maior país do mundo!"

No entanto, o pequeno Timmy tinha uma resposta diferente: "Acho que é Jesus Cristo, porque Ele está sempre pronto a ajudar todas as pessoas". A professora sorriu e disse: "Bem, gostei muito da sua resposta, Timmy, mas pedi que você me dissesse quem você acha que é a maior pessoa viva".

Então o pequeno Timmy respondeu: "Jesus Cristo está vivo! Ele vive em mim neste exato momento!"

Somos chamados a mostrar a luz de Cristo a um mundo que não o conhece. Os crentes levam Jesus consigo onde quer que vão, pois Ele está vivo dentro deles.

Este tipo de experiência pode ser difícil de descrever para pessoas que jamais encontraram o Cristo vivo por si mesmas. A melhor maneira de mostrar Jesus aos outros é deixá-lo viver através de nós, permitindo que a sua luz brilhe em nossa vida e assim outros a vejam.

Jesus está vivo em você hoje? Como você pode partilhar a realidade da presença dEle com aqueles a sua volta?

GRAÇA PARA HOJE:

O Cristo que vive em nós é a esperança do mundo!

Graça sob Fogo

Sabendo que o seu povo precisa de proteção ao enfrentar uma intensa batalha espiritual neste mundo, o Senhor lhe deu um equipamento de proteção — a própria armadura dEle. Também lhe deu uma fortaleza — o seu próprio nome. Em Efésios 6.10-18 descreve esta armadura em uma vívida imagem mental de um cinto, uma couraça, um calçado, um escudo e uma espada. Em Provérbios 18.10 e Salmos 18.2 retratam nitidamente esta fortaleza, descrevendo-a como uma rocha, uma torre forte, um baluarte.

GRAÇA PARA HOJE:

As armas de Deus são potentes, e a sua fortaleza é segura.

No entanto, não se perca nas metáforas! Quando o inimigo está perto e a luta é renhida, imagens mentais de espadas, escudos, capacetes e castelos de nada lhe servem, a menos que você as use para o propósito planejado: lembrar-se das armas e fortaleza reais de Deus. Se você já memorizou as passagens da Escritura acima, as palavras que devem ser destacadas em sua mente são: verdade, justiça, evangelho, paz, fé, salvação, Palavra de Deus, oração e nome de Deus. Este é o armamento e a fortaleza do poder de Deus para salvar. Estas são as defesas que o Senhor bondosamente lhe deu para a sua proteção.

As armas de Deus são potentes, e a sua fortaleza é segura. Mas elas devem ser apropriadas. A verdade será inútil a menos que você tenha aprendido a lembrar-se dela e confiar quando estiver no calor da batalha. Você não pode tentar vestir a justiça enquanto a guerra é travada; você deve vesti-la com antecedência. Semelhantemente, a fé lhe trará a segurança adequada em meio ao tumulto desde que você a reforce durante os momentos de tranqüilidade. A Palavra de Deus lhe servirá bem se você estudá-la, meditar nela regularmente e mantê-la na memória. O nome de Deus será o seu refúgio abençoado e eterno se você sempre honrá-lo e esforçar-se para atribuir-lhe glória.

"Torre forte é o nome do Senhor;
para ela correrá o justo e estará em alto retiro."
Provérbios 18.10

Um Incentivo para Orar

Por Dr. Charles Stanley

Algumas pessoas questionam se devemos pedir a Deus coisas materiais. A resposta é simples. Os pais sábios fazem tudo o que está ao seu alcance para satisfazer as necessidades dos filhos. Isto serve tanto para necessidades materiais como para as necessidades nutricionais e espirituais. Os dons materiais que damos aos nossos filhos são a prova de que Deus da mesma forma quer nos dar, mas em maior grau. Acaso temos algum privilégio que Deus não concedeu a si mesmo? Não! Na verdade, não há forma alguma de superarmos a Deus em generosidade, seja materialmente ou de qualquer outra maneira.

Uma outra dificuldade que as pessoas têm é em relação a não serem dignas de que Deus responda as suas orações. Mas a base de toda a oração respondida é o amor de Deus por nós. O calvário resolveu a questão da dignidade de uma vez por todas. De acordo com o seu amor, somos dignos do maior dom que Ele tinha para dar — seu Filho. Depois disso, qualquer coisa que pedirmos é algo secundário.

Por que temos tantos problemas para crer em Deus com respeito às coisas menores na vida? É Satanás quem diz: "Quem você pensa que é, para pedir alguma coisa a Deus?"

Para esta pergunta só há uma resposta: "Eu sou um filho do Rei. Sou tão digno aos olhos de Deus que Ele enviou seu Filho unigênito para morrer por mim. Se Ele morreu por mim, certamente Ele me dará qualquer coisa que eu pedir.[30]

PAI SANTO: PELA TUA GRAÇA, TENS ME DADO TODA BOA DÁDIVA, ESPECIALMENTE A DÁDIVA DE TEU FILHO. E NÃO APENAS ISTO, MAS TAMBÉM TENS ME TORNADO DIGNO DE RECEBER OS TEUS DONS. QUE PAI MARAVILHOSO TU ÉS! AMÉM.

"[Disse Jesus:] Pedi, e dar-se-vos-á; buscai e encontrareis; batei, e abrir-se-vos-á. Porque aquele que pede recebe; e o que busca encontra; e, ao que bate, se abre."

Mateus 7.7,8

O MILAGRE DO PERDÃO

"Amados, amemo-nos uns aos outros, porque a caridade é de Deus."
1 João 4.7

Lewis Grizzard freqüentemente escrevia sobre como foi crescer em uma pequena igreja metodista na Geórgia, e como esta lhe foi preciosa na infância. Uma vez, contou ele, dois irmãos desordeiros que eram os infratores juvenis da cidade começaram a freqüentar o grupo de jovens da igreja. Na primeira noite em que lá foram, bateram em duas crianças pequenas e jogaram um hinário na senhora que era a líder da mocidade, a qual se esquivou bem na hora.

GRAÇA PARA HOJE:

Deus é o Autor do perdão — um dos maiores dons de sua graça.

Depois disso, ela olhou calmamente naqueles olhos diabólicos e disse, com uma voz tão suave quanto a de um anjo: "Não aprovo o que vocês fizeram aqui esta noite, e nem Jesus. Mas se Ele pode perdoá-los, acho que terei de fazer o mesmo". "Então, ela deu-lhes um prato de biscoitos.

Como Grizzard comentou: "Pelo que ouvi dizer, os dois meninos cresceram e raramente perdem um domingo na igreja. Aquele foi o primeiro milagre que vi".

O milagre do perdão pode fazer coisas extraordinárias na vida das pessoas — especialmente naquelas de quem menos se espera! Em seu famoso Sermão do Monte, Jesus ordena que perdoemos os outros da mesma forma que seu Pai nos perdoa (ver Mt 6.14,15). O apóstolo João exorta-nos: "Amados, amemo-nos uns aos outros, porque a caridade [e o perdão] é de Deus" (1 Jo 4.7). A líder da mocidade pensava corretamente: Se Jesus pode perdoar as pessoas de seus pecados, com certeza posso fazer o mesmo!

Terça

Inspiração Divina

"O povo que andava em trevas viu uma grande luz [...]"
Isaías 9.2

Quando se encontrou com o Senhor na estrada para Damasco, Paulo viu uma luz brilhante. Geralmente Deus usa meios menos dramáticos para chamar a nossa atenção, mas Ele ainda nos encontra em nossa jornada, enviando pequenas explosões da graça para nos encorajar neste mundo de trevas.

Um homem que estivera deprimido por alguns dias observava desinteressadamente a filha de quatro anos colar letras coloridas e brilhantes em um quadro de feltro preto. De repente, quatro letras no meio — uma vermelha, uma amarela, uma azul e uma verde — saltaram para ele. A menininha havia escrito a palavra "Deus". Imediatamente, ele sentiu a presença do Senhor e percebeu que esta foi a maneira de Ele animá-lo, dizendo-lhe de forma tranqüila: "Eu estou aqui".

Durante um intervalo entre palestrantes em uma convenção Promise Keepers, no Pontiac Silverdome, um homem cuja fé não parecia muito vibrante por algum tempo sentou-se no nível superior do estádio, observando os presentes jogarem Frisbees e bola de praia. Foi quando um grande avião de espuma de estireno deslizou graciosamente por cima da multidão. De imediato ele ficou consciente de que o Espírito Santo se movia através do estádio e convidava-o: "Venha voar comigo".

GRAÇA PARA HOJE:

Deus nos encontra em nossa jornada com dons de amor e encorajamento.

Dirigindo pela via expressa, um homem magoado por um noivado rompido em seu passado lutava com a decisão de pedir ou não a sua nova namorada em casamento. "Dá-me um sinal, Senhor", ele disse. "Eu preciso saber o que tu queres que eu faça". Olhando para cima naquele momento, ele viu um cartaz de propaganda mostrando um gigantesco anel de diamantes. Ele balançou a cabeça, sorriu e em uma semana fez a proposta. Ela disse "sim", e hoje eles comemoram o seu décimo quinto aniversário de casamento.

Aprendendo a Viver

"Que diremos, pois, a estas coisas?
Se Deus é por nós, quem será contra nós?"
Romanos 8.31

Os leões jovens são espantosamente confiantes quando estão aprendendo a caçar. Ainda pequenos em tamanho, eles acham uma presa e se aproximam dela rastejando. Sem serem vistos, cercam a vítima e lançam-se sobre ela com suas garras. Eles raramente capturam a presa, mas nos raros casos em que conseguem, é normal não terem a menor idéia do que fazer com ela. A habilidade para matar ainda não está dentro deles; assim, eles fazem o que podem para dominá-la, geralmente sem sucesso. Durante este tempo, os leões adultos ficam por perto observando os mais jovens perseguirem a presa aterrorizada. Eles permanecem onde estão até que os jovens leões precisem deles — e então aparecem e terminam o serviço.

Os leões mais velhos sabem quanto é importante que os mais jovens aprendam a caçar. Não é um jogo; é um imperativo para a sobrevivência. Na selva, se você não caçar, não come.

Você pode enfrentar desafios em sua vida neste exato momento — desafios que você está trabalhando o máximo para vencer. Deus está por perto, observando, esperando para ajudar. Mas Ele reconhece que há algumas coisas que Ele não pode fazer por você. Antes, você deve aprender a fazê-las por si mesmo. Isto pode ser sair de uma dívida, trabalhar para melhorar o seu casamento ou um relacionamento importante, cuidar de sua saúde, ou ainda qualquer habilidade necessária para sobreviver neste mundo. Se Ele interviesse e suprisse miraculosamente todas as suas necessidades, logo você se tornaria um fraco, incapaz de agir sozinho.

Entretanto, isto não significa que Ele não virá para resgatá-lo quando você tiver feito todo o possível. No momento certo, Ele intervirá e o ajudará a terminar o serviço. Você pode ter esta confiança.

GRAÇA PARA HOJE:

Deus não faz o que devemos aprender por nós mesmos, mas Ele está sempre presente para nos ajudar quando precisamos dEle.

Quinta

Ele Cuidará de Você!

"[Disse Jesus:] eis que eu estou convosco todos os dias, até à consumação dos séculos."

Mateus 28.20

Certa vez uma comunidade realizou um espetáculo de Páscoa em que diferentes pessoas da comunidade representaram os vários personagens. O personagem de Jesus foi dado a um grande e corpulento trabalhador de um campo petrolífero, especialmente porque ele era a única pessoa forte o bastante para carregar a pesada trave de madeira que seria a cruz de Jesus.

Quando chegou a parte do espetáculo em que Jesus estava sendo conduzido para ser crucificado, um homem pequeno que simplesmente fazia parte da multidão escarnecedora foi tomado pela emoção do momento. Ele se juntou àqueles que gritavam "Crucifica-o! Crucifica-o!" Enquanto estava sendo conduzido, carregando a cruz sobre as costas, o homem que representava Jesus teve de andar bem em frente do homem pequeno, que ainda gritava com toda a força de seus pulmões. O homenzinho estava tão envolvido pelo momento que realmente cuspiu em Jesus. O grande e corpulento trabalhador do campo petrolífero parou, limpou o seu rosto, olhou para o homenzinho, e então pronunciou a frase mais memorável de toda a peça teatral daquele dia: "Eu voltarei para 'cuidar de você' depois da Ressurreição!"

Para nós, hoje, estas palavras são verdadeiras, mas não são uma ameaça — são uma promessa! Jesus cuidará de nós depois da ressurreição! Ele prometeu estar sempre conosco, cuidando de nós e suprindo as nossas necessidades. Mesmo agora, Ele está nos preparando um lugar no céu, onde viveremos com Ele para sempre. Um dia o veremos face a face naquele lugar.

De que maneira Jesus tem cuidado de você hoje?

GRAÇA PARA HOJE:

Ele está mais próximo do que a nossa própria respiração, mais perto do que as nossas mãos e nossos pés.

Sexta

O Direito de Contar Vantagens

Quando os Red Sox fizeram o seu retorno histórico em que derrotaram os Yankees, no jogo final da Série do Campeonato da Liga Americana de 2004, os fãs de baseball em Boston finalmente tiveram algo para se sentir bem. Nenhum outro time jamais havia superado um déficit de três jogos para ganhar a temporada seguinte. Melhor que tudo, o Boston havia derrotado o seu arqui-rival, o Nova York, aparentemente revertendo a legendária "maldição" que havia assombrado os Red Sox desde que estes venderam Babe Ruth para os Yankees em 1920. Realmente, os Red Sox continuaram ganhando, e conquistaram a Série Mundial pela primeira vez em 86 anos. O time de Boston ganhou o direito de contar vantagens por toda a cidade, e os moradores de Boston alegraram-se usando bonés dos Red Sox, enaltecendo orgulhosamente os seus heróis.

GRAÇA PARA HOJE:

Deus providenciou a nossa salvação, e agora nos convida a compartilharmos a recompensa.

Jesus Cristo ganhou a maior vitória de todos os tempos em um monte fora de Jerusalém há dois mil anos. Ele realizou algo que nenhum outro ser humano poderia realizar: Ele venceu Satanás, o pecado e a morte para sempre. Com um ato amoroso de auto-sacrifício, Jesus abriu o caminho para que qualquer pessoa que creia nEle possa se reconciliar com Deus. Na cruz, Cristo tomou o castigo pelos pecados da humanidade e assegurou a vida eterna para todos os crentes. Houve alguma vez um campeão mais excelente?

Através de Cristo, Deus oferece este triunfo a você. Em Efésios 2.8,9 diz: "Porque pela graça sois salvos, por meio da fé; e isso não vem de vós; é dom de Deus. Não vem das obras, para que ninguém se glorie". Você não pode afirmar ter ganho a vitória por si mesmo, através da sua própria justiça, da mesma forma que um morador de Boston não pode dizer que pessoalmente ganhou a Série Mundial. Mas se você se identifica com Jesus, Deus o convida a participar da celebração e da recompensa, para levar o nome de Cristo orgulhosamente e gloriar-se infinitamente no admirável e precioso Senhor.

"[...] Aquele que se gloria, glorie-se no Senhor."

1 Coríntios 1.31

As Respostas de Deus

Por Dr. Charles Stanley

Quando Deus responde as nossas orações, Ele nos diz "sim", "não" ou "espere". Quando sua resposta é "sim", somos propensos a gritar: "Glória a Deus!" Dizemos a todo mundo que grande coisa Deus fez por nós.

Mas quando Deus diz "não", temos dificuldade em encontrar motivos para louvá-lo. Procuramos em nossa vida o pecado que impediu que Ele atendesse aos nossos pedidos, porque, com certeza, se estivéssemos vivendo corretamente Ele teria respondido "sim". Mas não existe nenhuma prova bíblica de que Deus responderá "sim" a todas as nossas orações só porque estamos vivendo corretamente. Deus é soberano. Ele tem o direito de dizer "não" de acordo com a sua infinita sabedoria, independentemente das nossas virtudes.

Mas Deus só diz "não" e "espere" quando isto é o melhor para nós (Rm 8.28). Muitas vezes Ele o faz para a nossa proteção. Às vezes, o tempo não é apropriado para um "sim". Porém não gostamos de esperar, especialmente quando parece que uma oportunidade única pode estar escapando. Não gostamos de ouvir Deus dizer "não", ainda mais quando tudo em nós diz "sim, sim, sim!"

No entanto, bem no fundo do nosso coração, realmente queremos a perfeita vontade de Deus para a nossa vida. E devemos lembrar que a resposta de Deus é sempre o melhor para nós. Se Ele diz "não", então a resposta é não. Deus está mais interessado em nosso caráter, em nosso futuro e em nossa santificação do que em nossa satisfação momentânea. Suas respostas são sempre um ato da graça, motivado por seu amor.[31]

PAI CELESTIAL: QUERO A TUA VONTADE PERFEITA PARA A MINHA VIDA — MESMO QUANDO ISTO SIGNIFICAR QUE TU IRÁS DIZER "NÃO" PARA ALGO QUE EU TENHA PEDIDO. SEI QUE O TEU PLANO PARA MIM É MUITO MELHOR DO QUE O MEU PRÓPRIO PLANO. AJUDA-ME À MEDIDA QUE MANTENHO A MINHA DECISÃO DE CAMINHAR NESTA VERDADE DIFÍCIL. AMÉM.

"O coração do homem considera o seu caminho, mas o Senhor lhe dirige os passos."

Provérbios 16.9

É Maravilhoso Ser Achado!

"[Disse o pai:] era justo alegrarmo-nos e regozijarmo-nos, porque este teu irmão [...] tinha-se perdido e foi achado."
Lucas 15.32

Certa vez um menino de sete anos foi a um circo onde havia mais de 20 mil pessoas na platéia. Jimmy e seu irmão mais velho, Steve, foram comprar algodão doce, instruídos pelos pais a que permanecessem juntos.

Depois que Steve comprou o seu algodão doce, deu lugar a Jimmy. Neste momento, uma risada bem alta veio da arena. Steve não pretendia deixar o irmãozinho só, mas foi contagiado pela empolgação do público e quis ver do que se tratava toda aquela agitação.

Jimmy comprou o seu algodão doce e então virou-se para procurar o irmão maior — ele tinha sumido. Naquele momento de pânico, nada lhe parecia familiar. Ele estava perdido! E se perguntava se algum dia veria a sua família outra vez. Então, começou a correr desesperadamente, tentando conter as lágrimas.

GRAÇA PARA HOJE:

Mesmo quando estávamos perdidos, Deus sabia exatamente onde estávamos.

Depois de alguns momentos de terror, Jimmy sentiu um toque gentil em seu ombro; ao virar-se, pôde ver seu pai bem atrás dele. É difícil descrever os sentimentos que aquele pequeno menino teve ao ver o pai naquele instante. Sendo agora crescido, Jim narra: "Aprendi uma lição valiosa naquele dia: Estar perdido é terrível. Ser achado é maravilhoso!"

Não é de admirar que "Maravilhosa Graça" seja o hino favorito da América! Para todo crente, as palavras "Certa vez estava perdido, mas agora fui achado" podem fazer parte de sua vida. Sem Jesus, vagamos sem destino, perdidos na multidão, com o pânico surgindo a cada esquina. Mas então Ele nos resgata.

Quão maravilhoso é este sentimento!

Terça

Perdido e Achado

"[Disse Jesus:] aquele que quiser salvar a sua vida perdê-la-á, e quem perder a sua vida por amor de mim achá-la-á."
Mateus 16.25

Um homem que tentava explicar ao seu amigo as ramificações da fé e da incredulidade pegou um pedaço de papel e desenhou um gráfico simples. Primeiro, fez uma linha horizontal no meio do papel. — Tudo acima desta linha é um ganho — disse ele. — Tudo abaixo é uma perda. — Então, ele riscou uma seta para baixo no lado esquerdo da página, da linha horizontal até o fim da folha. — Esta é a possibilidade A, o pior cenário que se pode ver. Deus existe; você rejeita a Cristo. A sua vida terrena é desprovida da bênção e da comunhão com Deus e, como todos que assim vivem, no final você perde. Você também perde a sua vida eterna. Uma perda incalculável.

À direita da seta ele fez uma pequena marca para baixo da linha horizontal. — Aqui está a possibilidade B: Deus não existe; você aceita a Cristo. Sem Deus, não há bênção, comunhão divina ou vida eterna, então a sua vida terrena é tudo o que você perde.

Desenhando uma outra pequena marca mais distante para a direita, desta vez para cima da linha horizontal, ele disse: — Possibilidade C: Deus não existe; você rejeita a Cristo. Novamente, não há bênção, comunhão divina, ou vida eterna. Você ainda perde a sua vida terrena, mas pelo menos pode viver da maneira que quiser.

Para a extrema direita ele fez uma seta a partir da linha horizontal até o topo do papel. — Finalmente, o cenário perfeito. Possibilidade D: Deus existe; você aceita a Cristo. Você desfruta da bênção e da comunhão com Deus para sempre, nesta vida e além. Quando a vida terrena se acaba, você ganha uma eternidade de amor, alegria, paz, prazer e recompensa. Um ganho incalculável. — Ele sorriu para o amigo. — Esta seta representa a graça infinita de Deus, que está livremente disponível para você, se você colocar a sua fé em Jesus Cristo. O que você tem a perder?

GRAÇA PARA HOJE:

A graça de Deus é igual à bênção, à comunhão, à vida eterna — um ganho incalculável!

O Semáforo de Deus

"Espera no Senhor, anima-te, e ele fortalecerá o teu coração; espera, pois, no Senhor."
Salmos 27.14

Servir a Deus, às vezes, é como ficar parado em um sinal de trânsito que parece estar enguiçado no vermelho. Embora você saiba onde quer ir e quando deseja chegar lá, enquanto o sinal permanecer vermelho, você tem de ficar parado e esperar... esperar... e esperar um pouco mais. Enquanto os carros em outras faixas passam rapidamente pelo semáforo, você pode se perguntar por que não consegue seguir em frente como todos os outros. As pessoas atrás de você podem buzinar impacientemente e "encorajá-lo" a atravessar o sinal vermelho. Talvez você até seja tentado a fazer isto — afinal, com certeza não teria de esperar tanto.

Algumas vezes, a coisa mais difícil que Deus irá pedir-lhe é que você fique parado naquele sinal vermelho e espere nEle. Visto que o cronograma de Deus nem sempre será igual ao seu, você pode ter de alterar certas expectativas em sua vida e esperar que Deus revele o seu propósito. Quem sabe permanecer um pouco mais naquele emprego que não parece tão ideal, ou romper certos relacionamentos até que Deus traga a pessoa certa para a sua vida. Talvez tenha de esperar afastado enquanto seus amigos lutam com problemas particulares.

Esperar irá exigir que você confie no plano de Deus e creia que Ele está trabalhando de modo ativo em sua vida, especialmente quando os outros o ultrapassam correndo ou simplesmente o "estimulam" a ir em frente sem a direção de Deus. No entanto, enquanto você espera no Senhor, tente apenas relaxar e desfrutar o momento. Descanse em sua graça e olhe para o futuro com esperança, sabendo que Ele o abençoará pela sua obediência a Ele.

GRAÇA PARA HOJE:

Quando estamos esperando, o plano de Deus e o seu tempo perfeito são dignos da nossa confiança.

Quinta

"Senhor Precioso"

"Ainda que eu andasse pelo vale da sombra da morte, não temeria mal algum, porque tu estás comigo; a tua vara e o teu cajado me consolam."
Salmos 23.4

A música evangélica americana popular "Precious Lord" ("Senhor Precioso"), de Tommy Dorsey, foi composta em meio a uma experiência devastadora. Em 1932, enquanto Tommy cantava em uma igreja, sua esposa entrou em trabalho de parto e morreu. O pastor da igreja entregou-lhe um telegrama com cinco palavras dolorosas: "Sua esposa acabou de morrer". Tommy descobriu que ela havia dado à luz o seu primeiro filho, mas posteriormente, naquela mesma noite, o bebê também morreu. Tommy Dorsey enterrou a esposa e o filho no mesmo caixão. Então desmoronou. Ele achou que Deus lhe tinha feito uma injustiça. Mas um dia ele sentou-se ao piano e começou a tocar uma nova melodia, e as palavras simplesmente lhe vieram à mente: "Senhor precioso, toma a minha mão. Guia-me, sustenta-me. Estou cansado, fraco, esgotado. Pela tempestade, durante a noite, guia-me para a luz; toma a minha mão, Senhor precioso, leva-me para casa".

Talvez você tenha sentido que a vida o tratou de forma injusta, e você se pergunta onde Deus está ou o que Ele está fazendo. É fácil cair nestes pensamentos e sentimentos quando se está passando por depressão ou desespero. Mas Deus prometeu jamais nos deixar ou abandonar. Segure a mão de Cristo quando andar pelo vale da sombra da morte. Ele segurará a sua mão, andará ao seu lado e lhe mostrará o caminho.

GRAÇA PARA HOJE:

Charles Spurgeon disse certa vez: "O refinador nunca está muito longe da boca da fornalha quando o seu ouro está dentro do fogo."

A Prática da Justiça

No sistema legal americano, a justiça é personificada pela imagem de uma mulher segurando uma balança. A mulher está vendada, indicando que é imparcial; os pratos da balança estão nivelados, indicando que tudo está bem. Quando uma pessoa viola a lei, a balança fica desequilibrada. Quando esta pessoa é punida com multa, serviço comunitário, tempo de prisão ou, em alguns casos, com a morte, a penalidade repara a ofensa, a balança volta ao seu equilíbrio próprio, e a Justiça é satisfeita.

A Bíblia também usa uma balança para simbolizar a justiça. Porém é Deus — que tudo vê e permanece perfeitamente justo — quem segura a balança, e é o seu critério santo de certo e errado que deve ser satisfeito. Foi o Senhor que instituiu a lei de olho por olho, dente por dente, até mesmo vida por vida, a fim de manter a balança equilibrada (ver Êx 21.23-25). Embora os pecados da humanidade tenham colocado a balança fora de prumo, Deus jurou que consertará as coisas no final.

GRAÇA PARA HOJE:

A garantia da justiça definitiva concedida por Deus liberta-nos para perdoarmos os outros.

O voto do Senhor vem como uma bênção para você. Como todas as pessoas, você tem um senso inato de certo e errado que está de acordo com o senso de Deus e reflete a imagem dEle em você. Regularmente, se não diariamente, você é atacado por acontecimentos que ofendem o seu senso de justiça. A mídia relata iniqüidades por todo o mundo; colegas de trabalho, amigos e familiares compartilham como são maltratados por outros; e você experimenta o comportamento doloroso em primeira mão.

Graças à promessa do Senhor de justiça final, você não tem de buscar a vingança pelos erros que são cometidos contra você ou seus entes queridos, tentando por sua própria conta equilibrar a balança de Deus. Você pode descansar no conhecimento de que Ele lidará com todo o mal neste mundo, por justiça divina ou — melhor ainda — pela graça que se tornou possível através da morte de Jesus Cristo na cruz.

"Ele mesmo julgará o mundo com justiça; julgará os povos com retidão."
Salmos 9.8

Como Devemos Orar

Por Dr. Charles Stanley

Quando nos chegamos a Deus, em vez de pedirmos: "Senhor, por favor faça isto e aquilo", devemos pedir que Ele nos mostre como orar. Precisamos pedir ao Espírito Santo que ore através de nós do princípio ao fim. Então poderemos estar seguros de que oramos de acordo com a vontade dEle. Oraremos por coisas que de outra forma jamais pensaríamos em orar. Quando orarmos, Deus nos mostrará um lado da oração que nunca vimos.

No momento em que estiver limpo o nosso coração e nos comprometermos a obedecer a Deus, e ainda assim não tivermos a mínima idéia de como devemos orar, Deus tomará a responsabilidade de nos mostrar. Ele pode usar as Escrituras ou as circunstâncias. Se o nosso pedido não estiver de acordo com a sua vontade, o Senhor redirecionará a nossa atenção para Ele, e perderemos o interesse por aquilo que estávamos pedindo. Independentemente de qual meio Ele utilizará para nos mostrar como orar, o importante é crer que Ele irá fazê-lo. E com freqüência teremos de esperar; mas durante estes momentos de espera começaremos realmente a conhecer a Deus.

Quando encontramos a vontade de Deus em nossas orações, Ele a confirma enchendo-nos com a paz do Espírito Santo. Então podemos saber sem dúvida alguma que estamos no caminho certo, e podemos orar com a tranqüilidade de saber que Cristo está concordando conosco para o mesmo fim. A paz em nosso coração é o selo da aprovação de Deus em relação às nossas orações.

Deus deseja nos dar direção para orarmos. Em sua Palavra, Ele prometeu fazer isto. A nossa responsabilidade é buscar a orientação através das Escrituras. Uma vez que entendemos a sua promessa para nós, devemos nos posicionar e esperar enquanto lhe agradecemos pelo que já temos. Porque "Se Deus é por nós" em nossas orações, quem será contra nós (Rm 8.31)?[32]

PAI CELESTIAL: MOSTRA-ME COMO ORAR POR MIM MESMO E TAMBÉM PELOS OUTROS. NÃO QUERO APENAS DIZER PALAVRAS; QUERO QUE AS MINHAS PALAVRAS TENHAM IMPORTÂNCIA.

"Não estejais inquietos por coisa alguma; antes, as vossas petições sejam em tudo conhecidas diante de Deus, pela oração e súplicas, com ação de graças. E a paz de Deus, que excede todo o entendimento, guardará os vossos corações e os vossos sentimentos em Cristo Jesus."

Filipenses 4.6,7

O Time de Deus

"Posso todas as coisas naquele que me fortalece."
Filipenses 4.13

Muitas pessoas consideram Michael Jordan o maior jogador de basquete de todos os tempos. Certa noite, ele marcou 63 pontos em um único jogo. Um de seus companheiros do Chicago Bulls, que não era um astro nem um iniciante, foi entrevistado mais tarde: — Qual foi o ponto alto da sua carreira na NBA?

Com o tom ironia implantado em seu rosto, ele respondeu: "Foi a noite em que Michael Jordan e eu marcamos juntos 65 pontos"!

GRAÇA PARA HOJE:

Quando permitimos que Deus esteja em nosso time, não há limites para o que podemos realizar.

Embora estivesse brincando, o companheiro de Michael Jordan de certa forma estava absolutamente certo. Sem o restante do time apoiando-o e propiciando a defesa de que ele precisava, Michael jamais teria sido capaz de atingir resultados tão altos e conquistas tão surpreendentes. E, por outro lado, compondo o time de Michael Jordan, o outro jogador tornou-se parte da vitória que de outra forma poderia não ter acontecido.

A Bíblia declara que com Cristo você pode fazer todas as coisas! Se você está simplesmente olhando para a sua situação sem considerar Jesus Cristo como o seu companheiro de time, pode estar certo ao se desesperar. Mas quando Jesus entra para o seu time, qualquer coisa é possível! Siga a sua orientação e faça o que Ele lhe diz para fazer. Você se surpreenderá com o que serão capazes de realizar juntos.

Terça

Mentores Espirituais

"[...] o levaram consigo e lhe declararam mais pontualmente o caminho de Deus."
Atos 18.26

Antes de ascender ao céu, Jesus recomendou aos seus seguidores: "Ide, ensinai todas as nações" (Mt 28.19). Às vezes, os líderes da Igreja Primitiva executavam este mandamento pregando a grandes grupos de pessoas, como na ocasião em que o apóstolo Paulo foi a Atenas e falou na sinagoga, no mercado e no Areópago. Em outras vezes, porém, este processo de discipulado assumiu uma forma mais pessoal, como foi o caso de Filipe, que sentou-se em uma carruagem com um oficial etíope e explicou-lhe uma passagem das Escrituras, ou ainda quando Priscila e Áquila convidaram Apolo a entrar em sua casa para lhe servirem de mentores espirituais.

Deus ainda usa este estilo mais particular de ministério hoje, fazendo — e moldando — discípulos através de encontros individuais entre uma pessoa que conhece bem o Senhor e outra que não o conhece de maneira nenhuma, ou precisa conhecê-lo melhor. Onde quer que você esteja em seu relacionamento com Deus, Ele agraciará a sua vida com crentes espiritualmente mais maduros do que você, os quais com amor irão desafiá-lo, encorajá-lo e ajudá-lo a crescer na fé.

Ore por estes relacionamentos, receba-os bem e nutra-os! A Bíblia promete que se você separar tempo para estar com um sábio, você também se tornará sábio. E quando o Senhor usar mentores espirituais para o ensinar e guiar, Ele começará a conceder-lhe oportunidades de levar outros para "debaixo da sua asa". Então você experimentará a maravilhosa bênção de ser usado por Deus para criar e desenvolver novos discípulos. Mesmo enquanto você aprende a voar mais graciosamente com Deus, você se regozijará por ver os seus protegidos começarem a abrir as próprias asas e voarem.

GRAÇA PARA HOJE:

Deus provê mentores espirituais para nos discipular, a fim de que nós, por nossa vez, possamos discipular outros.

Quarta

Se Eu Morresse antes de Acordar

"[...] Se, com a tua boca, confessares ao Senhor Jesus e, em teu coração, creres que Deus o ressuscitou dos mortos, serás salvo."
Romanos 10.9

Quando era criança, você costumava fazer a oração: "Agora que me deito para dormir..."? A maioria de nós sentia uma ponta de apreensão quando chegávamos naquela parte: "Se eu morrer antes de acordar, oro ao Senhor para a minha alma levar..." Um pouco assustador para as nossas mentes infantis, não é mesmo? A nossa alma seria tomada enquanto dormíamos? Provavelmente não estávamos pensando sobre onde "o Senhor" poderia levá-la. Mas chegará o dia, para cada um de nós, em que estas perguntas devem ser feitas e respondidas.

Você está certo de que abrirá os olhos no céu se morrer antes de acordar? De acordo com a Palavra de Deus, você pode estar ter absoluta certeza. Em Efésios 1.7 diz: "Em quem temos a redenção pelo seu sangue, a remissão das ofensas, segundo as riquezas da sua graça". O sacrifício de Cristo na cruz por nós comprou uma passagem certa, uma segurança eterna para as nossas almas. Tudo o que Ele nos pede é que nos apropriemos da sua graça e nos coloquemos aos seus cuidados.

Se você ainda não reivindicou o misericordioso dom da salvação de Deus e assegurou o seu lugar no céu, por que esperar? Nunca foi plano de Deus que você temesse a morte ou vivesse com incerteza sobre o seu destino eterno. Busque-o; troque os seus pecados pela graça de Deus; entregue-se a Ele de coração e alma. Você nunca mais fará este tipo de pergunta, e certamente dormirá muito melhor.

GRAÇA PARA HOJE:

Deus providenciou um lugar para nós no céu. Tudo o que temos de fazer é reivindicá-lo.

Quinta

Você É Valioso para Deus

"[Explicou Jesus:] Digo-vos que assim haverá alegria no céu por um pecador que se arrepende, mais do que por noventa e nove justos que não necessitam de arrependimento."

Lucas 15.7

Um adolescente certa vez jogava basquete em sua calçada. De alguma forma, ele perdeu uma lente de contato. Após alguns minutos, estava a ponto de desistir de procurá-la e voltar a jogar, quando achou melhor ir contar a sua mãe o que acontecera.

A mãe veio para fora, colocou as mãos e os joelhos no chão, e começou a percorrer meticulosamente cada centímetro da calçada em busca da lente de contato. Depois de rastejar-se por mais de meia hora, ela finalmente exclamou: "Aqui está!" Realmente, ela a encontrara.

Espantado, seu filho exclamou: "Mãe, não posso acreditar que você achou! Olhei realmente com atenção, mas não consegui vê-la!"

Sua mãe respondeu: "É porque não estávamos procurando a mesma coisa. Você estava buscando apenas um pequeno pedaço de plástico, mas eu procurava cento e cinqüenta dólares!"

Você já perdeu alguma coisa valiosa para você? Quando estamos motivados a encontrar algo, procuramos com mais afinco. Jesus usou esta ilustração para demonstrar até onde seu Pai iria para achar e salvar a sua ovelha perdida: Quando um homem perde uma de suas ovelhas, ele sai e a procura até a encontrar, e então comemora. Quando uma mulher perde uma das suas valiosas moedas de prata, ela varre a casa de cima a baixo até localizá-la, e então ela faz uma festa. "Assim", disse Jesus, "haverá alegria no céu por um pecador que se arrepende, mais do que por noventa e nove justos que não necessitam de arrependimento" (Lc 15.7)!

GRAÇA PARA HOJE:

Nosso Pai celestial foi até as últimas conseqüências para nos encontrar e levar para casa. Isto mostra quanto significamos para Ele!

Amigos e Confidentes

Se você é casado, uma boa quantidade da graça de Deus fluirá para você através de seu cônjuge. O Senhor o abençoará de muitas maneiras por meio do seu casamento. Em seu cônjuge, Deus lhe deu uma companhia, alguém que participa, ajuda, aconselha, apóia e age como discípulo. Ele ou ela pode encorajá-lo, cuidar de você, considerá-lo responsável, orar por você, apontar as suas fraquezas, afirmar os seus pontos fortes, consolá-lo em tempos de fracasso e comemorar junto com você em tempos de sucesso.

GRAÇA PARA HOJE:

Um bom marido e uma boa esposa são presentes que vêm diretamente do trono da graça de Deus.

O casamento é uma oportunidade de você fazer parte de uma das menores — embora seja também uma das mais belas e motivadoras — manifestações do corpo de Cristo. O relacionamento conjugal é um microcosmo da igreja, abrangendo cada aspecto do que significa para os crentes viverem juntos em comunidade. Todos os mandamentos de "uns aos outros" no Novo Testamento — amar uns aos outros, servir uns aos outros, suportar uns aos outros, sujeitar uns aos outros — aplicam-se ao marido e à esposa. E um casamento reflete a natureza misteriosa da Trindade, em que Pai, Filho e Espírito Santo existem juntos, eternamente, como um só.

O mais importante, Deus usará o seu cônjuge para moldá-lo conforme a imagem de Cristo. Este processo pode ser desafiador, visto que nem sempre é fácil, e envolve o trabalho árduo de resolver conflitos e cooperar com o Espírito Santo para produzir mudanças dentro do seu coração. Através do seu cônjuge, o Senhor lhe abrirá os olhos para muitas verdades sobre você mesmo — a primeira delas é quão egocêntrica uma pessoa realmente é. Quando você aprender a viver em harmonia em seu casamento, fazendo sacrifícios e colocando os interesses do seu cônjuge antes dos seus, Deus o abençoará, moldando-o lentamente para que você se torne a pessoa que Ele planejou que você seja.

"[...] no princípio, o Criador os fez macho e fêmea e disse: Portanto, deixará o homem pai e mãe e se unirá à sua mulher [...]"

Mateus 19.4,5

O CRISTÃO VITORIOSO

Por Luis Palau

Durante os preparativos para uma de nossas conferências evangélicas na América do Sul, um homem pobre e mal vestido freqüentou o nosso curso de treinamento para conselheiros. Embora o treinamento seja aberto a todos os crentes espiritualmente amadurecidos, em geral são os mais bem educados e socialmente estabelecidos líderes leigos das igrejas locais que comparecem a estas aulas. Mas como este homem também era analfabeto, ele trouxe um sobrinho para ler e escrever por ele.

Embora o homem comparecesse a todas as aulas, não esperávamos que ele fixasse bem o conteúdo ensinado. No entanto, como muitas pessoas analfabetas, ele tinha uma memória fantástica e aprendeu muito durante as aulas. Depois de uma das reuniões evangélicas, todos os conselheiros disponíveis estavam ocupados, exceto o homem analfabeto. Justamente naquele momento, um médico entrou pedindo orientação. Antes que alguém pudesse impedi-lo, o homem mal vestido levou o médico a uma sala.

Ao saber do acontecido, o nosso diretor de aconselhamento ficou um pouco preocupado. Ele não tinha certeza de que o irmão analfabeto seria capaz de comunicar-se efetivamente com o sofisticado médico. Quando o médico saiu da sala de aconselhamento, o diretor perguntou se podia ajudá-lo de alguma maneira.

"Não, obrigado" respondeu o médico. "Este senhor já me ajudou muito".

No dia seguinte, o médico voltou com dois outros médicos. O nosso diretor quis falar com ele, mas o médico recusou e pediu para falar com aquele irmão. No final do evento, ele tinha conduzido quatro médicos e suas esposas a Cristo! Ele não sabia ler nem escrever, mas vivia uma vida cristã autêntica.

Com muita freqüência, procuramos externamente os sinais de uma vida cristã vitoriosa. Mas a aparência externa não importa, pois somente pode revelar pouco de uma autêntica vida cristã. O que realmente importa — aquilo que de fato torna a vida de um crente vibrante e real — é o poder do Cristo que vive dentro dele.[33]

PAI: AJUDA-ME A VIVER UMA VIDA CRISTÃ AUTÊNTICA — UMA VIDA QUE MOSTRE O PODER DO CRISTO VIVO DENTRO DE MIM. AMÉM.

"[...] Pois o homem vê o que está diante dos olhos, porém o Senhor olha para o coração."

1 Samuel 16.7

Levando o Lixo para Fora

"[Jesus declarou:] Não julgueis, para que não sejais julgados."
Mateus 7.1

Uma mulher deixou o seu apartamento certa manhã para fazer um passeio até o centro da cidade. Ela vestiu sua roupa mais elegante, colocou o seu perfume favorito e saiu para tomar um ônibus. Ao partir apressadamente pela porta dos fundos, ela pegou um pequeno saco de lixo na cozinha, a fim de jogá-lo no container que estava no meio fio no caminho em que ela tomaria o ônibus. Mas ela estava tão distraída que esqueceu que segurava o saco de lixo. Assim o carregou, juntamente com seus outros pacotes, para dentro do ônibus.

Ao tomar o seu assento, ela notou um terrível mau cheiro e abriu a janela, em vão. Mais tarde, enquanto fazia compras, notou que aquele cheiro estava em toda loja que visitava. Ela não conseguia fugir do cheiro e acabou concluindo: "O mundo inteiro está cheirando mau!" Somente após voltar para casa e abrir os seus pacotes é que ela percebeu de onde estava vindo o odor.

GRAÇA PARA HOJE:

Deus nos deu o poder necessário para rejeitar um espírito crítico.

Antes de você começar a apontar o dedo para outras pessoas, é sempre uma boa idéia verificar primeiro os seus próprios pacotes. O "mau cheiro" que você sente pode não vir dos outros — pode vir de você mesmo! Jesus disse o seguinte com relação a fazer julgamento de outras pessoas: "Não julgueis, para que não sejais julgados, porque com o juízo com que julgardes sereis julgados, e com a medida com que tiverdes medido vos hão de medir a vós" (Mt 7.1-2). Jesus estava certo! Certifique-se de ter primeiro levado para fora o seu próprio lixo, antes de começar a criticar o lixo das pessoas que estão a sua volta.

Terça

Os Pequeninos

"[...] os filhos são herança do Senhor [...]"
Salmos 127.3

Uma menina de quatro anos tropeçou na calçada e arranhou o joelho enquanto corria para entrar no carro da família. Seu pai a abraçou e consolou, e então colocou-a em seu assento com o cinto de segurança. A menina olhou para o seu joelho e depois disse à irmã mais nova: "Se você quiser um carinho, precisa cair".

Aprontando-se para uma longa viagem, uma mãe tentava consertar a pequena televisão portátil com videocassete da família. Ela retirou a tampa e olhou para dentro do aparelho, tentando descobrir o que tinha feito a fita enroscar. Investigando algo que parecia estranho, ela colocou a mão dentro e puxou um pequeno brinquedo.

Se você é pai ou mãe, Deus usará os seus filhos para trazer-lhe sabedoria, humor e alegria. Através de seus filhos, Ele o ensinará sobre o amor generoso e incondicional. Enquanto você cria os seus pequenos, esforçando-se para suprir suas constantes necessidades de atenção, auxílio e carinho, limpando-os a toda hora, cuidando de sua segurança e saúde, e construindo seu caráter com amor e disciplina, o seu Pai celestial também está construindo o seu caráter.

GRAÇA PARA HOJE:

Através de seus filhos, o Pai celestial lhe ensinará que você depende dEle.

Acima de tudo, você aprenderá uma grande lição sobre depender de Deus. Você começará a buscar nEle força, paciência e o discernimento necessário para realizar esta admirável tarefa. Ele o nomeou para transformar as crianças em pessoas que irão conhecer, amar, honrar e servir a Deus, além de serem uma bênção a outros neste mundo. Tão logo você tenha descoberto que Deus é fiel para suprir as suas necessidades como pai ou mãe, você terá a bênção preciosa de saber que pode confiar que Ele suprirá todas as suas necessidades na vida.

QUARTA

A VERDADE ESTÁ AVANÇANDO

"Disse-lhe Jesus: Eu sou o caminho, e a verdade, e a vida. Ninguém vem ao Pai senão por mim."
João 14.6

Você se sentiu alguma vez como se a sua fé em Deus fosse firme, porém vacilante quando se trata de crer que Ele realmente ouve e responde as suas orações? Se isto lhe aconteceu, conforte-se em saber que o Deus que criou o mundo inteiro a sua volta, que é tudo em todos, não deixando nada existir sem o conselho da sua própria vontade, não pode mentir. Não só é impossível que Deus minta, como também é impossível que Ele decrete algo que possa ser subjugado ou anulado. Isto significa que não há nada nesta vida capaz de anular o que Deus já disse em sua Palavra. Você tem a garantia de vitória dada por um Deus que não pode deixar de dizer a verdade.

O nosso Deus é Todo-poderoso. Ele não só diz a verdade, mas também tem o direito e a autoridade para declarar o que bem lhe aprouver com relação a você. Tudo o que você tem a fazer é permanecer firme na fé, não permitindo que nada o faça vacilar. Não deixe que este mundo o engane, fazendo-o pensar que Deus pode vir a falhar com você. Ele não falhará — Ele não pode falhar! Nada pode impedi-lo de executar a sua Palavra em seu favor.

A Palavra de Deus está estabelecida para sempre. Não está sujeita às circunstâncias desta vida. Cada detalhe dela se cumprirá no tempo perfeito de Deus. Isto significa que você triunfará se permanecer firme em sua fé, confiando nEle.

GRAÇA PARA HOJE:

Nada neste mundo pode anular o que Deus nos disse em sua Palavra.

Quinta

O Criador Amoroso

"Os céus manifestam a glória de Deus e o firmamento anuncia a obra das suas mãos."
Salmos 19.1

O salmista Davi constantemente exclamava sobre a bondade e a majestade do seu Criador, muito antes dos cientistas modernos começarem a entender o planeta extraordinário em que vivemos.

Mesmo hoje, a ciência apenas deu alguns arranhões na superfície da Terra, com o intuito de desvendar os seus mistérios. No entanto, aqui estão alguns fatos interessantes que eles foram capazes de descobrir: A terra está situada a uma distância precisa do sol, de forma que a temperatura não é quente nem fria demais. Se a terra girasse apenas 364 vezes, em vez de 365, os dias e as noites seriam dez vezes mais longos, tornando a vida impossível. Se o eixo da terra fosse de 45 graus em vez de 23, o centro do planeta se tornaria tão quente que, novamente, a vida seria impossível. Vinte e um por cento da atmosfera da terra consiste em oxigênio — se fosse 50%, o mero acender de um fósforo faria o planeta incendiar-se. Mas se fosse apenas 1%, não poderíamos respirar.

É difícil imaginar que algumas pessoas que vivem neste planeta, que respiram o ar, alimentam-se da sua comida e bebem a sua água, ainda se recusam a acreditar que existe um Deus. Mas como Davi declarou muito tempo atrás: "Os céus manifestam a glória de Deus e o firmamento anuncia a obra das suas mãos" (Sl 19.1). Há alguém no comando deste mundo, um Criador amoroso que o fez e continua a sustentá-lo todos os dias.

Os seus problemas ou as circunstâncias da vida tem tornado difícil ver o seu Criador? Passe algum tempo do lado de fora para observar o céu, olhar as estrelas, as árvores, as flores à sua volta, e permita que o seu Pai amoroso lhe "manifeste a sua glória" de uma forma renovada.

GRAÇA PARA HOJE:

Por meio de cada flor, cada árvore, cada sopro de vento em nosso rosto, Deus está dizendo: "Amo você".

Sexta

Reivindicações Legítimas

Se você confia nas promessas de Deus e age de acordo com estas, o Senhor lhe dá o direito de reivindicá-las através da oração. Ele o convida a colocar-se ousadamente diante dEle em nome de Jesus, a pedir as suas bênçãos prometidas, e então crer e esperar que você as receberá. Este relacionamento só é possível porque, pela fé em Cristo, você não é um estranho que está vivendo debaixo da lei de Deus; você é um membro da sua família, que permanece em sua graça. O seu relacionamento com Deus é o mesmo de um filho ou uma filha do Rei, um morador de seu palácio, um herdeiro do seu Reino. Deus lhe concedeu, com bondade e amor, este privilégio que Ele comprou por um preço muito elevado na cruz.

O Senhor quer muito outorgar as suas bênçãos a você, mas Ele o criou com livre-arbítrio, e você deve tomar as atitudes necessárias para recebê-las. Tudo começa quando você confia nas promessas de Deus o suficiente para agir sobre elas. Por exemplo, a Bíblia diz que se viver para agradar ao Espírito Santo, você receberá, entre muitas outras bênçãos, a alegria (Gl 5.22,23). Se você é crente e não está experimentando uma sensação profunda e duradoura de alegria, comece colocando a sua confiança nesta promessa da Escritura. Memorize-a. Então aprenda como agradar ao Espírito. Visto que o único que foi capaz de fazer isto foi Jesus, estude a sua vida nos Evangelhos, observe as suas maneiras e imite-as. Cristo e o Espírito Santo o guiarão em um relacionamento correto com o Pai celestial, e é dentro deste relacionamento que você pode, com súplicas, lembrar a Deus de suas promessas e reivindicá-las com toda gratidão, humildade e respeito.

GRAÇA PARA HOJE:

Pela fé em Jesus Cristo, podemos nos tornar filhos do Rei.

"Cheguemos, pois, com confiança ao trono da graça [...]"

Hebreus 4.16

A Fórmula Correta

Por Dr. Charles Stanley

Quando a maioria de nós ora, acrescenta a expressão "em nome de Jesus" no final da oração. Para alguns, isto é um hábito; outros consideram que é uma expressão mágica que assegura uma resposta. Lemos João 14.14 e erroneamente decidimos que a única exigência para termos as nossas orações atendidas é dizer "em nome de Jesus". Isto é um engano. Pois existe outra exigência: precisamos estar nEle.

Orar em nome de Jesus é mais do que uma expressão que acrescentamos a uma oração, é o caráter da própria oração. Orar em nome de Jesus significa que estamos pedindo alguma coisa porque isto está de acordo com o que Jesus pediria se Ele estivesse nas nossas circunstâncias. Significa que a oração está de acordo com a natureza e o caráter dEle, com a vida que Ele vive em nós. Uma vez que reside em nós, Jesus não apenas deseja viver, mas também interceder por nosso intermédio.

Muitas vezes fazemos pedidos que podem parecer terrenos. Mas eles representam necessidades verdadeiras para nós, e Deus está disposto a atendê-los. Sejam necessidades espirituais ou materiais, pouca diferença faz para Ele; Ele é o nosso Pai amoroso, que se alegra em satisfazer as nossas carências. Mas antes de acrescentarmos "em nome de Jesus" ao final das nossas orações, devemos nos certificar de que tudo na oração está de acordo com o caráter dEle.[34]

PAI CELESTIAL: OFEREÇO-TE O MEU CORAÇÃO. ENCHA-O COM OS TEUS DESEJOS, AS TUAS PREOCUPAÇÕES E AS TUAS PRIORIDADES. MOSTRA-ME, PELA TUA GRAÇA, COMO ORAR DE ACORDO COM A TUA NATUREZA E A TUA VONTADE. EM NOME DE JESUS. AMÉM.

"Se vós estiverdes em mim, e as minhas palavras estiverem em vós, pedireis tudo o que quiserdes, e vos será feito."

João 15.7

O Amor que nos Liberta

"[...] não tinha parecer nem formosura [...] homem de dores, experimentado nos trabalhos [...]"
Isaías 53.2,3

O grande cirurgião plástico, Dr. Maxwell Maltz, certa vez conheceu uma mulher extremamente preocupada com seu marido. Ele fora terrivelmente desfigurado em uma tentativa malsucedida de salvar os pais em um incêndio. Não apenas ele havia perdido o pai e a mãe na tragédia, mas também o seu rosto e suas mãos estavam quase irreconhecíveis.

O homem desistiu da vida e isolou-se, planejando ficar recluso pelo resto de seus dias. Ele se recusava a ver qualquer pessoa, incluindo a esposa. Foi então que ela viajou para ver o Dr. Maltz com um pedido chocante: "Se o senhor desfigurar o meu rosto, doutor, talvez ele me aceite de volta em sua vida. Por favor, faça isto por mim. Eu o amo muito".

GRAÇA PARA HOJE:

O amor de Deus nunca falha. Ele nos liberta para que realmente vivamos.

Naturalmente, o Dr. Maltz não pôde atender ao pedido daquela mulher, mas se comoveu com o seu amor. Então foi até a casa do homem desfigurado e bateu à porta, que estava trancada. Não houve resposta. Ele chamou mais alto: "Sei que você está aí dentro"! Sou um cirurgião plástico e posso restaurar o seu rosto. Novamente não houve resposta. Então o Dr. Maltz disse ao homem: "Sua esposa o ama tanto que está disposta a desfigurar o próprio rosto para ficar com você. É quanto ela deseja ajudá-lo!" A maçaneta abriu-se lentamente, o homem desfigurado atravessou a porta e encontrou uma nova vida.

O amor tem a incrível habilidade de nos libertar. Jesus deu o exemplo deste tipo de amor quando ficou desfigurado por nossa causa, para nos libertar da desfiguração do nosso próprio pecado. Por causa dEle, fomos libertos para seguirmos uma nova vida de justiça e liberdade.

Terça

As Parábolas

"[Jesus] ensinava-lhes muitas coisas por parábolas [...]"

Marcos 4.2

Deus enriquece a experiência humana através de histórias que estão enraizadas em suas verdades. Grandes obras da literatura tais como *O Peregrino*, de John Bunyan, *Os Miseráveis*, de Victor Hugo, *O Senhor dos Anéis*, de J. R. R. Tolkien, e *As Crônicas de Narnia*, de C. S. Lewis, têm um poder duradouro de ensinar-nos sobre a fé e inspirar-nos para sobrevivermos. Estas e outras obras estão cheias da imagem mental bíblica. Temas bíblicos correm por elas como veios de ouro por entre montanhas escarpadas. São obras que nos deixam com a lembrança de personagens maravilhosos e atos motivadores de sacrifício próprio, compaixão e confiança em Deus, fazendo surgir dentro de nós um forte desejo de conhecer o Senhor, de ser justo e bom. Oh, como Deus nos abençoa maravilhosamente através de seu dom da imaginação! Certamente, seríamos mais pobres se jamais tivéssemos conhecido Christian, Jean Valjean, Aragorn e Aslan.

Jesus conhecia o poder de uma boa história. Ele dizia parábolas com freqüência, usando metáforas para ensinar importantes princípios a respeito do Pai e do Reino dos céus. Felizmente, Cristo explicou aos discípulos o significado que existe por trás de suas parábolas, para assegurar que as lições que estas alegorias contêm fossem claramente entendidas. Cristo poderia ter ensinado de uma maneira mais direta, mas Ele sabia que uma história inspirada pelo Espírito Santo tem uma notável habilidade de tocar o coração, bem como a mente, deixando uma impressão indelével.

GRAÇA PARA HOJE:

Deus permite-nos glorificar o seu nome por meio de dons criativos.

Desfrute as obras-primas da literatura cristã e também a ficção contemporânea recente que aponta para a Bíblia. Permita que Deus enriqueça a sua vida através destes escritos. E, o mais importante, passe um tempo lendo e estudando as parábolas de Jesus. Deus as usará ainda mais poderosamente para iluminá-lo e inspirá-lo, porque elas têm o peso considerável de ser diretamente a Palavra do Senhor.

O Solo de Piano

"Tive grande gozo e consolação da tua caridade, porque por ti [...] o coração dos santos foi reanimado."
Filemom 1.7

A habilidade de animar outros é um dom do Espírito Santo. Deus nos envia a sua graça através das palavras e ações edificantes do seu povo.

Uma igreja decidiu montar um evento com exibição de talentos a fim de levantar fundos para a obra missionária. Um membro disse a sua esposa que esta seria uma boa oportunidade para apresentar pela primeira vez uma música ao piano, a qual ele tinha composto muitos anos atrás. A música de louvor se tornara muito significativa para ele, que freqüentemente usava-a em seu período pessoal de adoração. Ele a podia tocar dormindo, mas assim mesmo ensaiou diligentemente. Estava nervoso por executar a música diante de uma platéia, porém queria partilhá-la com os outros irmãos.

No evento, ele tentou acalmar os nervos enquanto esperava a sua vez de se apresentar. Quando o seu nome foi anunciado, ele sentou-se ao piano, limpou a garganta e em poucas palavras relatou o que havia tentado expressar enquanto escrevia aquela música. Então começou a tocar.

As coisas iam bem a princípio, mas logo a sua autoconsciência começou a dominá-lo e ele se viu atrapalhado com as notas. Por fim, o homem ficou tão perturbado que perdeu-se na música e teve de parar. Ele desculpou-se e deixou o palco enquanto a platéia o aplaudia por seu esforço.

Ele estava decepcionado e frustrado consigo mesmo. Em casa, porém, sua esposa piedosa lembrou-o de quanto ele significava para ela, e de como o Senhor lhe dera dons de diversas formas. Ela lembrou-lhe, também, que o seu valor próprio não estava relacionado a ser capaz de tocar bem em frente das pessoas. Então ela o beijou e foi dormir.

De ânimo recuperado, ele sentou-se ao piano e tocou a música da forma que deveria ter sido tocada — como um momento íntimo de comunhão entre ele e o seu Pai celestial.

GRAÇA PARA HOJE:

Deus usa as palavras e ações de outras pessoas para nos animar e inspirar.

Quinta

Uma Segunda Oportunidade para Acertar

"Se confessarmos os nossos pecados, ele é fiel e justo para nos perdoar os pecados e nos purificar de toda injustiça."
1 João 1.9

Muitas pessoas que hoje são altamente bem-sucedidas poderiam, em algum momento, ter sido consideradas fracassadas. Mas sua perseverança fez com que prosseguissem e alcançassem resultados surpreendentes para a raça humana.

Jonas Salk tentou duzentas vacinas malsucedidas contra a pólio antes de finalmente produzir a que funcionou. Alguém posteriormente perguntou-lhe: "Como você se sente ao fracassar duzentas vezes tentando inventar uma vacina contra a pólio?" Ele respondeu, indignado: "Nunca fracassei em nada em minha vida! Minha família ensinou-me a nunca usar esta palavra. Simplesmente descobri duzentas maneiras de não fazer uma vacina contra a pólio".

Winston Churchill, o grande orador e líder da Grã-Bretanha durante um período turbulento da história, recebeu a seguinte pergunta: "O que o tornou mais preparado para liderar a Inglaterra no período da Segunda Guerra Mundial?" Sua resposta? "Foi a época em que repeti um ano na escola primária." Então o entrevistador fez-lhe outra pergunta: "Quer dizer que foi reprovado um ano?" Winston Churchill endireitou a postura e respondeu: "Nunca fui reprovado em minha vida. Recebi uma segunda oportunidade para acertar!"

Você não está feliz por Deus também nos ter dado uma "segunda chance para acertar"? Não importa quantas vezes sinta que falhou em relação a Deus, você sempre pode voltar-se para Ele, buscar perdão e tentar outra vez. A vida cristã não é algo que seja realizado da noite para o dia; é um processo de aprendizado e crescimento, seguindo a Jesus. E as falhas podem, às vezes, fazer parte do processo. Mas não desista. Saiba que, com a ajuda de Deus, o sucesso está bem perto de você.

GRAÇA PARA HOJE:

Deus nos dá uma "segunda chance" para acertarmos.

Marcos da História

Quando a vida fica difícil e a sua confiança em Deus é testada, ou quando você está prestes a dar um passo de fé em território desconhecido, o Senhor bondosamente o lembra das épocas no passado em que Ele mostrou-se absolutamente digno de toda a sua confiança. Se você continuar buscando ao Senhor e ficar atento a sua voz, Ele lhe trará à mente aqueles casos em que o ajudou a resistir à aflição, ou supriu as suas necessidades depois que você decidiu obedecer-lhe.

GRAÇA PARA HOJE:

Deus nos lembrará da sua absoluta fidelidade no passado, para nos encorajar a continuar confiando nEle no futuro.

As pessoas do Antigo Testamento costumavam levantar altares de pedra para honrar a Deus nos lugares onde Ele viera em seu auxílio. Hoje, muitos crentes mantêm registro de como Deus responde as suas orações. Outros fazem uma anotação nas margens de sua Bíblia sempre que o Senhor opera poderosamente em suas vidas. Alguns mais criativos compõem poemas, canções ou obras de arte para comemorar tais acontecimentos. Se você encontrar uma maneira de registrar como e quando Deus o abençoa, Ele usará isto poderosamente nos anos futuros para encorajá-lo a continuar vivendo na completa dependência dEle.

Esta bênção fluirá para os seus filhos e para as gerações seguintes, se você fielmente registrar as marcas da graça de Deus sobre a sua vida, preservando-as para a posteridade. Após Josué ter conduzido os israelitas na travessia do rio Jordão para entrar na Terra Prometida, Deus mandou que ele pegasse doze pedras do meio do leito seco do rio e as erigisse como um memorial. O Senhor pretendia usar esta pilha de pedras para beneficiar outros no futuro. Quando os filhos e netos dos israelitas perguntassem sobre o seu significado, seriam informados de como o Senhor fizera o rio parar de fluir miraculosamente, e se sentiriam inspirados a depositar nEle a sua confiança.

“Então, tomou Samuel uma pedra, e a pôs entre Mispa e Sem, e chamou o seu nome Ebenézer, e disse: Até aqui nos ajudou o Senhor.”

1 Samuel 7.12

A Satisfação com o Pouco

Por John MacArthur Jr.

As nossas necessidades como seres humanos são simples: alimento, roupa, abrigo e bondade com contentamento. As Escrituras dizem que devemos estar contentes por termos supridas as necessidades básicas da vida.

Esta atitude está em contraste marcante com a nossa cultura. As pessoas não estão satisfeitas, seja com pouco ou muito. A minha teoria é que quanto mais as pessoas têm, mais descontentes são inclinadas a estar. Tipicamente, as pessoas mais infelizes que você vier a conhecer serão as mais ricas. Elas parecem crer que suas necessidades nunca podem ser supridas. Diferentemente de Paulo, elas presumem que os seus desejos são necessidades. Elas têm seguido a orientação da nossa cultura materialista ao redefinir as necessidades humanas.

Você nunca irá se deparar com um comercial ou anúncio que lhe diga para comer comida, beber água ou ir dormir. A mídia faz propaganda de itens que são muito mais opcionais e sem restrições, mas você jamais saberia disso a partir da conversa fiada de vendas. O apelo não é: "Você não gostaria de ter isto?", mas "Você precisa disto!" Se você se deixar levar por tais apelos sem pensar, concluirá que precisa de coisas que nem mesmo quer! O objetivo deste tipo de propaganda é produzir descontentamento e fazer uma venda.

Para se proteger, preste muita atenção sempre que ligar a palavra "precisar" a algo em seus pensamentos ou discurso. Rejeite qualquer uso desta palavra que vá além das coisas essenciais da vida. Paulo fez isto, e você também o pode fazer. Considere, com gratidão, qualquer excedente como uma bênção de Deus. Você ficará satisfeito com pouco quando se recusar a depender dos luxos que o mundo redefine como necessidades.[35]

PAI CELESTIAL: OBRIGADO POR PROVERES TUDO O QUE PRECISO. CONCEDE-ME A TUA SABEDORIA PARA SEPARAR AS MINHAS NECESSIDADES DAS COISAS QUE DESEJO E BUSCO, E QUE EU TENHA UMA VIDA DE CONTENTAMENTO E GRATIDÃO. AMÉM.

"[...] já aprendi a contentar-me com o que tenho. Sei estar abatido e sei também ter abundância; em toda a maneira e em todas as coisas, estou instruído, tanto a ter fartura como a ter fome, tanto a ter abundância como a padecer necessidade."

Filipenses 4.11,12

Ouça Primeiro — Pergunte Depois

"[...] todo o homem seja pronto para ouvir, tardio para falar, tardio para se irar."
Tiago 1.19

Um dos desenhos "Far Side", de Gary Larson, mostra um homem barbado que está de pé na porta da frente de sua casa. Ele está molhado, pingando, e suas roupas estão em frangalhos. Sua esposa abre a porta, e no diálogo do desenho ela diz ao homem barbado: "Pelo amor de Deus, Jonas! Três dias atrasado, coberto de lodo, e cheirando a peixe. Que história tenho de engolir desta vez?"

Embora o desenho seja divertido porque sabemos o resto da história, muitas vezes somos parecidos como a mulher de Jonas. Tiramos conclusões precipitadas, fazendo todo tipo de suposição sobre as pessoas sem antes ouvi-las. O rei Salomão, indiscutivelmente o homem mais sábio que andou sobre a terra (com exceção do Senhor Jesus, que era Deus e homem), tinha muito a dizer sobre termos cuidado com as palavras: "A resposta branda desvia o furor, mas a palavra dura suscita a ira" (Pv 15.1), "O homem avisado encobre o conhecimento, mas o coração dos tolos proclama a estultícia" (12.23), e "Os lábios do justo sabem o que agrada [...]" (10.32) Mas talvez Tiago pudesse dar à mulher de Jonas o melhor conselho de todos: "[...] seja pronto para ouvir, tardio para falar, tardio para se irar" (Tg 1.19).

GRAÇA PARA HOJE:

Deus nunca faz suposições sobre nós. Ele sempre sabe o que está em nosso coração.

E você? Você é como a mulher de Jonas no desenho? Ou é mais como o "homem prudente", que tem cuidado com as suas palavras e procura ouvir o que os outros têm a dizer antes de tirar conclusões precipitadas? Jonas tinha um motivo muito bom para aparecer do jeito que estava — ele só precisava de uma chance para explicar!

TERÇA

PERECÍVEIS

"Mas ajuntai tesouros no céu,
onde nem a traça nem a ferrugem consomem [...]"
Mateus 6.20

Realmente existem coisas tais como bênçãos escondidas, ou bênçãos disfarçadas. Veja quantas você consegue identificar no próximo parágrafo.

Enquanto John abotoa apressadamente as mangas da sua camisa, vê que a borda de um punho está começando a desgastar-se. Ele se senta na cama para calçar os sapatos, que parecem um pouco arranhados. Uma parte do cadarço arrebenta quando ele o puxa para amarrar. Sua esposa se oferece para trocá-lo — enquanto ele põe a gravata — para que ele não chegue atrasado ao trabalho. Ele escolhe uma gravata bonita; está um pouco desbotada, mas irá servir. No caminho para a cozinha, John quase tropeça em um caminhão de brinquedo quebrado, que foi deixado ao pé da escada. A luz da geladeira está queimada. John apanha o leite e o derrama na pia depois de verificar a data de validade vencida. Pegando um pouco de suco de laranja e um pãozinho, ele apanha a sua maleta gasta, grita despedindo-se e sai para a garagem. Com as mãos cheias, ele luta para abrir a porta do carro, que está mostrando um pouco de ferrugem. Finalmente, John sai pela rua, mas não antes de notar uma pequena trinca em seu pára-brisas.

GRAÇA PARA HOJE:

Deus usa as coisas perecíveis deste mundo para lembrar-nos do tesouro permanente que teremos no porvir.

Talvez você veja as bênçãos facilmente. Algumas podem parecer muito óbvias: John está vivo; tem uma esposa, um filho, um teto sobre a sua cabeça, uma cama para dormir, roupas em seu armário, aparelhos modernos, comida para comer, um carro, um emprego. No entanto, como John, você pode não reconhecer uma das maiores bênçãos escondidas da vida. Por causa da graça de Deus, todo sinal de dano e desgaste com que você se depara todos os dias pode servir como um pequeno lembrete de que no céu uma herança que nunca perecerá o aguarda, um tesouro eterno que de longe ultrapassa as coisas passageiras deste mundo.

Quarta

Pontos Focais

"[...] corramos, com paciência, a carreira que nos está proposta, olhando para Jesus [...] o qual, pelo gozo que lhe estava proposto, suportou a cruz [...]"

Hebreus 12.1,2

Quando um casal freqüenta um curso Lamaze antes do nascimento de seu bebê, uma das técnicas que lhe são ensinadas é levar um objeto especial para a sala de parto e usá-lo como um ponto focal. Concentrar-se atentamente neste objeto em cada contração de parto ajuda a mãe a desviar a atenção da dor para melhor suportá-la. Muitos casais escolhem um bichinho de pelúcia ou um brinquedo de criança para simbolizar a alegria que o seu novo bebê trará. Naturalmente, esta técnica não traz um alívio completo — longe disso — mas tentar não pensar na dor ajuda um pouco, e concentrar-se na felicidade que logo virá proporciona uma inspiração, uma razão para perseverar durante o sofrimento. Depois disso, quando os pais se regozijam com o seu lindo bebê, a dor é rapidamente esquecida, e as palavras de João 16.21 mais uma vez se mostram verdadeiras.

Deus lhe concede dois excelentes pontos focais para ajudá-lo durante as suas provações como crente. Primeiro, Ele o encoraja a fixar os olhos em Jesus. Tire a sua mente do próprio sofrimento considerando o que Cristo sofreu por sua causa. Concentre-se em seus ensinos sobre como viver uma vida cristã apesar da dificuldade e da dor. Concentre-se em seu exemplo de como humilhar-se diante dos outros, oferecer a outra face e perdoar aqueles que o ferem.

Segundo, Deus o convida a fazer como Jesus fez, a olhar fixamente para a promessa do céu. Deus colocou esta alegria diante de Cristo, e ela o acompanhou durante a sua provação. Ele coloca esta mesma alegria diante de você, sabendo que esta o ajudará também. Moisés conhecia e praticava esta técnica, como também fazia o apóstolo Paulo. Ambos mantinham os olhos totalmente focalizados em sua recompensa eterna no paraíso, onde a alegria elimina toda a lembrança de dor.

GRAÇA PARA HOJE:

Deus coloca a alegria do céu diante de nós para que suportemos todas as nossas aflições.

Quinta

Enfrentando a Montanha

"[Disse Jesus:] qualquer que disser a este monte: Ergue-te e lança-te no mar, e não duvidar em seu coração, mas crer que se fará aquilo que diz, tudo o que disser lhe será feito."

Marcos 11.23

Sir Edmund Hillary foi a primeira pessoa a conquistar o Everest, o primeiro homem a colocar a sua bandeira no pico do monte. O que não é freqüentemente dito, porém, é que ele fracassou à primeira vez que tentou escalar a montanha.

Não muito tempo depois do primeiro fracasso, ele foi condecorado pela Rainha da Inglaterra, e, naquela ocasião de gala, bem ali na parede atrás da mesa, estava uma imensa fotografia do monte Everest. Quando Hillary foi apresentado, as pessoas o aclamaram de pé por ter simplesmente ousado tentar a escalada traiçoeira. Quando finalmente pararam de aplaudir, porém, Hillary virou as costas para o público, encarou a fotografia da extraordinária montanha, e em voz alta declarou: "Monte Everest, você me derrotou uma vez, e poderá me derrotar outra vez. Mas irei voltar várias vezes e vencerei, porque você, Monte Everest, não pode ficar maior do que é, e eu posso!"

Que atitude! Que perseverança! Em última análise, foi esta atitude que levou Hillary a ficar de pé no topo da montanha conquistada.

Que montanha você está enfrentando hoje? Que fracasso o fez pensar que jamais poderia ter êxito? Volte-se para a sua montanha, e com fé em Deus e na habilidade dEle de ajudá-lo a vencer qualquer desafio, declare: "Você não pode ficar maior do que é, montanha, mas a minha fé pode!" Com Deus, todas as coisas são possíveis (ver Mc 10.27), e a sua montanha pode ser removida e lançada ao mar, se você perseverar.

GRAÇA PARA HOJE:

Com Deus todas as coisas são possíveis — inclusive conquistar a montanha que você está enfrentando.

Deus Concede a Vitória

Quando os israelitas clamaram a Deus pedindo livramento de seus inimigos, o Senhor convocou Gideão para liderar o povo e prometeu-lhe a vitória. Compreensivelmente, Gideão relutou um pouco em acreditar nesta promessa — a sua tribo era a mais fraca de Israel. Assim, ele pediu a Deus um sinal. Deus concordou, mas Gideão continuou hesitante e pediu outro sinal, para ter certeza de que o seu entendimento estava correto. Deus concedeu este sinal e disse a Gideão para prosseguir!

Gideão levantou um exército poderoso e logo sentiu-se confiante de que os israelitas seriam bem-sucedidos. No entanto, Deus não queria qualquer dúvida sobre quem concederia a vitória. Assim, Ele instruiu Gideão a enviar 70% dos seus homens para casa, reduzindo o número para trezentos. Quando Gideão derrotou o inimigo, os israelitas entenderam claramente que o Senhor havia concedido a vitória.

GRAÇA PARA HOJE:

Quando andamos com Deus, Ele nos dá a vitória sobre todos os obstáculos.

É comum Deus conceder-lhe a vitória somente quando você esgotou todos os seus próprios recursos. Como no caso dos israelitas, Ele quer que você confie no poder da graça dEle para vencer — não em sua própria força. Fazer isto requer fé e disposição para seguir tudo que Ele ordenar. Você terá de confiar em um poder maior que o seu próprio, e crer no amor e na proteção de Cristo.

A vitória vem de andar com Deus diariamente. A oração e o estudo da Palavra de Deus nos fortalecem contra os ataques do inimigo e permitem que Deus derrame a sua graça em nossa vida. Quando você confia em Deus e permanece em sua graça, Ele lhe dá a confiança e a esperança para superar qualquer situação.

"[...] o Senhor, vosso Deus, é o que vai convosco, a pelejar contra os vossos inimigos, para salvar-vos."

Deuteronômio 20.4

O Deus da Graça

Por Luis Palau

Em meu ministério, tenho aconselhado muitas pessoas entediadas com certos aspectos de suas vidas — emprego, cônjuge, férias, amigos, casa, etc. Freqüentemente elas parecem ter ótimos empregos, famílias perfeitas, vidas sociais ativas, e boas casas. Contudo, interiormente, mal podem suportar o seu estado de tédio.

Também passei esta experiência em minha vida. Um dos períodos mais tediosos ocorreu quando trabalhei para o Banco de Londres, na Argentina. Em parte por falar inglês e espanhol, tive grandes oportunidades de progredir. Contudo, apesar do que parecia ser um ótimo trabalho, eu estava morrendo de tédio por causa da rotina.

Como as pessoas podem experimentar tal sentimento quando suas vidas parecem ir muito bem? Há uma solução para o problema do tédio? Acho que o Dr. Harold Dodds entende este problema muito bem, quando diz: "Não é o ritmo agitado da vida moderna que mata, mas o tédio, a falta de um interesse forte, a falha em crescer, é que destrói. É a sensação de nada valer a pena que torna os homens doentes e infelizes".

Deus não quer que vivamos uma vida desinteressante. Ele tem planos emocionantes para nós! Ele quer que vivamos a vida em sua plenitude. Esta é uma parte da graça de Deus.

Quando procurarmos agradar a Deus e andarmos de acordo com a sua vontade, não ficaremos entediados. Viveremos uma vida plena. Podemos crer na promessa de Deus.[36]

PAI AMADO: CREIO QUE TU TENS UM PLANO EMOCIONANTE PARA A MINHA VIDA, UM PLANO MAIS MARAVILHOSO DO QUE QUALQUER COISA QUE EU POSSA IMAGINAR. PEÇO QUE TIRES O MEU TÉDIO E ME DÊS O TEU ENTUSIASMO. MOSTRA-ME COMO VIVER COM DEDICAÇÃO. AMÉM.

"Porque eu bem sei os pensamentos que penso de vós, diz o Senhor; pensamentos de paz e não de mal, para vos dar o fim que esperais."
Jeremias 29.11

Uma Boa Palavra

"Em tudo dai graças, porque esta é a vontade de Deus em Cristo Jesus para convosco."
1 Tessalonicenses 5.18

No auge de sua carreira, Mark Twain ganhava cinco dólares por palavra pelos artigos de revista que escrevia. Um de seus críticos mandou-lhe uma nota de cinco dólares em um envelope, juntamente com um bilhete, que dizia: "Caro Dr. Twain. Por favor envie-me uma boa palavra".

Em uma folha de papel, Mark Twain respondeu: "Obrigado!"

GRAÇA PARA HOJE: Quando oferecemos a Deus o nosso coração agradecido, Ele dá sentido e propósito até mesmo aos minutos e horas mais difíceis da nossa vida.

A palavra "obrigado" é uma boa palavra, porque ser grato ajuda-nos a nos mantermos ligados às pessoas e coisas boas da vida, a reconhecê-las e apreciá-las por quem e pelo que são. Quando dizemos "obrigado", reconhecemos que não podemos fazer tudo sozinhos. Somos dependentes de outras pessoas, e isto não é uma coisa ruim! É a maneira como Deus nos fez.

"Obrigado" também é uma boa palavra porque ser grato abre o caminho para a felicidade — e para Deus. Uma jovem mulher contraiu uma doença que a deixou paralisada e quase sem voz. Um dia uma assistente social insensível perguntou-lhe se ela não iria morrer logo. Com um rosto radiante que brilhava de felicidade, a jovem sussurrou de sua cadeira de rodas: — Eu não perderia estar viva por nada. Agradeço a Deus por cada minuto, até mesmo pelos mais difíceis.

Seja grato hoje pelas bênçãos que Deus colocou em sua vida: família, amigos, abrigo, roupas, trabalho produtivo, alegria nas pequenas coisas, e até mesmo pelas lutas que o aproximam dEle. Se você quiser dar a alguém uma boa palavra hoje, diga: "Obrigado".

Terça

Um Amigo Verdadeiro até o Fim

"O óleo e o perfume alegram o coração; assim a doença do amigo, com o conselho cordial."
Provérbios 27.9

Não há nada parecido com o sentimento de ter um amigo íntimo que sempre está ao seu lado. Alguém com quem você pode partilhar os detalhes mais reservados da sua vida e saber que ele irá ouvi-lo e entendê-lo. Alguém de quem você pode depender para obter bons conselhos e apoio no amor e na graça de Deus. Alguém de quem Provérbios 18.24 diz: "[...] há amigo mais chegado do que um irmão".

Na Bíblia Sagrada, Davi e Jônatas eram indivíduos que não tinham nenhuma possibilidade de compartilhar este tipo de amizade. Davi era um jovem pastor de ovelhas que fora ungido por Deus para assumir o trono de Israel. Jônatas era o filho do rei e estava na linha de sucessão. No entanto, ambos colocaram de lado qualquer sentimento de ciúme que viesse existir neles e formaram um laço de amizade que durou por toda a vida.

GRAÇA PARA HOJE:

Deus nos dá coragem para revelarmos a nossa verdadeira personalidade a Ele e aos outros.

Mesmo quando a situação ficou difícil entre Davi e o rei Saul, Jônatas permaneceu amigo de Davi. Ele confiou na vontade do Senhor e teve a coragem de permanecer leal, ainda que sua amizade com Davi criasse tensão em seu próprio relacionamento com o pai. Embora soubesse que ele e Davi tomariam caminhos diferentes, Jônatas comprometeu-se a ser amigo de Davi para sempre.

Revelar a sua verdadeira personalidade a alguém, partilhar a sua vida com outros, é algo que requer muita coragem. Contudo, ao abrir-se com outras pessoas, você permite que Deus o encha com a sua graça e experimenta o seu amor. E assim, quando os outros experimentam provações em suas vidas, você também permite que Deus o use como um meio de estender a sua graça diretamente a eles.

Quarta

Creia antes de Ver

"Disse-lhe Jesus: Porque me viste, Tomé, creste; bem-aventurados os que não viram e creram!"
João 20.29

Por séculos, a humanidade tem procurado evidências da existência de Deus. Na verdade, artefatos bíblicos estão entre os tesouros mais procurados por antropólogos e historiadores. Parece haver uma crença de que, se puderem encontrar uma relíquia ou talvez alguma evidência de uma cidade bíblica antiga, todas as suas dúvidas serão dissipadas e eles poderão crer verdadeiramente.

Mas a história nos mostrou que a descoberta de tais objetos históricos não aumenta a fé. Antes, ela simplesmente levanta mais perguntas. A verdade de que Deus é real não pode ser provada pelos trabalhos científicos mais recentes. Ela deve ser experimentada. Deus é mais do que um fato; Ele é um Deus pessoal, que se revela a nós em um nível pessoal.

Precioso amigo, saiba que Deus é real. Ele é real para aqueles que vão a Ele pela fé. Ele é real para aqueles que confiam nEle suficientemente, crendo no que Ele diz, em vez de crerem naquilo que vêem. O mundo incrédulo nos diz que é ver para crer. Mas com Deus, devemos crer antes de ver.

Algum dia, alguém poderá realmente localizar a arca de Noé na face gelada do monte Ararate. Pode aparecer alguém com evidências convincentes de que o Sudário de Turim foi envolvido no corpo do nosso Salvador. Mas estas coisas ainda serão conjecturas. Por enquanto, a única prova da existência real de Deus é a nossa vida transformada pela fé no Senhor vivo.

GRAÇA PARA HOJE:

Deus nos deu a sua presença viva em nosso coração como prova eterna de que Ele existe.

Quinta

Vejo-me em Você

"Ora, vós sois o corpo de Cristo e seus membros em particular."
1 Coríntios 12.27

Há uma antiga história rabínica em que o rabino pergunta:

— Filhos, como podemos determinar o momento do amanhecer, quando a noite termina e o dia começa?

Uma pessoa responde:

— Quando vejo a diferença entre um cachorro e uma ovelha?

— Não — responde o rabino.

— É quando consigo ver a diferença entre uma figueira e uma videira? — pergunta outra pessoa.

— Não.

— Por favor, diga-nos a resposta — pedem os estudantes.

O velho rabino responde:

— Você sabe que a noite finda e o dia começa quando olhar para o rosto de qualquer ser humano e tem luz suficiente para reconhecê-lo como seu irmão ou sua irmã. Quando você pode dizer: "Vejo a mim mesmo em você". Até este momento é noite, e a escuridão ainda está conosco.

"Vejo a mim mesmo em você". Que palavras importantes para os filhos de Deus aprenderem! Paulo escreveu que, como crentes, todos nós, juntos, fazemos parte do corpo de Cristo, o que significa que se um de nós machucar o dedo do pé, os outros sentirão a dor juntamente com ele. Não é de admirar que Paulo também tenha escrito: "Alegrai-vos com os que se alegram e chorai com os que choram. Sede unânimes entre vós [...]" (Rm 12.15,16) Quando os seus irmãos e irmãs em Cristo se entristecerem ou se alegrarem, partilhe os problemas e as alegrias com eles — e eles farão o mesmo por você. Veja a si mesmos nos outros — e então você saberá que a noite terminou e a manhã chegou.

GRAÇA PARA HOJE:

**Através da nossa fé em Jesus,
Deus nos tornou parte do corpo de Cristo.**

Sexta

Aqueles Parentes Graciosos

Olhando para trás, Elaine podia lembrar-se de momentos em sua vida quando sua família simplesmente a deixava maluca. Seu pai era teimoso e gostava de fazer piada a seu respeito. A mãe era superprotetora e tendia a importuná-la pelas mínimas coisas. Suas irmãs podiam falar por horas sobre os assuntos mais irrelevantes. E então havia sua tia May, que gostava de aparecer de surpresa, juntamente com seus quatro gatos.

Crescendo, Elaine freqüentemente ansiava pelo dia em que sairia de casa a fim de ir para a faculdade e ganhar a sua independência. Contudo, após viver um ano sozinha, ela percebeu que sentia falta de algumas pequenas coisas que costumavam irritá-la. Tinha saudade dos debates animados que travava com o pai, da sua sagacidade e rapidez de raciocínio. Sentia falta de ter por perto uma pessoa como a sua mãe, que estava verdadeiramente preocupada com o seu bem-estar. Sentia falta das longas conversas com suas irmãs e da oportunidade de estar envolvida em suas vidas. Ela até mesmo sentia falta da tia May — mas não da reação alérgica que tinha aos gatos.

Graça para hoje:

Através da família, Deus nos anima em momentos difíceis e nos fala a verdade quando temos problemas para ouvir a sua voz.

Mas não importava quanto estivesse longe da família, ela sabia que sempre teria um lugar em seus corações. Ele podia contar com eles quando precisasse de estímulo e motivação para atravessar momentos difíceis. Ela também podia saber que eles lhe diriam a verdade sobre uma situação, ainda que ela não quisesse ouvir.

Foi preciso um tempo fora de casa para Elaine perceber que a sua família era um presente que Deus lhe dera através de sua graça. Quando pegava o telefone para falar com eles, ela agradecia a Deus pela incrível influência que eles tinham sido em sua vida.

"Coroa dos velhos são os filhos dos filhos;
e a glória dos filhos são seus pais."

Provérbios 17.6

Podemos Crer nas Promessas de Deus

Por Luis Palau

A morte e a ressurreição de Jesus Cristo são a nossa garantia de que Deus é fiel, ouve as nossas orações, e que todas as suas promessas são verdadeiras. Paulo explicou isto claramente aos coríntios, porque se eles tinham qualquer dúvida sobre a sua integridade como mensageiro de Deus, provavelmente também duvidavam da mensagem de Deus.

Tenho um palpite de que muitos crentes hoje, como os coríntios, ocasionalmente têm dificuldade para crer nas promessas de Deus. Oh, as promessas soam bem! Às vezes, até nos animam. Contudo, acho que muitos de nós têm, pelo menos inconscientemente, questionado se Deus é fiel em cumprir as suas promessas. Às vezes nos surpreendemos pensando: *As promessas de Deus são realmente verdadeiras?*

Nenhuma das promessas de Deus jamais falhou! O grande evangelista D. L. Moody confiantemente disse: "Deus nunca fez uma promessa que fosse boa demais para ser verdade". Pense nisto! Não é de admirar que Jesus tenha dito para não nos preocuparmos com o dia de amanhã (Mt 6.25). Deus não nos criou para sermos auto-suficientes. Ele nos criou para dependermos dEle. Não temos de sair correndo por aí tentando resolver todos os nossos problemas e aflições em trinta segundos. Não temos de esgotar todas as nossas opções humanas para resolver problemas e depois buscarmos a Deus como o último recurso. Toda tribulação que enfrentamos é uma oportunidade para Deus demonstrar a fidelidade amorosa que Ele tem por nós.

Deus foi fiel para o seu povo no passado e promete ser fiel no futuro. Assim, não temos necessidade de nos preocuparmos. Podemos descansar tranqüilos sabendo que Deus é fiel para cumprir cada promessa que reivindicarmos em nome de Jesus.[37]

PAI CELESTIAL: ENSINA-ME A OLHAR PARA AS MINHAS AFLIÇÕES COMO OPORTUNIDADES DE VER A TUA GRAÇA E A TUA FIDELIDADE DERRAMADAS EM MINHA VIDA. A PARTIR DE HOJE, TROCAREI CADA PREOCUPAÇÃO POR UMA DAS TUAS BONDOSAS PROMESSAS. AMÉM.

"Fiel é Deus, pelo qual fostes chamados para a comunhão de seu Filho Jesus Cristo, nosso Senhor."

1 Coríntios 1.9

O que não me Matar...

"Mas os que esperam no Senhor renovarão as suas forças [...]"
Isaías 40.31

Fizeram-se várias experiências durante os vôos espaciais para se testar os efeitos da falta de gravidade no processo de envelhecimento. Tanto formigas operárias quanto abelhas foram usadas nos estudos, e descobriu-se que ambas as espécies envelheceram e morreram mais rapidamente em um ambiente sem gravidade. Parece que elas precisavam da atração da gravidade para fazerem seus corpos funcionarem e manterem a sua vitalidade física.

Esta é uma grande parábola para nós, humanos! Se as coisas forem fáceis demais, enfraqueceremos. Todos entendem que é o peso na barra que desenvolve o músculo de quem se exercita. Todos precisamos de algum nível de dificuldade para nos mantermos fortes. É a consciência deste fato, porém, que pode nos dar uma perspectiva inteiramente nova.

"Este foi o período de maior crescimento em minha vida!" Disse um homem certa vez, referindo-se ao fato de que perdera o seu emprego havia seis meses, e dois meses mais tarde um câncer foi diagnosticado em sua esposa.

Não se desespere com a luta que você enfrenta. Com a atitude certa, os problemas e as tragédias podem se tornar os nossos professores, não os nossos inimigos. Sem eles, os nossos "músculos" espirituais ficariam fracos e flácidos. Alguém disse certa vez, gracejando: "O que não me matar me deixará mais forte". Podemos achar graça nesta declaração, mas de muitas maneiras ela está correta. Você se surpreenderá com a força que demonstrará nos momentos de maior dificuldade!

GRAÇA PARA HOJE:

A graça de Deus permite que os nossos problemas se tornem os nossos professores, em vez de nossos inimigos.

Terça

Tirando o Máximo Proveito da Vida

"[...] tudo o que é verdadeiro, tudo o que é honesto, tudo o que é justo, tudo o que é puro [...] se há algum louvor, nisso pensai."
Filipenses 4.8

"A vida é o que você faz dela." Esta frase e suas variantes são um slogan, e pesquisas recentes parecem apoiar tal afirmação. As pessoas que escolhem ver os acontecimentos da vida de maneira positiva, que esperam resultados favoráveis e extraem lições das circunstâncias negativas, tendem a ser mais felizes, mais amáveis, perdoadoras, confiáveis, sociáveis e prestativas em relação aos outros.

De acordo com um estudo feito em 2001 pela Associação Psicológica Americana, as pessoas competidoras também têm uma boa auto-estima e a habilidade de ver coisas positivas em suas vidas. Elas têm uma boa rede de amizades e pelo menos alguns bem chegados com quem podem partilhar detalhes íntimos. Elas se sentem bem com seus trabalhos e acreditam ser eficientes nas atividades que escolheram. Além disso, consideram a sua fé como a influência mais importante em sua vida.

Quando você permitir que Deus seja o seu alicerce e concentrar-se em servi-lo, Ele lhe dará a satisfação pela sua graça. Ele revelará quanto o ama e valoriza, e edificará a sua auto-estima. Quando se concentrar na graça de Deus e compreender as bênçãos que Ele proporciona, você terá uma nova esperança e um novo otimismo para o futuro. Com o foco voltado para outras pessoas, você entenderá a alegria de amar o próximo e de partilhar com ele. Você descobrirá os dons que Deus lhe deu e procurará usá-los para a glória dEle — e Ele abençoará o que quer que você faça.

Graça para hoje:

Quando concentramos a nossa vida em Deus, Ele nos dá o dom da verdadeira satisfação.

Se a vida é verdadeiramente "o que você faz dela", escolha torná-la uma vida boa. Aprenda a confiar na graça de Deus e em sua provisão, e sempre deposite a sua fé nEle.

Quarta

Alguém Está com Sede?

"Como o cervo brama pelas correntes das águas,
assim suspira a minha alma por ti, ó Deus!"
Salmos 42.1

Poucos de nós entendem o que é estar realmente com sede. A água nos é abundante e acessível quase em todo o tempo. Mas em alguns lugares no mundo, as pessoas sofrem de sede diariamente. Elas sabem o que é andar quilômetros por estradas empoeiradas a fim de conseguir a única coisa que acabará com a sua ânsia. Elas sabem o que é carregar de volta o líquido precioso em suas cabeças e ombros, cuidadosas para que não caia nenhuma gota. Embora freqüentemente não demos a devida importância a isto, a água é a vida em si. Sem ela, só há morte.

Deus quer que o busquemos como buscaríamos a água — como se não pudéssemos viver sem Ele. Ele quer que o consideremos como a nossa própria vida. E quando sentimos que estamos ficando sedentos espiritualmente, Ele deseja que busquemos até encontrarmos a água viva que nos satisfará.

Você entende, no âmbito espiritual este mundo é um deserto seco e estéril. Ele não pode nos sustentar — só Deus pode manter o nosso espírito vivo e bem. Mas Deus nos deixou fontes de água maravilhosa para saciar-nos a sede espiritual. Ele nos deu a Bíblia Sagrada — de onde podemos beber da sua bondade e misericórdia — e uma comunhão vital com a "água viva" — Jesus Cristo — através da oração e do louvor. E como se estas bênçãos tão grandes não fossem bastantes, Ele também nos deu a água da comunhão cristã, e a sua presença maravilhosa que sacia a sede.

GRAÇA PARA HOJE:

Deus nos concedeu a vida — Ele deu água às nossas almas sedentas.

Quinta

Alguém sempre se Esquece

"E, respondendo o Rei [...] quando o fizestes a um destes meus pequeninos irmãos, a mim o fizestes."

Mateus 25.40

Halford Luccock contou certa vez sobre um jovem que vivia e trabalhava em um ambiente muito difícil. Ele tentava manter a fé mesmo quando as pessoas eram-lhe cruéis. Como não o apreciavam por causa de suas opiniões religiosas, as pessoas freqüentemente zombavam dele e sempre o desafiavam, tanto a ele quanto o seu compromisso.

Um dia uma pessoa particularmente abusiva gritou: "Seu bobo! Não vê que se houvesse um Deus que se importasse com você, Ele mandaria alguém para lhe dar o que você precisa — comida decente, a sua própria cama, pelo menos uma chance de ser bem-sucedido?"

O jovem calmamente respondeu ao insulto do homem: "Creio que Deus realmente o diga a alguém. Mas alguém sempre se esquece".

Deus realmente diz a alguém — aos crentes, a seus filhos, a sua igreja — para alimentar o faminto, vestir o que está nu, dar abrigo ao sem teto, visitar as viúvas, dar atenção aos presos... Deus realmente o diz a alguém. Mas este "alguém" freqüentemente se esquece.

Jesus Cristo promete abençoar aqueles que obedecem aos seus mandamentos, sendo as suas mãos e os seus pés neste mundo perdido, faminto e solitário. Ele chega até a dizer que, quando demonstramos bondade a "um destes pequeninos irmãos", demonstramos bondade a Ele próprio! (ver Mt 25.31-46)

Não "esqueça" as necessidades das pessoas que estão ao seu redor. Quando as servir, você estará servindo a Jesus, e Ele ama abençoar aqueles que generosamente dão de si mesmos aos outros.

GRAÇA PARA HOJE:

Deus promete grandes bênçãos àqueles que estão dispostos a tornar-se as suas mãos e os seus pés.

Uma Esperança Segura

As pessoas usam a palavra "esperança" para expressar algum tipo de desejo que gostariam que acontecesse. Este desejo pode ser uma aspiração para um futuro imediato, como na frase: "Espero que você tenha se lembrado de comprar comida para o jantar", ou pode descrever um sentimento mais geral sobre o futuro, como: "Estou esperançoso por você, agora que se formou". A esperança pode, ainda, representar o objeto central das expectativas, como: "Você é a maior esperança do time para ganhar o troféu".

Embora estes usos da palavra "esperança" incorpore alguma forma de perspectiva positiva para o futuro, cada um também sugere um grau de incerteza por parte daqueles que falam. Afinal, pode-se ter alguma dúvida de que a pessoa irá lembrar-se de comprar comida, de que o futuro irá realmente melhorar agora que a pessoa se formou, e também não se pode ter certeza absoluta de que a pessoa será suficientemente boa para ganhar o troféu para o time.

Estes não são o caso em que os autores bíblicos se referem à "esperança". O texto de 1 Pedro 1.13: "[...] esperai inteiramente na graça que se vos ofereceu na revelação de Jesus Cristo" quer dizer que, quando esperamos em Cristo, não só desejamos que boas coisas aconteçam no futuro (como, por exemplo, que a graça de Deus venha sobre nós), mas também esperamos que estas bênçãos se realizem.

A partir do momento em que crê na graça de Deus, aceita o seu amor e coloca a sua esperança nEle, você pode esperar que Ele irá permanecer fielmente ao seu lado por toda a vida. Confie nas promessas contidas em sua Palavra e descanse no conhecimento de que Ele o manterá seguro em seus braços amorosos.

GRAÇA PARA HOJE:

Quando depositamos a nossa esperança em Cristo, podemos confiar nEle e em suas promessas.

"Em esperança da vida eterna, a qual Deus, que não pode mentir, prometeu antes dos tempos dos séculos"
Tito 1.2

JOGUE A MÁSCARA FORA

Por Luis Palau

Quando vivemos na sinceridade cristã, não usamos máscaras. Não tentamos agir como bons crentes. Não construímos uma fachada "cristã" para impressionar as outras pessoas. A sinceridade cristã simplesmente significa que somos o que somos em Jesus Cristo. Significa que andamos na luz do Senhor, e não mais usamos da aparência para enganar os outros.

Os crentes não têm nenhum motivo para viver por trás de uma máscara. Somos admoestados a "andar na luz, como Ele na luz está" (1 Jo 1.7). Isto significa que devemos andar diante de Deus e dos homens com a mesma transparência — ou, como diz Paulo, sinceridade — que Cristo mostrou em sua vida. E aceitando a graça de Deus, podemos fazer isto.

Quando nos colocamos sob o controle do Cristo que habita em nós, somos capazes de nos gloriarmos pela nossa consciência e vivermos a sinceridade cristã. Se o nosso coração está transparente diante de Deus, não sofremos a culpa do pecado, e podemos proclamar a mensagem de Jesus Cristo com ousadia. Não temos de vestir nenhum tipo de aparência espiritual, porque o poder e a autoridade do Espírito Santo estão em ação dentro de nós.

Nada é mais humilde do que a expectativa de estar diante do Senhor Jesus em juízo. Naquele dia, todas as fachadas serão expostas. Todos aqueles que se esconderam por trás de uma máscara serão revelados. Mas aqueles que conhecem o Pai — que é completamente suficiente — e são controlados pela sua graça podem viver com uma consciência limpa e absoluta sinceridade cristã até aquele dia.[38]

QUERIDO SENHOR: RECEBO A TUA GRAÇA, RETIRANDO A MINHA MÁSCARA E DECIDINDO ANDAR EM SINCERIDADE E VERDADE. SEI QUE ISTO SÓ É POSSÍVEL POR CAUSA DE JESUS CRISTO E DA OBRA DA REDENÇÃO. OBRIGADO POR ME RECEBERES EXATAMENTE COMO SOU. AMÉM.

"Mas, se andarmos na luz, como ele na luz está, temos comunhão uns com os outros, e o sangue de Jesus Cristo, seu Filho, nos purifica de todo pecado."

1 João 1.7

Segunda

Um Verdadeiro Amigo

"O homem que tem muitos amigos pode congratular-se, mas há amigo mais chegado do que um irmão."
Provérbios 18.24

— Amanda, por que você não sai mais com a Stacy? — perguntou uma amiga.

— Você sairia com alguém que flerta com o seu namorado sempre que tem uma chance? Alguém que copia tudo que é seu: suas roupas, seu corte de cabelo, até o seu modo de rir?

— Acho que não — admitiu a amiga.

— Você gostaria de sair com alguém por quem você fizesse todo o possível, mas isto nunca fosse suficiente? Gostaria de sair com alguém que fala mal de você pelas costas? — Continuou Amanda.

— De jeito nenhum — concordou a amiga.

— Nem a Stacy — disse Amanda com tristeza.

Amanda aprendeu uma dura lição naquele dia: para uma pessoa ter amigos, deve "mostrar-se amiga" (Pv 18.24). Amanda fora "uma amiga" que gostava de chamar a si mesma de amiga, mas que realmente não conhecia o significado desta palavra.

Que tipo de amigo é você? Você se aproveita de seus amigos, ou é alguém que se "mostra amigo" — que fornece bondade, amor e apoio, um ombro sobre o qual chorar em tempos difíceis, que compartilha os risos e a felicidade das boas ocasiões? Não seja como Amanda, cujos amigos acabaram por abandoná-la. Pelo contrário, desenvolva amizades sólidas e profundas baseadas na confiança mútua e no compartilhamento — em outras palavras, seja como Jesus, o "amigo mais chegado que um irmão" (18.24).

GRAÇA PARA HOJE:

Deus é o nosso modelo de amizade verdadeira. Ele promete nunca trair a nossa confiança e estar sempre ao nosso lado quando dEle precisarmos.

Terça

Bênçãos Disfarçadas

"E sabemos que todas as coisas contribuem juntamente para o bem daqueles que amam a Deus, daqueles que são chamados por seu decreto."

Romanos 8.28

Descobrir que se cometeu um erro nunca é uma experiência divertida. Os erros podem ser desperdícios agravantes que nos fazem sentir frustrados e zangados. Ainda assim, podem acabar se tornando bênçãos disfarçadas. De fato, a maioria das invenções práticas do século passado começou originalmente como um erro.

Em 1849, por exemplo, Jean Baptiste Jolley espirrou acidentalmente óleo de um lampião sobre a toalha de mesa da sua esposa. Temendo destruir o tecido, ele freneticamente tentou remover o óleo com um pano e descobriu que a toalha ficava mais clara a cada esfregada. Com um pouco de improviso, ele inventou um solvente que limpava tecidos melhor do que água e sabão, fundando assim o ramo de lavagem a seco.

Nos idos de 1940, os engenheiros da General Electric rejeitaram um material hoje conhecido como "geleca" por ser um substituto fraco para a borracha. Da mesma forma, na década de 1960, engenheiros da 3M que procuravam por uma cola potente rejeitaram uma substância que mais tarde seria usada no Post-It, porque grudava fracamente e soltava com facilidade.

Às vezes, parece que tudo o que você faz é cometer erros e seus esforços não estão gerando frutos. Entretanto, quando você obedece a Deus e procura fazer a sua vontade, Ele transforma os seus "erros" em algo bom. Ele usará os seus esforços para a glória dEle e o abençoará quando você perseverar nas tarefas que Ele lhe preparou.

Você pode não ser capaz de ver progresso agora, mas Deus vê o quadro todo e conhece o resultado final. Por isso, submeta seus esforços a Deus e descanse na sua graça, sabendo que Ele abençoará o trabalho que você faz para o Reino.

GRAÇA PARA HOJE:

Deus transforma até os nossos erros em algo bom.

Quarta

Ele Pode Acreditar no seu Aperto de Mão?

"A sinceridade dos sinceros os encaminhará [...]"
Provérbios 11.3

"Honra" não é uma palavra que se ouve com freqüência hoje. Antigamente, um aperto de mão fechava um negócio e a palavra de um homem era um compromisso. Mas nos dias atuais, nem mesmo um contrato é sempre o bastante. Não muito tempo atrás, mercadorias e serviços eram vendidos pelo valor aparente, mas agora temos de ler as letras miúdas antes de comprar qualquer coisa de qualquer pessoa. A honra não tem valor neste mundo — mas com Deus não é assim.

O que Deus falou através da sua Palavra é incontestável. Ele fará exatamente o que diz que fará, não importa o que esteja acontecendo neste mundo. Ele nos abençoará, nos sustentará, e nos amará. Ele é um Deus de honra e deseja que sejamos pessoas honradas. Ele quer que sejamos filhos santos, sem reprovação neste mundo, cumprindo as nossas promessas assim como Ele cumpre as dEle.

Como podemos esperar que aqueles que nos cercam acreditem em nossa mensagem do amor, da graça e da fidelidade de Deus, se eles não podem confiar no que falamos acerca de fatos simples do dia-a-dia? É difícil partilhar o amor de Cristo com aqueles a quem enganamos. É difícil até orar com nossos cônjuges e filhos se não mantemos a nossa palavra para com eles.

A honra pode não ser a regra para a maioria, mas deve sempre ser a ordem do dia para os crentes. Peça a Deus para mostrar-lhe aquelas áreas da sua vida cujas paredes necessitam de reforço. Ele prometeu ajudá-lo a caminhar honradamente neste mundo — e Ele sempre cumpre as suas promessas.

GRAÇA PARA HOJE:

Deus sempre mantém a sua palavra, e quer ajudar-nos a mantermos a nossa.

Quinta

A "Camada de Bozônio"

"A sabedoria é a coisa principal [...]"
Provérbios 4.7

Recentemente, o jornal The Washington Post pediu a seus leitores que participassem de um concurso. Eles deveriam pegar qualquer palavra do dicionário, alterá-la apenas adicionando, subtraindo ou mudando uma letra, e depois fornecer um novo significado para ela. Aqui vai apenas uma amostra dos verbetes vencedores:

Inocullar: Tomar café diretamente na veia quando você está atrasado.

Intaxicação: Euforia ao receber a devolução do imposto de renda, que dura até você perceber que o dinheiro recebido pertence a você.

Reintarnação: Voltar à vida, em forma de um caipira.

Efeito Dopeler: Tendência de idéias estúpidas parecerem inteligentes quando surgem rapidamente.

Bozônio: Substância que cerca alguns de nós e evita que a sabedoria penetre. Infelizmente, ao contrário da camada de ozônio, a camada de bozônio não dá sinais de diminuição.

Esta última definição é muitas vezes verdadeira para nós e para as pessoas a nossa volta. No entanto, alcançar a sabedoria, apesar das nossas possíveis camadas de "bozônio", deve ser uma prioridade em nossa vida. O homem mais sábio de todos os tempos, o rei Salomão, uma vez escreveu sobre a importância da sabedoria: "Adquire a sabedoria, adquire a inteligência e não te esqueças [...] A sabedoria é a coisa principal; adquire, pois, a sabedoria; sim, com tudo o que possuis, adquire o conhecimento" (Pv 4.5,7).

A sabedoria que Salomão incentivava outros a alcançar só pode vir de um saudável temor a Deus e da obediência às suas ordens. Quando você seguir os caminhos de Deus, estará de fato conquistando a sabedoria em sua vida!

GRAÇA PARA HOJE:

Deus oferece a sua sabedoria sem reservas a todos que a pedem.

Sexta

Quando a Oração não É Respondida

Você leu tudo sobre a lealdade de Deus nas Escrituras, aprendeu sobre suas promessas e o viu cuidar de situações no passado. Mas desta vez a história é diferente. Você orou com sinceridade. Você acredita que o que pediu está de acordo com a vontade de Deus, foi paciente e examinou o próprio coração. Mas nada aconteceu.

O que você faz quando a oração parece não funcionar? E como você responde a todas as questões e dúvidas que lhe surgem na mente e no coração? A resposta é a fé inabalável — fé que resiste às mais difíceis questões e às mais longas esperas. Fé que se rende à compreensão da inigualável sabedoria divina.

GRAÇA PARA HOJE:

Por sua graça, Deus transforma a nossa fé frágil em uma fé inabalável e forte o suficiente para mover as montanhas em nossa vida.

Bem, você pode estar pensando: *Isto é bom para os apóstolos e para grandes homens e mulheres da fé. Mas e quanto a mim? Sou apenas um crente lutador. Como conseguirei ter uma fé inabalável?*

A verdade é que você a tem — nem uma gota a menos da medida que qualquer crente antes de você já teve. Toda fé é um presente da graça de Deus. Mesmo quando pensamos que a nossa é fraca e pequena, temos o suficiente para mover montanhas (ver Mt 17.20).

Assim, deixe de lado a sua fé pequena e permita que Deus a substitua por uma grande e inabalável fé, que espera milagres não importa quão longa seja a espera.

"Retenhamos firmes a confissão da nossa esperança, porque fiel é o que prometeu."
Hebreus 10.23

VIVENDO UMA VIDA DE FÉ E CONFIANÇA

Por John MacArthur Jr.

George Müller tinha um grande conhecimento sobre fé — do melhor modo que alguém pode conhecer alguma coisa: ele vivia a fé. Sua vida pregressa tinha sido de vasta maldade. Por volta dos 20 anos, a idade em que se tornou um crente, ele experimentou um período na prisão. Foi então que seus interesses e atitudes mudaram radicalmente.

Depois de ter passado anos preparando-se para o ministério, Miller foi para a Inglaterra fazer um trabalho missionário entre a comunidade judaica. Quando ele e sua esposa se mudaram para o porto marítimo britânico de Bristol, em 1832, eles ficaram horrorizados ao ver uma grande quantidade de órfãos desabrigados vivendo e morrendo em ruas estreitas e sujas, remexendo em amontoados de lixo em busca de comida.

Os Müller, com uma inabalável crença na Bíblia, estavam convencidos de que se os crentes levassem as Escrituras a sério, não existiriam limites para o que poderiam fazer para Deus. Eles começaram a alimentar, vestir e educar crianças desamparadas. No final de suas vidas, os lares que eles fundaram cuidavam de mais de 10 mil órfãos. Ao contrário de muitos que hoje dizem que "vivem pela fé", os Müller nunca falaram a ninguém — exceto a Deus — sobre a sua necessidade de fundos. E Deus sempre lhes deu provisão por meio das orações de gratidão e da humilde espera nEle.[39]

PAI CELESTIAL: SEI QUE OS MEUS MAIORES ESFORÇOS EM NADA RESULTAM SEM A PROVISÃO DA TUA GRAÇA. APODERO-ME DESTA GRAÇA AGORA AO AVANÇAR NA FÉ PARA CAMINHAR CONFORME O TEU PLANO PARA A MINHA VIDA. AMÉM.

"Propondo estas coisas aos irmãos, serás bom ministro de Jesus Cristo, criado com as palavras da fé e da boa doutrina que tens seguido."

1 Timóteo 4.6

Que Campo Missionário!

"Então, [Jesus] disse aos seus discípulos: A seara é realmente grande, mas poucos são os ceifeiros."

Mateus 9.37

O estudioso e autor D. A. Carson conta sobre uma época em que foi, junto com um amigo, a uma praia em busca das tão necessárias paz e tranqüilidade. Ao chegarem, no entanto, viram a praia repleta de garotos do colegial, comemorando com cerveja e música alta a graduação que se aproximava.

Carson escreveu: "Profundamente desapontado, porque a minha noite de descanso estava sendo estragada por uma festa turbulenta, eu me preparava para revestir meu desapontamento com ultraje moral. Virei-me para [meu amigo] Ken para descarregar o veneno, mas parei quando o vi olhando fixamente para a cena com um olhar distante. Então, disse ele de modo um tanto suave: 'Garotada do colegial, que campo missionário!'"

Muitas vezes é fácil não perceber as oportunidades de realizar uma missão que Deus coloca diretamente em nosso caminho. O funcionário de olhar cansado da mercearia, o homem não muito higiênico que conserta o seu carro, até mesmo o chefe nervoso do seu local de trabalho — cada uma dessas pessoas é preciosa para Jesus, é alguém por quem Ele morreu. Você não precisa fazer suas malas e viajar para além mar a fim de encontrar um campo de trabalho maduro e pronto para a colheita. Tudo o que realmente precisa fazer é olhar a sua volta e pedir ao Senhor um coração semelhante ao dEle — um coração cheio de misericórdia pelos perdidos.

GRAÇA PARA HOJE:

Deus promete partilhar conosco o seu amor e a sua compaixão pelos perdidos.

Um dia, quando olhou para a multidão que o cercava, Jesus sentiu compaixão, pois as pessoas eram como "ovelhas sem um pastor". Foi quando Ele voltou-se para os seus discípulos e disse: "[...] A seara é realmente grande, mas poucos são os ceifeiros. Rogai, pois, ao Senhor da seara que mande ceifeiros para a sua seara" (Mt 9.37,38).

Ore ao Senhor da seara hoje para que Ele mostre o campo de trabalho que tem para você. Provavelmente, você não precisará ir longe.

Terça

Uma Criação Exclusiva

"Assim, também vós, como desejais dons espirituais, procurai sobejar neles, para a edificação da igreja."
1 Coríntios 14.12

Se você passou pela experiência de ser atormentado na escola porque não se adaptava às outras crianças, provavelmente aprendeu o valor da adequação. Ninguém gosta da solidão associada com ser deixado fora do grupo ou posto de lado. Misturar-se com a multidão geralmente parece a maneira mais fácil e segura de evitar tal conflito.

Você provavelmente já ouviu a afirmação "não existem dois flocos de neve iguais", mas pode não saber por quê. Os flocos de neve de fato começam como gotas de água parecidas. Mas quando caem, cada um é afetado de forma diferente pelas pequenas variações de temperatura; daí criam-se padrões cristalinos exclusivos. Quanto mais tempo o floco de neve permanecer no ar, maior será a sua complexidade e peculiaridade.

Como parte da criação de Deus, Ele lhe deu talentos e dons únicos. Assim como o floco de neve que cai do céu, ao mover-se por esta vida, você encontra várias situações que o fazem crescer e desenvolver os dons de maneiras diferentes. Quando se esforça continuamente para ser como todos os outros, você suprime os seus dons e se priva de ajudar o próximo com as habilidades de que dispõe.

A beleza dos flocos de neve não está na semelhança entre eles, mas nos intrincados detalhes que os distinguem um do outro. Da mesma maneira, a beleza da sua vida não está no quanto você se parece com outras pessoas, mas nos detalhes específicos que o diferenciam delas. Você pode escolher a segurança de esconder esta beleza particular ou arriscar-se e usar os talentos inconfundíveis que Deus lhe deu com a finalidade de partilhar a graça dEle com os demais.

Graça para hoje:

Deus concedeu a cada um de nós talentos e dons únicos, e o privilégio de partilhá-los com os outros.

Siga o Líder

"Obedecei a vossos pastores e sujeitai-vos a eles; porque velam por vossa alma[...]"

Hebreus 13.17

Os gansos e outras grandes aves migratórias com freqüência voam em uma espécie de "formato em V". Uma ave lidera o bando, enquanto as outras seguem logo atrás. Os cientistas descobriram recentemente que voar nesta formação reduz a resistência do ar nos pássaros que seguem o líder, permitindo que estes poupem energia e planem com mais freqüência. Ao utilizar esta técnica, um bando de gansos consegue de fato reduzir seu batimento cardíaco e viajar 70% mais rapidamente do que as aves que voam isoladas.

O interessante sobre esta formação é que o ganso na frente do "V" nem sempre é o líder. Quando ele se cansa e começa a ficar lento, outro da fileira anterior vem e toma o seu lugar na cabeceira da formação. Desta maneira, os seguidores muitas vezes tornam-se líderes para o benefício de todo o bando.

Embora Deus seja a autoridade maior sobre a humanidade, Ele escolheu delegar poder a diferentes indivíduos em vários papéis de liderança, incluindo pais, professores e líderes da igreja. Quando se submete a esses indivíduos, você se submete à autoridade de Deus, e, como resultado, sua vida se beneficia.

Os bons líderes podem ser uma influência poderosa em sua vida. Seguir os seus conselhos pode fazê-lo aprender com a experiência deles e crescer como indivíduo. Sem contar o fato de aprender a ser humilde, algo que Deus requer de todos aqueles que queiram segui-lo.

Respeite os líderes que Deus colocou em seu caminho e veja a orientação de cada um como um ato da bênção de Deus. Além disso, como os gansos na cabeceira da formação em V, você nunca sabe quando Deus irá chamá-lo das fileiras e colocá-lo em uma posição de liderança.

GRAÇA PARA HOJE:

Deus colocou os seus líderes em nosso meio para cuidarem de nossa alma.

Quinta

Ele Sabe como É

"Lançando sobre ele toda a vossa ansiedade, porque ele tem cuidado de vós."
1 Pedro 5.7

Quando Damien estava no colegial, seu pai repentinamente faleceu — dois dias antes da sua formatura. Naquela época, ele era um crente novo convertido e tal experiência foi devastadora para a sua fé. Damien ansiava por ouvir Deus falar, para saber o que o Senhor tinha a dizer sobre a situação, e para aprender a lidar com a dor. Ele orou — e depois esperou que Deus falasse.

No dia do funeral, a igreja estava repleta. Damien sentou-se com sua mãe e as duas irmãs na fileira da frente. O pastor tentou dizer palavras de conforto, mas Damien estava muito entorpecido para ouvi-las. Ele lutava para prestar atenção à cerimônia, esperando que Deus lhe falasse e desse a explicação de que tão desesperadamente precisava.

De repente, a cerimônia acabou. A família enfileirou-se no vestíbulo para receber as condolências e a solidariedade dos irmãos lentamente, um após o outro. Damien permanecia entorpecido enquanto recebia as palavras de cada um, mas nenhum entendimento penetrava em sua mente, apesar dos abraços, das lágrimas derramadas, das ofertas de ajuda e expressões de encorajamento. Então Damien viu sua amiga Kim. Ela tinha a idade de Damien, e ambos participavam do mesmo grupo de jovens. Kim havia perdido seu pai apenas alguns meses antes.

Ela caminhou até Damien com lágrimas nos olhos e, sem dizer uma palavra, simplesmente puxou-o para dar-lhe um abraço. Naquele momento, Damien ouviu Deus falar. Kim sabia exatamente o que o amigo estava passando — assim como Deus. Damien soube, então, que ficaria bem.

Se você quiser ouvir a voz de Deus em sua vida, procure apenas aquEle que sabe exatamente o que você está passando. Jesus sabe o que é ser um humano. Ele sabe como é sofrer e se importa. Permita que Ele lhe fale ao coração e o abrace com seus braços amorosos.

GRAÇA PARA HOJE:

Existe alguém que sempre sabe o que estamos passando — o seu nome é Jesus.

Sexta

Enfocar aquilo que é Verdadeiro

Antes da época do radar e dos satélites de posicionamento global, os marinheiros orientavam-se pelas estrelas para conduzir os seus navios em segurança. Uma estrela conhecida como "Polaris", ou "Estrela do Norte", era especialmente importante, pois permanecia sempre na mesma posição no céu — apontando para o Norte. Ao usarem um sextante, os marinheiros podiam vê-la e determinar a latitude do navio em um mapa, estabelecendo assim o curso apropriado que queriam seguir.

Entretanto, encontrar a Estrela do Norte exigia um pouco de habilidade, pois o céu era repleto de estrelas muito parecidas. Se os marinheiros alinhassem os seus sextantes com a estrela errada — qualquer uma que não fosse a verdadeira Estrela do Norte — eles poderiam calcular erradamente a posição do navio e perder muitos dias viajando na direção errada. Somente quando alinhassem o navio novamente com a verdadeira estrela, o erro poderia ser corrigido e a embarcação, colocada de volta no curso.

Graça para hoje:

A riqueza material não consegue satisfazer, mas Deus nunca nos desapontará.

Manter a vida alinhada com Deus pode ser algo difícil de fazer em um mundo que encoraja as pessoas a basear a vida em riqueza, relacionamentos e ambição pessoal. A cada dia, você é confrontado com mensagens que promovem a alegria de ter dinheiro, a segurança de ter alguém com quem se relacionar ou a importância de subir na hierarquia corporativa. Entretanto, quando se concentra nessas coisas, você baseia a sua vida no que é instável e certamente se desviará do caminho.

A riqueza material desvanece, e as pessoas sempre o desapontarão; mas a graça de Deus nunca faltará nem falhará. Quando você se concentra em Deus e obedece a sua Palavra, Ele direciona o seu caminho e endireita a sua trajetória.

"[...] os que são segundo o Espírito, [inclinam-se] para as coisas do Espírito."

Romanos 8.5

Lápis Coloridos

Por Luis Palau

Muitos de nós daríamos qualquer coisa para viver com uma consciência limpa. Não percebemos que tudo o que temos de fazer é admitir que pecamos e precisamos do perdão de Deus. Uma vez que isto seja feito, Deus removerá todos os esqueletos trancados em nossos armários.

Quando eu estudava em uma escola de ensino médio na Argentina, roubei uma caixa de lápis coloridos que pertencia a um garoto chamado John Payne. Roubar aqueles lápis inicialmente não me incomodou. Mais tarde, porém, quando comecei a caminhar mais próximo do Senhor, minha consciência não me deixava esquecer o incidente.

Anos mais tarde, vim para os Estados Unidos. Quando um amigo me perguntou se eu poderia pregar em sua igreja, respondi-lhe que ficaria feliz em fazê-lo. Então ele perguntou:

— Você pode jantar com um dos presbíteros antes da reunião?

— Certamente — respondi. — Qual é o nome dele?

— John Payne.

Cheguei à casa do presbítero e percebi que era o mesmo John Payne que conheci. Enquanto falávamos sobre o passado, eu finalmente disse:

— John, isto é muito embaraçoso para mim, mas quando estávamos na escola, na Argentina, roubei uma caixa de lápis de você. Você me perdoa e permite que eu o reembolse?

— Luis — disse ele — está perdoado. Sou um homem adulto. O que eu faria com uma caixa de lápis coloridos? Eu te perdôo. Esqueça isto.

Aquilo era exatamente o que eu precisava ouvir. Senti-me extremamente bem por estar livre daquele peso em minha consciência.

Não devemos esperar para limpar todos os problemas que nos impedem de apreciar todas as bênçãos que o Senhor tem para nós. Vamos nos ajoelhar e limpar qualquer coisa que esteja impedindo que sejamos livres.[40]

PAI: PELA TUA GRAÇA PERDOA OS MEUS PECADOS E AJUDA-ME A LIBERTAR A MINHA CONSCIÊNCIA DE ANTIGAS OFENSAS QUE ME AFASTAM DA PAZ E DA LIBERDADE. AMÉM.

"Porque a nossa glória é esta: o testemunho da nossa consciência, de que, com simplicidade e sinceridade de Deus, não com sabedoria carnal, mas na graça de Deus, temos vivido no mundo e maiormente convosco."

2 Coríntios 1.12

A Pergunta mais Importante

"E em nenhum outro há salvação, porque também debaixo do céu nenhum outro nome há, dado entre os homens, pelo qual devamos ser salvos."

Atos 4.12

Durante muitos anos, Billy Graham apresentou o evangelho para milhares de pessoas por meio de suas cruzadas e programas de TV, e uma de suas perguntas favoritas, a qual fazia a todos com quem entrava em contato, sempre era: "Se você morresse esta noite, tem certeza de que iria para o céu?"

Em janeiro de 2000, líderes da cidade de Charlotte, na Carolina do Norte, convidaram Billy Graham para um almoço. Inicialmente, o reverendo Graham hesitou em aceitar o convite por causa da sua luta contra a doença de Parkinson. Mas finalmente concordou em ir e dizer apenas algumas palavras. Em seu discurso naquele dia, ele respondeu para si mesmo a pergunta que fizera para tantas outras pessoas: "Vêem o terno que estou usando?", começou Billy Graham. "É um terno novo em folha. Minha mulher, meus filhos e meus netos dizem que, com a idade, tornei-me um pouco desmazelado. Eu costumava ser um pouco mais exigente. Por isso, saí e comprei um terno novo para este almoço. E para mais uma ocasião. Sabem qual? Com este terno serei sepultado. Mas quando vocês souberem que morri, não quero que se lembrem imediatamente do terno que estou usando. Quero que se lembrem disto: Eu sei quem sou e também sei para onde estou indo!"

GRAÇA PARA HOJE:

Por causa da graça de Deus, podemos saber quem somos e também para onde estamos indo.

Todos nós, inclusive Billy Graham, compareceremos no devido tempo diante de Deus. Para aqueles que aceitaram a Cristo como o seu Senhor e Salvador, esta não é uma experiência assustadora a ser temida, mas uma alegre reunião aguardada com grande expectativa. Agradeça a Deus por podermos saber quem somos — e para onde estamos indo!

Terça

O Lugar para a Graça

"Há um só corpo e um só Espírito, como também fostes chamados em uma só esperança da vossa vocação."
Efésios 4.4

Em uma pesquisa realizada em 1995, pediu-se a um grupo de evangélicos que declarasse a principal razão por que escolhera visitar a sua igreja e retornar semana após semana. A pesquisa concluiu que duas das principais razões relacionavam-se com os ensinos teológicos da igreja e a qualidade dos sermões proferidos pelos pastores. No entanto, todas as outras três respostas relacionavam-se com o fato de que sentiam a igreja como uma comunidade. Ao encontrarem uma igreja cujos membros eram amigáveis, importavam-se com os visitantes e envolviam-se na ajuda ao próximo, as pessoas tendiam a voltar.

Quando você ouve a palavra "igreja", a primeira imagem que provavelmente salta a sua mente é a de um edifício com uma torre alta, onde as pessoas se sentam em silêncio, ouvindo um sermão a cada domingo. Todavia, a igreja é muito mais do que isto. É um lugar onde você pode reunir-se com outros crentes para encontrar a bênção de Deus e conhecer uma verdadeira comunidade cristã. Um lugar onde você pode ouvir a Palavra de Deus e ser inspirado a realizar uma mudança radical no modo como pensa e age. Um lugar onde você e outros podem celebrar a felicidade de pertencer à família de Deus através da adoração. E um lugar onde você pode demonstrar ativamente a graça de Deus, servindo e ajudando a outros.

GRAÇA PARA HOJE:

Pela graça de Deus, encontramos apoio e encorajamento em uma comunidade de crentes.

Quando você partilha a sua carga com outros na comunidade cristã, você é fortalecido e revitalizado pelo apoio e encorajamento que recebe. Você experimenta a graça de Deus de forma autêntica, e é capaz de compartilhar esta bênção ao ajudar outros que confiam no seu apoio.

A Fonte da Juventude

"Ou não sabeis que todos quantos fomos batizados em Jesus Cristo fomos batizados na sua morte? De sorte que fomos sepultados com ele pelo batismo na morte; para que, como Cristo ressuscitou dos mortos pela glória do Pai, assim andemos nós também em novidade de vida. Porque, se fomos plantados juntamente com ele na semelhança da sua morte, também o seremos na da sua ressurreição."

Romanos 6.3-5

Ao longo dos tempos, as pessoas procuraram novos caminhos para reaver a sua juventude. É bastante natural ter saudades dos dias em que a mente funcionava com rapidez, a vidas era simples, o corpo, leve e ágil, e o rosto ainda não estava marcado pela passagem do tempo. Não admira que o mito de uma "fonte da juventude" intrigasse os exploradores e subsista em nossa consciência coletiva mesmo nos dias de hoje.

Imagine por um momento o que tal maravilha significaria. Consegue ver-se imergindo em águas borbulhantes e sair sentindo-se novamente como uma criança? De repente, o mundo parece novo e revigorado e você tem a energia para explorar tudo. Não seria maravilhoso?

Você ficará feliz em saber que existe uma Fonte da juventude. É a fonte cheia do sangue que corre das mãos, pés e do lado de Jesus, nosso Salvador. Quando imergimos o nosso velho eu, pecaminoso e moribundo, nesta corrente maravilhosa, somos ressuscitados para uma nova vida, puros e santos pela graça de Deus. Este processo é tão importante que somos solicitados a passar pelo rito do batismo, que é a representação física do que aconteceu em nossa vida espiritual.

Mesmo que, amanhã, alguém encontrasse uma fonte da juventude, esta só se aplicaria ao nosso corpo físico e não poderia fazer nada para dar um fim ao ciclo da morte — só Deus pode fazer isto. Você não virá banhar-se em sua Fonte?

GRAÇA PARA HOJE:

Deus nos abençoou com uma Fonte da juventude que nos dá uma vida totalmente nova.

Quinta

Perseguição — ou Oportunidade?

"Vós bem intentastes mal contra mim, porém Deus o tornou em bem, para fazer como se vê neste dia, para conservar em vida a um povo grande."

Gênesis 50.20

John Rucyahana, o bispo anglicano de Shyira, Ruanda, serviu como pastor em Uganda durante o brutal regime do ditador Idi Amin. Amin tinha 200 mil pessoas que eram os seus alvos de extermínio; dentre estes havia políticos, líderes cristãos e membros de certos grupos étnicos.

Um dia, os soldados do governo vieram buscar John. Ele se recorda: "Um soldado pôs o frio cano de uma arma contra o meu ouvido e colocou seu dedo no gatilho. Eles me puseram em um veículo e fizeram-me sentar sobre um saco de explosivos. Quando começamos a nos mover, pensei: *Basta o menor solavanco para que eu morra*".

Finalmente os soldados libertaram John, certos de que tinham sido bem-sucedidos em intimidá-lo, e que dali em diante ele não opinaria mais abertamente.

O mal que os opressores pretendiam, no entanto, Deus usou para o bem. Dois dias após o angustiante contato de John com a morte, o sol se levantou no céu em uma bela manhã de domingo. Nesse dia, John adentrou a catedral e encontrou-a apinhada de gente — havia pessoas de pé até nos corredores. A notícia sobre o que lhe acontecera tinha se espalhado, e de toda parte chegava gente para saber o que John diria. Ele continuaria a se manifestar livremente a favor de Cristo, mesmo sob a ameaça de mais perseguições?

John realmente se manifestou a favor de Cristo naquele dia, e por causa daquela provação foi capaz de alcançar com o evangelho muito mais pessoas do que teria sido possível se ele não tivesse sido alvo de uma perseguição. A partir daquele dia, o povo de Uganda testemunhou com os próprios olhos a força e a convicção de um homem que era perseguido por amor a Cristo, e muitos foram conquistados para o Senhor por causa disso.

E você? Quais perseguições você está enfrentando neste momento? Entregue a Deus todas as situações — boas ou ruins — da sua vida, e deixe que Ele as transforme em maravilhosos testemunhos para as outras pessoas.

GRAÇA PARA HOJE:

Deus usa as situações difíceis em nossa vida para tocar outras pessoas com o seu amor.

Sexta

Inspirado por Deus

Sem dúvida, você já experimentou a frustração de trabalhar em um problema complicado, o qual não consegue resolver. Não importa quantas vezes você ande pela sala ou bata em sua cabeça, a resposta simplesmente não aparece. E o que é ainda pior, você sabe que a solução está perto — apenas parece não perceber naquele momento.

Elias Howe passou por este tipo de frustração quando lutou durante semanas para fazer a sua máquina de costura funcionar. Não importa o que tentasse, ele não conseguia descobrir como fazer a linha passar pelo tecido de forma correta para fazer o alinhavo. Uma noite, exausto pelos seus esforços, ele adormeceu sobre a bancada e teve um sonho de que homens com lanças o estavam perseguindo.

Quando acordou, ele lembrou-se de algo estranho sobre as lanças que os homens carregavam — elas tinham orifícios na extremidade! Howe percebeu que sua máquina necessitava de uma agulha com um orifício próximo à ponta (em vez de na base), de modo que a linha passasse antes pelo tecido. A inspiração para resolver o problema surgiu quando Howe relaxou e adormeceu.

A melhor maneira de resolver qualquer problema é dar um passo atrás e passá-lo para Deus. Quando fizer isto, você ficará maravilhado pelas muitas maneiras de Deus lhe fornecer inspiração. As idéias surgirão em sua mente, vindas de livros que você leu e de conversas com outras pessoas. Até os edifícios e sinais que você vê todo dia em seu caminho para o trabalho inspirarão novas visões. Mas esta visão só poderá ocorrer quando você se recusar a se preocupar com um problema e permitir que Deus lhe dê a sua benção e forneça a inspiração.

GRAÇA PARA HOJE:

Quando passamos as nossas preocupações para Deus, Ele nos inspira com idéias que nos ajudam a resolver os problemas.

"[...] As coisas que o olho não viu, e o ouvido não ouviu, e não subiram ao coração do homem são as que Deus preparou para os que o amam."

1 Coríntios 2.9

O Dom da Santidade de Deus

Por Luis Palau

Com o nosso próprio poder e nossa própria sabedoria, é impossível entender e viver externamente o conceito de santidade. Mesmo assim, Deus é santo e exige que seu povo seja santo também.

No meio da condição moral degenerada do mundo, viver em santidade é algo difícil para o crente, pois os que vivem em santidade são de fato separados do mundo. Mas se quisermos ter uma consciência da qual possamos nos orgulhar, devemos viver em santidade.

Deus não tolerará o pecado. Quando cometemos imoralidade ou alguma outra ação pecaminosa, desonramos o Senhor e colhemos a punição pelo nosso pecado. Quando teimosamente nos mantemos em nosso pecado, destruímos a nossa vida e a de outros. Mas quando caminhamos em santidade, transparentes diante do Senhor, a nossa vida reflete o seu poder e a sua autoridade.

Viver em santidade não é impossível; a morte de Jesus foi o castigo pelos nossos pecados, e é pela morte e ressurreição de Cristo que podemos viver em santidade. O Espírito Santo, que vive dentro de nós, nos dá o poder para seguir o exemplo da vida santa de Cristo, a fim de podermos ter comunhão com o nosso Deus santo. É por isso que Paulo pode falar em viver com uma consciência limpa.

A notícia fantástica é que podemos começar a viver em santidade a qualquer momento. O sangue de Jesus Cristo verdadeiramente nos purifica de todo pecado e reabilita o nosso relacionamento com Deus.[41]

PRECIOSO SALVADOR: AGRADEÇO-TE PELO DOM DA SANTIDADE. ENSINA-ME A LEVAR UMA VIDA QUE TE SEJA AGRADÁVEL, À MEDIDA QUE BUSCO O PODER DA TUA GRAÇA. AMÉM.

"Segui a paz com todos e a santificação,
sem a qual ninguém verá o Senhor."
Hebreus 12.14

O Alvo Errado

"[...] prossigo para alcançar aquilo para o que fui também preso por Cristo Jesus."
Filipenses 3.12

Matt Emmons tinha em vista a medalha de ouro. Ele estava a um tiro de poder reivindicar a vitória na competição de 50 metros de carabina de três posições na Olimpíada de 2004. Ele nem mesmo precisava acertar na mosca para vencer. Seu tiro final só precisava atingir o alvo.

Normalmente, o tiro que ele disparou teria recebido uma pontuação de 8.1, mais do que suficiente para uma medalha de ouro. Mas algo considerado como "um erro raro numa competição de elite" aconteceu: Emmons atirou no alvo errado. Estando na raia dois, ele atirou no alvo da raia três. Seus pontos por um bom tiro no alvo errado? Zero. Ao invés de conquistar uma medalha, Emmons acabou em oitavo lugar.

GRAÇA PARA HOJE:

Deus convocou cada um de nós para cumprir o seu plano perfeito para a nossa vida.

Quais são suas aspirações na vida? Você está mirando o alvo certo? No fim de sua vida, quais serão as coisas que importarão afinal? É possível estabelecer metas na vida — e alcançá-las —, mas se estas forem metas erradas, no final elas não levarão a nada. O apóstolo Paulo escreveu sobre uma meta realmente importante: "Irmãos, quanto a mim, não julgo que o haja alcançado; mas uma coisa faço, e é que, esquecendo-me das coisas que atrás ficam e avançando para as que estão diante de mim, prossigo para o alvo, pelo prêmio da soberana vocação de Deus em Cristo Jesus" (Fp 3.13,14).

No final, apenas o objetivo de seguir a Cristo e ir aonde Ele conduzir nos trará um prêmio realmente significativo. Não importa o que mais você esteja mirando em sua vida, coloque Jesus em primeiro lugar. Quando o número de pontos for somado, você não se arrependerá.

Terça

O Verdadeiro Negócio

"Ensina-me bom juízo e ciência, pois cri nos teus mandamentos."
Salmos 119.66

Apesar dos modernos avanços tecnológicos, a maior parte das obras de arte identificadas como falsificações, hoje, são detectadas não através da tecnologia, mas da perícia e do parecer de especialistas da área. Esses peritos estudam cuidadosamente o quadro em questão e observam detalhes microscópicos no trabalho; depois comparam os resultados com outras pinturas do mesmo artista. Se estes mínimos detalhes não coincidem, ou se refletem diferentes estilos e técnicas, o quadro é considerado falso.

Discernir sobre a autenticidade de um quadro em particular pode ser realmente uma tarefa difícil. Alguns dos mais perspicazes falsificadores eram artistas talentosos que cuidadosamente estudavam as técnicas do artista que falsificavam, praticando-as até a perfeição. Todavia, mesmo que esses trabalhos falsificados possam parecer idênticos ao quadro genuíno na superfície, um especialista sagaz sempre pode perceber a diferença.

O mesmo é verdadeiro em sua vida. Freqüentemente, as pessoas do mundo se aproximam de você com idéias que parecem boas na superfície, mas sob um exame mais atento as mesmas se mostram falsas. Pode ser difícil discernir se tais idéias são de Deus ou se têm outras origens. Felizmente, você não tem de confiar em seu próprio julgamento em tais situações, pois há peritos na igreja para ajudá-lo, a Palavra de Deus para guiá-lo, e a liberdade de perguntar sobre isto diretamente a Deus através da oração.

Quando você buscar a Deus para obter discernimento, a Bíblia diz que Ele o suprirá com a sabedoria necessária para descobrir a verdade. Ele o protegerá contra as falsas idéias que surgem em seu caminho, e através de sua graça Ele o trará para perto dEle enquanto você procura servi-lo e compreender o que Ele quer para a sua vida.

GRAÇA PARA HOJE:

Quando você busca a Deus para ter discernimento, Ele lhe dá graciosamente sabedoria e entendimento para conhecer a verdade.

Quarta

Deixe que o seu Dinheiro o Faça Lembrar

"Os que confiam no Senhor serão como o monte Sião, que não se abala, mas permanece para sempre."
Salmos 125.1

Você tem olhado para o seu dinheiro ultimamente? Quer você tenha muito, quer tenha pouco, em cada centavo que possui existe uma frase simples que deveria lembrá-lo de como você deve viver a vida.* Impressa sobre cada nota de dólar, níquel, moeda de dez centavos e de um centavo está a frase: "Nós confiamos em Deus".

Na sociedade de hoje, é muito fácil confiar no dinheiro. A mensagem que o mundo nos transmite é que devemos ganhar o máximo possível para sermos felizes e seguros, não tendo falta de nenhuma coisa boa. Somos impelidos a confiar no dinheiro para o dia de hoje e também para o futuro — quando nos aposentarmos.

Veja, nada há de errado em usar o dinheiro sabiamente e economizar para o futuro, mas por si só o dinheiro não pode nos trazer segurança ou felicidade — nem para aqueles que o tem, nem para os que o buscam constantemente. Ironicamente, o nosso próprio dinheiro diz que devemos depositar a nossa confiança em outro lugar — em Deus.

Confiar em Deus lhe traz todas as coisas que o dinheiro não pode comprar. Abre o céu e lhe dá acesso a tudo o que Deus prometeu em sua Palavra. Traz soluções para os problemas de sua vida. Oferece satisfação não importa a circunstância que você esteja enfrentando. Este é o único caminho para a paz e a felicidade.

Não deposite sua confiança no dinheiro. Antes, deixe-o falar. Deixe-o lembrar-lhe que prata e ouro são um substituto frágil e temporário para a segurança que vem do conhecimento de Deus.

* N. do T.: Uma referência à moeda americana.

GRAÇA PARA HOJE:

Deus nos dá toda a segurança necessária para esta vida, e para a que virá.

Quinta

Ornamento por Cinzas

"A ordenar acerca dos tristes [...]
que se lhes dê ornamento por cinza [...]"
Isaías 61.3

Uma das mais belas flores selvagens do Alasca é erva do fogo. A delicada flor rosa-púrpura tem muitas utilidades. Como chá, a erva do fogo é boa para distúrbios estomacais, tosse e asma. Aplicada de outras maneiras, ela trata de picadas, cortes e eczemas. As flores também podem ser usadas para fazer geléias saborosas e mel.

É interessante como a flor da erva do fogo adquiriu este nome. Ela é a primeira planta a florescer naquela parte do país depois de um incêndio. Quando a fumaça desaparece e a terra esfria, essas flores emergem da terra enegrecida. A erva do fogo reveste a paisagem danificada como um impressionante acolchoado, trocando as cinzas por beleza.

Como crentes, temos a oportunidade de permitir que Deus crie lindas flores — exatamente como a erva do fogo — a partir das cinzas da nossa vida. Sem o fogo, a erva do fogo não floresce, e sem adversidade, a força e a beleza de uma vida inteiramente devotada a Deus não pode resplandecer. Mas assim como o Senhor promete, Ele concederá "ornamento por cinza, óleo de gozo por tristeza, veste de louvor por espírito angustiado" (Is 61.3).

Você esta no meio dos "incêndios" da vida? Teme que nada belo jamais possa surgir da situação em que se encontra? Confie em Deus e espere que a erva do fogo floresça em sua vida. A beleza pode vir das cinzas. Quando isto acontece, a situação torna-se um testemunho do poder e do amor de Deus para todos aqueles que estão ao redor.

GRAÇA PARA HOJE:

Deus toma as cinzas de nossa vida e as transforma em força e beleza.

BEM-AVENTURADOS OS PACIFICADORES

Quando dois de seus irmãos começaram a discutir no piquenique anual da família Bakerton, Eric soube que aquele seria um dia longo. Como o mais sensato e calmo membro da família, ele sabia que seus irmãos contariam com ele mais uma vez para ajudar a resolver o desentendimento. Assim, com sua maneira habitual, Eric escutou pacientemente quando os irmãos aproximaram-se com suas respectivas versões da história. Então pediu-lhes para considerarem o outro lado da questão e pensarem em suas próprias ações.

Neste sentido, Eric era um pacificador, porque estava sempre desejando trabalhar com seus irmãos a fim de que eles encontrassem uma resolução para os seus conflitos. Ele sobressaía neste papel não porque sua vida tivesse ausência de problemas, mas porque havia honestamente submetido a vida a Deus e adotado o seu modo de enfrentar situações estressantes. Por causa desta submissão, Deus lhe dera paz.

GRAÇA PARA HOJE:

Deus nos dá paz e nos chama para sermos pacificadores.

Quando os conflitos realmente surgiam, a graça de Deus na vida de Eric permitia-lhe ouvir calmamente os outros sem zangar-se ou ficar irritado. Ele podia assim ver os pontos de vista das pessoas e entender melhor como as suas ações as afetavam. Isto lhe dava humildade para admitir quando estava errado e pedir perdão, além de permitir-lhe restabelecer a paz nos relacionamentos.

Enquanto Eric assistia aos dois irmãos começarem sua reconciliação uma hora mais tarde, ele sentia-se abençoado pelo fato de Deus lhe ter dado este presente de paz em sua vida. Eric sabia que este era um presente que podia partilhar com outras pessoas incontáveis vezes, para que elas também experimentassem a graça e a paz de Deus em suas vidas.

"Ora, o fruto da justiça semeia-se na paz, para os que exercitam a paz."

Tiago 3.18

Reaja aos Problemas com uma Oração de Gratidão

Por John MacArthur Jr.

Em vez de orar a Deus com sentimentos de dúvida, desencorajamento ou descontentamento, devemos nos aproximar dEle com uma atitude de gratidão antes de proferirmos qualquer palavra. Podemos fazer isto com sinceridade quando compreendemos que Deus promete que não nos acontecerá nada que não possamos suportar (1 Co 10.13), de modo que no final tudo seja para o nosso bem (Rm 8.28) e para nos "aperfeiçoar, confirmar, fortificar e fortalecer" em meio ao nosso sofrimento (1 Pe 5.10). Esses são os princípios básicos para se viver a vida cristã. Vá além de memorizá-los e permita que eles sejam os padrões pelos quais você automaticamente interpreta tudo o que lhe acontece. Saiba que todas as dificuldades pela qual você passa estão dentro dos propósitos de Deus, e agradeça a Ele por sua força e promessas que estão sempre disponíveis.

Ser agradecido o libertará do medo e da preocupação. Submeter a sua condição ao soberano controle de Deus é uma demonstração tangível de confiança. E isto é fácil de fazer, pois há inúmeras bênçãos pelas quais devemos ser gratos: saber que Deus supre todas as nossas necessidades (Fp 4.19), que Ele conhece todos os nossos caminhos (Sl 139.3), que Ele tem cuidado de nós (1 Pe 5.7), que o poder pertence a Ele (Sl 62.11), que Ele nos predestinou para sermos conforme a imagem de seu Filho (Rm 8.29; Fp 1.6), e que o seu entendimento é infinito (Sl 147.5).[42]

QUERIDO SENHOR: AGRADEÇO-TE POR TODAS AS BÊNÇÃOS QUE TENS DERRAMADO SOBRE A MINHA VIDA. AGRADEÇO POR TEU PODER E TUAS PROMESSAS ESTAREM REALIZANDO O TEU BOM PROPÓSITO EM MIM, NÃO COM BASE EM ALGUM MÉRITO DE MINHA PARTE, MAS POR TUA GRAÇA EXTRAORDINÁRIA. AMÉM.

"Não estejais inquietos por coisa alguma; antes, as vossas petições sejam em tudo conhecidas diante de Deus, pela oração e súplicas, com ação de graças."
Filipenses 4.6

Uma Temporada Vitoriosa

"Porém o Senhor, teu Deus [...] trocou em bênção a maldição, porquanto o Senhor, teu Deus, te amava."

Deuteronômio 23.5

Todos os anos, uma empresa promovia um jogo de softball entre os departamentos de marketing e a equipe de suporte. Certo ano, a equipe de suporte arruinou com a equipe de marketing, mas no dia seguinte o departamento de marketing demonstrou como ganhava a vida, colocando o seguinte memorando no quadro de avisos:

"O departamento de marketing tem o prazer de anunciar que ficamos em segundo lugar na recente temporada de softball, perdendo apenas um jogo durante todo o ano. O departamento de suporte, entretanto, teve uma temporada infeliz, vencendo apenas um jogo."

GRAÇA PARA HOJE:

Deus é capaz de transformar toda "maldição" em bênçãos eternas.

E você? Que tipo de atitude geralmente tem em relação à vida? Você geralmente vê o copo meio vazio ou meio cheio? Estudos mostram que as pessoas com uma atitude positiva são geralmente mais saudáveis, vivem mais, e levam vidas mais satisfatórias do que as que têm uma perspectiva negativa.

Por isso, na próxima vez que a vida tentar derrubá-lo, permita que Deus torne a sua "maldição" uma bênção. Procure o lado bom de cada situação, não importa quanto você tenha de procurar. Da mesma maneira que o departamento de marketing tomou a decisão de ver a sua situação como algo positivo, você também pode escolher uma perspectiva diferente. A sua perspectiva da vida é importante — ela pode determinar se você vai ter uma temporada "vencedora" ou "perdedora"!

TERÇA

NÃO SE PREOCUPE

"Lançando sobre ele toda a vossa ansiedade, porque ele tem cuidado de vós."
1 Pedro 5.7

Uma preocupação saudável com algo que está surgindo em sua vida pode ser uma coisa boa. Isto pode fazê-lo considerar seriamente a situação e motivá-lo a traçar um plano de ação que cuide do assunto. Mas, muitas vezes, este cuidado saudável transforma-se em uma preocupação excessiva com o problema, desencadeando um comportamento mais destrutivo chamado de "tormento".

A preocupação excessiva é algo problemático. Estudos mostram que ela retarda o processo de tomada de decisão e pode prejudicar o pensamento, o aprendizado e a memória. Quando se preocupa, você se desliga do que está acontecendo no presente e se fixa nas coisas que aconteceram no passado ou que podem ocorrer no futuro. Quando a preocupação surge, você se desconecta do que acontece ao redor e não percebe o que Deus está fazendo na sua vida naquele instante.

Preocupar-se consome muita energia, mas não produz quaisquer resultados que valham a pena. Em um estudo, os pesquisadores descobriram que mais de 70% das preocupações das pessoas que eles estudaram nunca aconteceram ou estavam completamente fora do seu controle. De fato, preocupar-se nunca mudará o que aconteceu no passado nem alterará o futuro.

Em Mateus 6.34, Jesus instruiu: "Não vos inquieteis, pois, pelo dia de amanhã, porque o dia de amanhã cuidará de si mesmo". Quando surgir algo que o preocupe, deixe-o aos cuidados do Senhor em oração e confie na graça dEle para superar os transtornos. Determine-se a ver os desafios e percalços não como obstáculos, mas como oportunidades para Deus operar em sua vida e demonstrar a sua misericórdia e graça.

GRAÇA PARA HOJE:

Deus toma as nossas preocupações e transforma-as em oportunidades para derramar o seu amor e graça em nossa vida.

Quarta

Não Há Razão para Temer

"Posso todas as coisas naquele que me fortalece."
Filipenses 4.13

Após a derrocada do mercado de ações em outubro de 1929, a América mergulhou na Grande Depressão. Vinte e cinco por cento dos trabalhadores nos Estados Unidos perderam seus empregos, milhares de famílias perderam seus lares e muitos não tinham dinheiro nem mesmo para comprar comida. Milhões de americanos estavam desesperançados e temerosos sobre o que poderia acontecer em seguida.

No meio deste pesadelo, o povo elegeu um novo presidente chamado Franklin Delano Roosevelt. Paralisado por causa da poliomielite aos 39 anos, ele parecia, a princípio, um improvável candidato a fortalecer a nação e inspirar confiança. Além disso, a fragilidade de seus membros mascarava a coragem interior que possuía — uma coragem que ele transmitiu em seu discurso de posse ao declarar ousadamente: "A única coisa a temer é o próprio medo".

Como Roosevelt bem sabia, o medo decorrente da incerteza de uma situação é muitas vezes mais prejudicial do que a própria situação. O medo pode fazê-lo sentir-se desprotegido, sem esperança e incapaz de ver uma saída para a sua situação atual. Ele não somente pode roubar-lhe toda a alegria e o entusiasmo da vida, como também pode impedir que você realize os seus sonhos.

Entretanto, quando você entrega as suas preocupações a Deus e confia no poder da sua graça, Ele enche-o de coragem para superar os seus medos. Ele prometeu em sua Palavra nunca abandoná-lo ou desistir de você. Esteja seguro de que não existe nada que Ele não possa vencer. Assim, enfrente o dia com confiança, sabendo que você é um filho amado de Deus. Seja corajoso diante da adversidade, e lembre-se: Ele prometeu estar sempre ao seu lado.

GRAÇA PARA HOJE:

Deus promete nos dar coragem para superarmos os nossos medos.

Quinta

A Noite mais Longa

"[...] porque ele disse: Não te deixarei, nem te desampararei."
Hebreus 13.5

Uma tribo nativa americana tinha um método único para preparar os seus jovens valentes. Na noite do décimo terceiro aniversário de um menino, ele foi colocado no meio de uma densa floresta — para passar a noite inteira — sozinho.

Cada vez que um animal uivava, ele provavelmente imaginava um lobo saltando da escuridão. Cada vez que um galho estalava ou o vento roçava as folhas, provavelmente ele se perguntava se um animal selvagem estaria a ponto de atacar. Era a noite mais aterrorizante da vida de um jovem.

Mas quando os primeiros raios de sol penetravam as profundezas da floresta, o menino começava a olhar em volta e ver flores, as árvores e o contorno da trilha. Para sua surpresa, ao final da trilha ele podia ver a figura de um guerreiro apenas a alguns metros, armado com um arco e uma flecha. Era o pai do menino — que estivera ali durante toda a noite.

O seu Pai celestial está sempre junto de você, não importa quão sombrias ou assustadoras sejam as situações em que você se encontra. Embora a sua presença não possa ser vista, Ele permanece tomando conta da sua vida, armado e pronto para protegê-lo quando você passa pelas provações.

GRAÇA PARA HOJE:

Deus está vigilante. Ele está velando por nós em cada noite sombria da nossa vida.

Sexta

Um Simples Ato de Bondade

Após passar dezenove anos na prisão por ter roubado um filão de pão, Jean Valjean, o principal personagem da novela de Victor Hugo, *Les Miserables*, era um homem amargo ao ser libertado. Marginalizado pela sociedade ao viajar de um lugar para o outro, a única pessoa que demonstrava ter alguma verdadeira compaixão por ele era um padre chamado Bienvenu, que o compreendia e dava-lhe comida, roupas e um lugar quente para dormir.

Em troca da bondade do padre, Valjean roubou um caro castiçal de prata e fugiu durante a noite. Mais tarde, quando foi apanhado pela polícia e trazido de volta para a igreja, Valjean esperava ser levado para a prisão. Entretanto, quando foi colocado diante de Bienvenu, o padre não só explicou que o castiçal havia sido seu presente para Valjean, mas que este esquecera o outro castiçal do par. Valjean foi libertado e este simples ato de compaixão mudou a sua vida para sempre.

Graça para hoje:

Deus derrama a sua compaixão sobre nós e nos torna instrumentos da compaixão para outros.

Você nunca sabe quando o mais simples gesto de bondade mudará para sempre a vida de alguém. Quando você intervém e permite que Deus o use como seu instrumento, você demonstra a graça de Deus para aqueles que não têm esperança, e lhes dá forças para continuar. No entanto, a compaixão requer um grande engajamento, pois muitas vezes as oportunidades surgirão quando você estiver ocupado ou cansado, e você será tentado a afastar-se da pessoa. É possível que se sinta às vezes explorado, ou tema que os seus esforços não estejam ajudando em nada.

Felizmente, quando você se determina a levar uma vida misericordiosa, Deus o conduz a outros indivíduos misericordiosos que podem apoiá-lo e encorajá-lo quando mais precisar. Trabalhando juntos, vocês podem realmente levar a graça de Deus a todos aqueles que encontrarem.

"Revesti-vos, pois, como eleitos de Deus, santos e amados, de entranhas de misericórdia, de benignidade, humildade, mansidão, longanimidade."

Colossenses 3.12

CORRENDO A CORRIDA

Por Warren W. Wiersbe

Nas corridas, cada corredor deve permanecer na raia que lhe é designada, mas alguns costumam dar uma fechada em seus competidores para tentar tirá-los do curso. Isto foi o que os praticantes do judaísmo tentaram fazer com os crentes gálatas: eles os forçaram a tomar um "desvio espiritual". Não foi Deus quem fez isto, pois Ele os chamara para correrem exatamente na raia marcada como "Graça".

O crente que vive na esfera da graça de Deus é livre, rico, e corre na raia que leva à recompensa e à realização. O crente que abandona a graça e toma o caminho da lei é um escravo, um miserável, e corre em um desvio. Resumindo, ele é um perdedor. E a única maneira de ser um vencedor é "livrar-se do fermento", a falsa doutrina que mistura a lei e a graça, e nos afasta do Espírito de Deus.

A graça de Deus é suficiente para todas as exigências da vida. Somos salvos pela graça (1 Co 15.9,10). É ela que nos torna aptos a suportar o sofrimento (2 Co 12.9). É a graça que nos fortalece, para então sermos soldados vitoriosos (2 Tm 2.1). Nosso Deus é o Deus de toda a graça (1 Pe 5.10). Podemos chegar ao seu trono e achar graça a fim de sermos ajudados (Hb 4.16). À medida que lemos a Bíblia, que é "a palavra da sua graça" (At 20.32), o Espírito da graça (Hb 10.29) nos revela quão ricos somos em Cristo.

"E todos nós recebemos também da sua plenitude, com graça sobre graça." (Jo 1.16)

Quão ricos somos![43]

SENHOR DEUS: MANTENHA-ME CORRENDO NA RAIA MARCADA COMO "GRAÇA". E SE ALGUMA VEZ EU PROCURAR A MINHA PRÓPRIA BONDADE PARA ALCANÇAR A SALVAÇÃO, RETIRA-ME RAPIDAMENTE DO MEU DESVIO. QUERO VIVER CADA DIA DEPENDENDO COMPLETAMENTE DE TI. AMÉM.

"Prossigo para o alvo, pelo prêmio da soberana vocação de Deus em Cristo Jesus."

Filipenses 3.14

Um Frango Chamado Ted

"E vos vestistes do novo, que se renova para o conhecimento, segundo a imagem daquele que o criou."
Colossenses 3.10

Você provavelmente conhece Ted Giannoulas, mesmo que jamais tenha ouvido o seu nome. Ele tem sido o Frango de São Diego por mais de trinta anos. Mas, infelizmente, Ted está envelhecendo. Com a idade de cinqüenta anos, ser "O Frango" tem sido a vida inteira toda a sua identidade. Ele nunca permite que o seu rosto seja fotografado, a menos que esteja fantasiado. Ele não tem família. Ou seja, ninguém conhece o verdadeiro Ted.

A princípio, ele amava o seu alter ego. "Descobri uma personalidade nova naquele traje", disse ele certa vez. "Ele me dava liberdade. Eu não tinha mais de ser Ted". Mas havia um preço a pagar. Dave Raymond, que durante anos usou a fantasia de Philly Fanático, disse: "[Giannoulas] foi o primeiro e o mais engraçado [dos mascotes], e eu só tenho respeito por ele. Mas se você não tomar cuidado, você pode se perder naquele traje". O próprio Ted diz com tristeza: "Tenho muitas histórias sobre o Frango. Infelizmente não tenho nenhuma história sobre o Ted".

GRAÇA PARA HOJE:
Deus fez cada um de nós como a sua própria criação incomparável.

Muitas pessoas passam pela vida tentando ser alguém diferente de como Deus as criou. Mas no final, elas se perdem no processo.

Deus o fez para ser um indivíduo admirável e inigualável — nunca houve, e nunca haverá, outra pessoa como você. Não perca o tempo escondendo-se, como Ted fez, em uma fantasia de Frango, ou por trás de alguma outra máscara ou fachada. Peça a Deus que lhe mostre a sua verdadeira identidade em Cristo, e então descubra os planos maravilhosos que Ele tem reservado para a sua vida. Você não se arrependerá!

Terça

Derrube as Muralhas

"[Disse Jesus:] Assim resplandeça a vossa luz diante dos homens, para que vejam as vossas boas obras e glorifiquem o vosso Pai, que está nos céus."

Mateus 5.16

Uma das obras-primas mais famosas de Pablo Picasso é a que ele criou em 1937, chamada Guernica. Uma pintura enorme, pendurada durante anos na parede do Museu de Arte Moderna de Nova York. As pessoas tinham permissão para ver e apreciar todos os seus detalhes intricados de perto. Somente um incidente manchou a sua história nos Estados Unidos: em 1974, um manifestante político em protesto jogou tinta vermelha sobre a obra de arte.

Embora nenhum dano permanente tenha acontecido, ao transferirem a obra para o Prado em Madri, na Espanha, as autoridades decidiram protegê-la colocando-a quatro metros atrás de uma redoma de vidro. Os admiradores não puderam mais vislumbrar a obra do artista de perto, e ver do lado de fora do vidro criava dificuldades para observar toda a pintura. Guernica certamente estava protegida de danos, mas não exercia mais o mesmo impacto sobre as pessoas.

A dor que você experimentou provavelmente fez com que erguesse algumas muralhas em sua vida. Embora o protejam de outro dano, estas muralhas também impedem que as pessoas vejam os detalhes especiais em você. Elas o afastam emocionalmente das pessoas e privam-nas de ver a beleza que Deus colocou em seu verdadeiro "eu".

C. S. Lewis observou: "Amar totalmente é ficar vulnerável". A única maneira de experimentar a verdadeira comunhão e honestamente deixar que as pessoas o amem por quem você é realmente é deixar que elas cheguem perto. Isto envolve derrubar as muralhas que protegem a sua vida. Mas uma vez que você aceite este risco de vulnerabilidade, Deus o cobrirá com a sua graça e trará cura para a sua vida.

GRAÇA PARA HOJE:

Devemos permitir que Deus derrube as muralhas que impedem outros de ver os seus belos dons em nós.

Quarta

Jesus Voltará em Breve

"Porque vós mesmos sabeis muito bem que o Dia do Senhor virá como o ladrão de noite."
1 Tessalonicenses 5.2

A cada cinqüenta anos, ou por volta disso, alguém faz uma previsão enfática de quando Jesus voltará. Sabemos que estas pessoas estão erradas porque aqui estamos nós, ainda esperando. A Bíblia diz que Jesus voltará — e em breve — mas ela também diz que não seremos informados de quando este evento ocorrerá. Somos instruídos a viver como servos da casa que esperam pela volta de seu senhor. Precisamos estar prontos — todos os momentos de todos os dias — para vê-lo face a face, ou aqui ou quando Ele nos receber na morte.

Se você nunca entregou o coração e a sua vida a Deus, agora é o momento para fazê-lo. Você não deve se demorar. Que tragédia seria se Jesus voltasse e você não tivesse adquirido o misericordioso dom da salvação. Ofereça a Ele o seu pecado e receba em troca as suas vestes brancas de justiça. Elas foram compradas exatamente para você na cruz do calvário. Não importa o que você tenha feito no passado, a graça de Deus o purificará e adornará como uma noiva no dia de seu casamento. Esteja pronto.

Se você já é crente, prepare a alma abraçando a graça e a misericórdia dEle para o seu andar cotidiano aqui na terra. Seja rápido em perdoar e pedir perdão. Ame o Senhor com todo o seu coração e ame o próximo como a si mesmo. Não deixe que nada impeça a sua preparação para aquele dia especial do Senhor. Tenha sempre em mente as glórias do céu.

Jesus voltará em breve. Você está pronto?

GRAÇA PARA HOJE:

Quando Jesus voltar, Ele nos receberá em sua presença, e ali passaremos a eternidade.

Quinta

A Fidelidade de Deus

"Bendito seja o Deus e Pai de nosso Senhor Jesus Cristo, o Pai das misericórdias e o Deus de toda consolação."

2 Coríntios 1.3

Evelyn Husband perdeu o amor de sua vida — seu marido, Rick Husband, comandante do ônibus espacial, em uma tragédia nacional. Um ano depois, ela partilhou com a nação a sua mensagem sobre a mão curadora de Deus.

Naquele dia fatídico, Evelyn ficou com as outras famílias da tripulação do ônibus espacial Columbia no local de pouso, no Cabo Canaveral, Flórida, esperando o marido voltar para casa. O ônibus estava a apenas minutos do pouso quando o Controle da Missão da NASA perdeu contato com a tripulação do ônibus. Os poucos momentos seguintes foram uma confusão de eventos: imagens de vídeo do Columbia se desintegrando sobre o horizonte do Texas, os oficiais da NASA lutando para afastar os membros das famílias para que não vissem o que as câmeras de televisão mostravam. Evelyn lembra-se de observar as expressões aterrorizadas no rosto de seu filho Matthew e de sua filha Laura, que na ocasião tinham sete e doze anos, respectivamente.

Desde aquele dia, porém, Evelyn tem sido capaz de proclamar uma mensagem simples, mas poderosa: Mesmo em meio ao sofrimento intenso, Deus é fiel. "Bem no fundo, eu sabia que Deus me ajudaria a passar por isso de alguma forma", ela declarou. "Eu sabia disto porque Ele me ajudara a atravessar outras crises, anteriormente, em minha vida".

Como você tem visto a fidelidade de Deus sendo manifestada em sua vida? Talvez você não tenha perdido um marido em um acidente de ônibus espacial, mas sem dúvida você já experimentou outras crises e tragédias que vieram sem aviso. Assim como Deus o ajudou a atravessar aqueles momentos de provação, Ele continuará a andar com você nos dias que estão por vir. Não importa o que o futuro possa trazer, Deus estará presente para ajudá-lo a superar os momentos difíceis.

GRAÇA PARA HOJE:

"É quando não lhe sobrou nada e ninguém além de Deus que, pela primeira vez, você toma consciência de que Deus é o suficiente."

— Maude Royden

MOVA-SE!

Embora os céus estivessem claros sobre a costa sul da Flórida, as praias e os restaurantes tipicamente lotados estavam misteriosamente quietos. Algumas pessoas determinadas ainda vagavam pelas ruas, mas a maioria da população tinha literalmente pego a estrada. Milhares de carros aglomeravam-se na principal estrada interestadual, retendo o tráfego em alguns lugares por mais de trinta quilômetros. Um enorme furação chamado "Frances" fora previsto, e estava em um curso direto para atingir o Estado.

GRAÇA PARA HOJE:

Quando Deus nos chama para tomarmos uma atitude, Ele guia-nos bondosamente através da dificuldade em sua melhor rota para a nossa vida.

Quando a ordem para evacuar chegou aos mais de 2 milhões e meio de residentes da Flórida, a maioria fez as malas e retirou-se para um lugar seguro — especialmente aqueles que tinham experimentado furacões semelhantes no passado. Contudo, milhares se recusaram a deixar suas casas e coisas de valor abandonadas, decidindo antes colocar a confiança na força de seus edifícios de concreto. Afinal, eles haviam estado em furacões antes. Como este poderia ser ruim?

Muitas pessoas têm uma reação semelhante quando Deus dá uma ordem de ação em suas vidas. Alguns se recusam a ver os sinais de alerta, insistindo em que os céus estão claros e a tempestade não será tão ruim. Outros têm medo de agir porque não têm certeza do que devem fazer. E muitos outros simplesmente não estão dispostos a entregar a vida a Deus e deixar para trás a segurança de suas situações atuais.

É freqüentemente mais fácil planejar algo do que realmente fazê-lo. No entanto, nem mesmo todos os planos do mundo o ajudarão se você simplesmente ficar sentado ali quando o furacão chegar. Quando Deus o chamar para uma ação, lembre-se, Ele faz isto pela graça e por causa de seu grande amor por você. Seu desejo é guiá-lo em meio ao que vem pela frente.

"Apressei-me e não me detive a observar os teus mandamentos."
Salmos 119.60

Morrer É Ganho

Por Gene Getz

Quando escreveu aos filipenses, Paulo sabia que as suas chances de ser executado eram grandes. Foi por isso que disse: "Porque para mim o viver é Cristo, e o morrer é ganho" (Fp 1.21). Ele se regozijava em sua situação, qualquer que fosse esta, porque era convencido de que seria liberto (v. 19).

A idéia de "livramento" tinha um significado duplo para Paulo. Ou ele seria "liberto" da prisão para passar mais tempo com os cristãos filipenses ou seria "liberto" de vacilar em seu testemunho cristão quando enfrentasse a ameaça de morte nas mãos do imperador. Na realidade, havia uma terceira alternativa, porque se a sua vida fosse tirada, então ele seria "liberto" da sua "casa" terrena para passar a eternidade com Cristo — o que, declarou ele enfaticamente, "é ainda muito melhor" (v. 23). Em outras palavras, Paulo sabia que como crente ele venceria não importasse o que acontecesse. "Segundo a minha intensa expectação e esperança", escreveu Paulo, "de que em nada serei confundido; antes, com toda a confiança, Cristo será, tanto agora como sempre, engrandecido no meu corpo, seja pela vida, seja pela morte" (v. 20).

A perspectiva eterna de Paulo capacitava-o a enfrentar estes problemas e dificuldades com grande coragem e conforto. À luz da eternidade, ele os chamou de "momentânea tribulação", e continuou: "não atentando nós nas coisas que se vêem, mas nas que se não vêem; porque as que se vêem são temporais, e as que se não vêem são eternas" (2 Co 4.17,18).[44]

SENHOR DEUS: QUE EU POSSA VER CADA CIRCUNSTÂNCIA ADVERSA COMO UMA "MOMENTÂNEA TRIBULAÇÃO". AJUDA-ME, PELA TUA GRAÇA, A FIXAR OS MEUS OLHOS NA ETERNIDADE. AMÉM.

"Segundo a minha intensa expectação e esperança, de que em nada serei confundido; antes, com toda a confiança, Cristo será, tanto agora como sempre, engrandecido no meu corpo, seja pela vida, seja pela morte."

Filipenses 1.20

O Verdadeiro Significado da Esperança

"[Deus,] segundo a sua grande misericórdia, nos gerou de novo para uma viva esperança, pela ressurreição de Jesus Cristo dentre os mortos."

1 Pedro 1.3

À medida que Jerome Groopman, professor da Escola de Medicina de Harvard, diagnosticava pacientes com doenças graves, ele descobria que todos, sem exceção, estavam procurando um genuíno senso de esperança. Esta esperança era mais importante para eles do que qualquer coisa que Groopman pudesse prescrever como médico.

Depois de escrever um livro intitulado *The Anatomy of Hope* (A Anatomia da Esperança), Groopman foi solicitado a dar uma definição simplificada do termo. Ele respondeu: "Basicamente, esperança é a habilidade de ver um caminho para o futuro. Quando uma pessoa está passando por circunstâncias horrendas, precisa ver um caminho potencial que pode levá-la aonde ela deseja estar. Uma vez que ela vê isto, ocorre uma tremenda elevação emocional".

O doutor confessou: "A esperança foi, é, e sempre será, o coração da medicina e da cura. Nenhum de nós pode viver sem esperança. Mesmo com todo o avanço da medicina disponível hoje, ainda voltamos para a profunda necessidade humana de crer que é possível alcançar um futuro melhor do que a vida no presente."

Graças a Deus que, como crentes, temos esperança em uma vida futura que é muito melhor do que "a vida no presente"! Todas as nossas esperanças e sonhos para a vida aqui na terra jamais podem se comparar à vida que nos aguarda no céu. Portanto, mesmo quando você estiver perseguindo objetivos e sonhos terrenos, não se esqueça de ter sempre diante dos olhos a perspectiva eterna. A "esperança viva" que vem de Deus, traz a confiança em uma vida celestial depois desta vida na terra — uma vida com um futuro muito brilhante.

GRAÇA PARA HOJE:

Pela graça de Deus, temos a esperança de uma vida celestial além da que estamos vivendo aqui na terra.

TERÇA

UMA PLANTA PARA A VIDA

"A exposição das tuas palavras dá luz e dá entendimento aos símplices."
Salmos 119.130

Se você quiser construir uma casa, primeiro precisará de uma série de "plantas". Plantas são desenhos detalhados em escala que descrevem como a casa se parecerá quando estiver pronta. Elas agem como diretrizes para mostrar-nos como construir a casa desde o alicerce. Descrevem todos os sistemas que precisarão estar incluídos — tais como aquecimento, tubulação de água e parte elétrica. Sem estas diretrizes vitais para seguir, você não pode saber se a casa que está construindo é estável.

A Bíblia é a planta para a sua vida. Quando você abre as suas páginas, descobre ensinos que esboçam a maneira que Deus quer que vivamos. Você encontra histórias que fornecem exemplos concretos dos benefícios de se seguir os caminhos de Deus e das conseqüências envolvidas quando se escolhe o próprio curso. Você aprende sobre o alicerce sobre o qual a sua vida deve ser construída e os "sistemas" que precisam estar no lugar para se viver uma vida cristã — tais como a adoração, a oração e a comunhão. Você também ganha a sabedoria para determinar quando um erro foi cometido e como corrigi-lo.

Ler a Palavra de Deus diariamente requer paciência, perseverança e compromisso, o que talvez seja o motivo por que somente 36% dos adultos geralmente a lêem durante a semana, conforme indicam as estatísticas. Partes da Bíblia podem ser complicadas e difíceis de entender. No entanto, se você estudá-la fielmente, Deus lhe dará a sabedoria necessária para entender a sua mensagem. Ele lhe revelará novas inspirações por meio das histórias e parábolas. Ele o abençoará e cobrirá com a sua graça quando você se esforçar para edificar a sua vida conforme as plantas que Ele lhe deu.

GRAÇA PARA HOJE:

Deus concedeu, bondosamente, a cada um de nós, uma planta para orientar a construção da nossa vida.

Quarta

A Peça que Falta

"Assim, também vós, como desejais dons espirituais, procurai sobejar neles, para a edificação da igreja."
1 Coríntios 14.12

O Corpo de Cristo pode freqüentemente lembrar um grande jogo de quebra-cabeças que acabou de ser despejado da caixa e colocado sobre a mesa. As peças misturam-se sem qualquer senso de coesão, mas quando você examina os vários formatos, logo começa a entender como certas peças se encaixam. Ligando uma parte na outra, o "quadro completo" gradualmente entra em foco.

Cada pessoa na família de Deus recebe um dom específico. Este pode ser um dom de ensino, música, liderança, escrita, comunhão, ou até mesmo compaixão. Pode ser a transformação de um talento que você tenha ou uma habilidade completamente nova que Deus lhe dá. Naturalmente, assim como o quebra-cabeças embaralhado sobre a mesa, pode não estar claro a princípio como o seu dom específico "se encaixará" com os outros dons das pessoas na igreja. Você pode hesitar em usar o seu dom, com receio de que outros o achem sem importância.

No entanto, é importante lembrar que todo dom de Deus é significativo para os seus propósitos. Quando falha em contribuir com o seu dom, você retém peças necessárias para completar o "quadro total" que forma o Corpo de Cristo. Como uma última peça frustrante que está faltando, reter o seu dom deixa buracos incompletos no todo que poderia ser usado para abençoar outros.

Conte com a graça de Deus e confie que os dons que Ele lhe deu se encaixarão para fazer o Corpo de Cristo mais forte como um todo. Vá a Ele em oração e pergunte como Ele deseja que você use estes dons para o Reino.

GRAÇA PARA HOJE:

Deus confiou a cada um de nós um dom especial que fortalecerá e inspirará o corpo de crentes.

Quinta

Confiando nas Promessas de Deus

"[...] Ele é o meu Deus, o meu refúgio, a minha fortaleza, e nele confiarei."
Salmos 91.2

O ator Jimmy Stewart encontrou conforto no Samo 91. Quando os Estados Unidos entraram na Segunda Guerra Mundial, em 1941, Stewart alistou-se no Exército e preparou-se para ir além mar. O pai de Stewart ficou com a voz embargada quando tentou dizer-lhe adeus, e assim escreveu um bilhete para que o filho lesse no caminho. Após embarcar, Jimmy leu as palavras que seu pai fora incapaz de dizer em voz alta:

Meu querido filho Jim,

Logo após ler isto, você estará em seu caminho prestes a enfrentar o pior tipo de perigo. Jim, estou confiando na cópia anexa do Salmo 91. A única coisa que substitui o medo e a preocupação é a promessa destas palavras. Estou firmando a minha fé nelas. Não posso dizer mais nada. Apenas continuo a orar. Adeus, meu querido. Deus te abençoe e te proteja. Eu te amo mais do que posso dizer.

Seu Pai

Jimmy voltou para casa são e salvo, condecorado como herói de guerra, ileso, embora o seu registro incluísse vinte missões de combate. Durante o calor da batalha, Stewart disse que aprendeu a confiar nas palavras de sua cópia em farrapos do Salmo 91, especialmente os versículos um e dois, que falam de Deus como Refúgio e Fortaleza.

Deus também pode ser o seu refúgio e a sua fortaleza. Não importa quais batalhas você enfrente hoje, conte com Ele e confie em sua proteção. Aprenda a dizer do Senhor: "Ele é o meu Deus, o meu refúgio, a minha fortaleza, e nele confiarei" (Sl 91.2). Ele está com você — você pode "contar com isto!"

GRAÇA PARA HOJE:

Deus promete ser um refúgio e uma fortaleza para os seus filhos.

Deixe que Deus Seja o seu Piloto

Um piloto de avião bastante experiente achou-se de repente em meio a uma terrível tempestade. Quando as nuvens se fecharam e a visibilidade foi reduzida a menos de seis metros, ele rapidamente perdeu todo o senso de direção. Sem saber se ia para a esquerda ou para a direita, para cima, ou para baixo, o piloto decidiu confiar por completo em seus instrumentos de vôo. Às vezes, seus instintos lhe diziam que estava indo na direção errada, mas ele ignorou tais sensações e continuou a confiar em seus instrumentos. Quando chegou a exatamente trinta metros do chão, ele saiu das nuvens e pousou o avião com sucesso.

GRAÇA PARA HOJE:

Devemos confiar em Deus, porque Ele irá nos guiar, proteger e dar a sua graça a fim de podermos superar toda e qualquer dificuldade.

Quando as nuvens das tempestades se formam em sua vida, você pode perder a perspectiva e não saber que direção tomar. Surgem situações que nunca enfrentou antes, com as quais você não possui nenhuma experiência, e por isso não sabe lidar com elas. Durante estes momentos, você pode ser tentado a confiar em seus próprios instintos e "dar asas a si mesmo". No entanto, se fizer isto, você estará fazendo um vôo cego.

Da mesma forma que o piloto confiou em seus instrumentos para guiá-lo através da tempestade, você precisa confiar no Senhor para ajudá-lo a atravessar os tempos de incerteza em sua vida. Somente Deus sabe exatamente onde você está, aonde precisa ir, e que rota precisa tomar. No entanto, Ele não pode guiá-lo se você obstinadamente insistir em seguir o seu sistema de direção. Você tem de deixar os controles, e confiar completamente nEle.

Quando você confiar em Deus, Ele o guiará pela tempestade, trazendo-o são e salvo, e o abençoará com a sua graça em todo o processo. Ele edificará a sua fé e o fortalecerá, para você saber lidar com a próxima tempestade que está bem além do horizonte.

"[...] eu sou contigo [...] e te ajudo, e te sustento."

Isaías 41.10

O Seu Fardo É Leve

Por Warren W. Wiersbe

O jugo da religião é desconfortável, e os fardos, pesados. O jugo de Cristo é "suave" e o seu fardo é "leve". Esta palavra "suave" significa no grego "gentil, bondoso". O jugo de Cristo liberta-nos para fazermos a sua vontade, enquanto o jugo da lei nos escraviza. A pessoa não salva traz sobre si um jugo de pecado (Lm 1.14); o legalista religioso usa um jugo de escravidão (Gl 3.13; 5.1). O crente não está mais debaixo da lei, e sim debaixo da graça (Rm 6.14). Isto não significa que somos rebeldes. Simplesmente quer dizer que não precisamos mais da força externa da lei para nos mantermos na vontade de Deus, porque temos a orientação interior do Espírito Santo de Deus (Rm 8.1-4). Cristo morreu para nos libertar, não para nos tornar escravos.

Alguns crentes são assombrados pela liberdade que existe na graça de Deus. Assim, eles buscam uma comunhão que é legalista e ditatorial, onde eles podem deixar que outros tomem as decisões por eles. Isto é comparável a um adulto subindo de volta para o berço. A maneira da liberdade cristã é a maneira do cumprimento em Cristo. Não é de admirar que Paulo emita aquele ultimato: "Não torneis a meter-vos debaixo do jugo da servidão". Escolha a liberdade.[45]

SENHOR DEUS: Obrigado pela graça que me deste para viver em liberdade. Sou livre para cumprir a tua perfeita vontade para a minha vida. Amém.

"[Disse Jesus:] Vinde a mim, todos os que estais cansados e oprimidos, e eu vos aliviarei. Tomai sobre vós o meu jugo, e aprendei de mim, que sou manso e humilde de coração, e encontrareis descanso para a vossa alma. Porque o meu jugo é suave, e o meu fardo é leve."

Mateus 11.28-30

Uma Bênção Bumerangue

"[Disse Jesus:] Dai, e ser-vos-á dado [...]"
Lucas 6.38

Vernal Simms, pastor presidente da Igreja Morris Brown AME, na Filadélfia, cresceu em uma família de nove filhos, em um tosco projeto de moradia em Boston, chamado Columbia Point. Embora fosse um estudante esforçado, pagar a faculdade parecia-lhe impossível. Mas a frase favorita de sua mãe era: "Ore, e o Senhor abrirá um caminho de alguma maneira". Vernal decidiu aceitar o conselho da mãe e orar por um modo de freqüentar a faculdade.

Ele empacotou suas coisas e foi para a faculdade em busca de orientação, porém não tinha o dinheiro para ficar. Ele teria de dar meia-volta e fazer a viagem de 160 km de volta para casa, a menos que a sua oração fosse respondida. Foi então que o herdeiro de uma fortuna empresarial ficou sabendo de sua situação difícil e decidiu pagar tanto a faculdade como a sua educação em um seminário bíblico.

Depois que se formou, Vernal foi até o escritório de seu benfeitor para agradecer-lhe e perguntar o que poderia fazer para, de alguma forma modesta, retribuir o homem pela sua bondade. O homem respondeu: "Ajude alguém". Aquelas foram as palavras mais profundas que Vernal ouviu em sua vida. Ele tem passado os últimos vinte anos ministrando tanto em bairros de classe alta como nos subúrbios da cidade, onde há grande envolvimento com as drogas e uma infestação do crime. Como ele diz: "A bênção de Deus é como um bumerangue. À medida que tento ajudar outros, as bênçãos simplesmente continuam voltando para mim!"

GRAÇA PARA HOJE:

Nunca podemos dar mais do que Deus!

Ao receber uma bênção de Deus — grande ou pequena — tudo o que o Senhor lhe pede em troca é que você "ajude alguém" com o que Ele lhe deu. Algo incrível acontece quando você obedece a este pedido e começa a ajudar outros. À medida que você se doa às pessoas, as bênçãos voltam para você como um "bumerangue"! Um pastor disse certa vez: "Você não pode dar mais do que Deus! — Não importa o que dê a Ele, Ele sempre lhe dará mais".

Terça

Graça para todas as Estações

"[Disse Jesus:] No mundo tereis aflições, mas tende bom ânimo; eu venci o mundo."
João 16,33

Quando os dias começam a esquentar na primavera, as árvores florescem e brotam novas folhas verdes. Quando os dias se tornam quentes no verão, as folhas ficam maiores e adquirem uma tonalidade mais escura. No outono, os dias ficam mais curtos e as folhas mudam para tons vibrantes de vermelho e dourado. O inverno logo se segue, e as folhas começam a cair de seus ramos para a terra abaixo.

A razão para isto ocorrer todo ano é porque Deus criou a árvore para se adaptar às mudanças das estações. As árvores precisam da luz do sol para crescer, de forma que na primavera brotam folhas verdes que captam a luz do sol. No outono, quando os dias são mais curtos, as árvores começam a guardar energia para o longo inverno que se aproxima, deixando cair as suas folhas. Todos estes eventos são uma reação natural da árvore às mudanças a sua volta.

Seja mudança de carreira, mudança para uma nova localidade, casamento, etc., as mudanças sempre trazem novos desafios, incertezas, confusão, e períodos indesejados de instabilidade na vida. Em uma cultura que promove a segurança, a mudança pode ser uma perspectiva assustadora.

Contudo, a mudança é necessária, porque traz o crescimento. Da mesma forma que as árvores devem mudar com a chegada das estações a fim de manterem o seu crescimento, você também deve mudar e se adaptar às estações da vida para manter o amadurecimento cristão. Fazer isto significa confiar na graça de Deus para ajudá-lo a atravessar os momentos difíceis e deixar a vida velha quando a estação mudar outra vez, confiando na promessa de Deus de que a primavera virá.

Portanto, reflita nas mudanças que Deus tem trazido para a sua vida e agradeça-lhe pelos períodos de crescimento que vêm como resultado.

Graça para hoje:

Deus usa a mudança em nossa vida para nos encorajar a crescer espiritualmente.

Você Falará?

"Porque não me envergonho do evangelho de Cristo, pois é o poder de Deus para salvação de todo aquele que crê, primeiro do judeu e também do grego."
Romanos 1.16

Se você fosse morar em um país onde pregar o evangelho fosse ilegal, isto mudaria muito a sua vida? Pode parecer uma verdade difícil de admitir, mas tal situação não mudaria a vida de muitas pessoas. Falar aos outros sobre Jesus pode às vezes ser intimidador, porque vivemos em um mundo onde há pressão crescente para subverter o evangelho.

A imoralidade tornou-se o padrão, e o evangelho de alguma forma ficou suspeito. Ultimamente, parece que muitas pessoas se ofendem com o próprio nome de Jesus. Mas não deixe o seu coração ficar perturbado. Há algumas pessoas que aparecem em seu caminho todos os dias, e Deus quer aproximar-se mais delas. Para isto, o Senhor deseja usá-lo.

Você sabia que foi escolhido por Deus para brilhar como uma luz neste mundo? Ele lhe deu o seu amor, seu poder e sua Palavra não só para abençoar a sua vida, mas também para abençoar outros. Ele confiou-lhe a honra de representá-lo enquanto você vive esta vida.

Deus deseja que todos avancemos e façamos discípulos para Cristo. Ele ama o descrente tanto quanto ama você. Mas Ele precisa de alguém que aceite a missão de falar ao mundo sobre o seu amor. Você falará? Verdadeiramente, há muito amor em seu coração para dar. Isto ocorre porque o amor de Deus está diariamente dentro de você. Tente falar sobre o amor de Jesus a alguém hoje. Isto poderá ser exatamente o que abençoará o dia desta pessoa, ou talvez muito mais — a eternidade desta pessoa.

GRAÇA PARA HOJE:

Deus ama o descrente tanto quanto ama você.

Quinta

No Momento Exato

"[Disse Jesus:] Não andeis, pois, inquietos, dizendo: Que comeremos ou que beberemos ou com que nos vestiremos? [...] vosso Pai celestial bem sabe que necessitais de todas essas coisas."
Mateus 6.31,32

Elmer Towns e sua esposa não tinham muito dinheiro e estavam freqüentando a faculdade pela fé. Elmer ganhava um dólar por hora dirigindo um ônibus escolar, o que era suficiente apenas para suprir as necessidades do casal, sem sobrar nem mesmo uma moeda para um refrigerante. Eles oravam juntos dia a dia para Deus suprir as suas necessidades — e Ele sempre supriu.

Certa noite, a única coisa que havia no armário da cozinha era uma lata de atum. Então a esposa de Elmer preparou uma caçarola de atum. Ao juntarem as mãos para agradecer a Deus pelo alimento, Elmer orou: "Deus, tu sabes que estamos sem dinheiro nenhum. Sabes que ainda faltam dois dias para o pagamento. Sabes que estamos dispostos a jejuar até recebermos o dinheiro, mas te pedimos que, por favor, cuide das nossas necessidades".

Quando terminaram de orar, o funcionário da lavanderia bateu à porta. A esposa de Elmer atendeu-o dizendo: "Não há roupa para lavar hoje; não temos dinheiro para mandar lavar nada". Porém ele não tinha vindo pegar roupas para lavar.

O homem explicou: "Há alguns meses, o proprietário do seu apartamento pediu-me para entregar a vocês esta nota de vinte dólares, para pagar pelo conserto do encanamento que vocês fizeram para ele. Eu tinha me esquecido disto até hoje.

Algumas pessoas podem chamar isto de coincidência, mas Elmer e sua esposa sabiam que a oração que tinham feito naquele dia lembrara o empregado da lavanderia de levar-lhes os vinte dólares — no momento exato.

Deus sabe o que você precisa mesmo antes de você lhe pedir, e como o seu Pai celestial amoroso, Ele está esperando para prover-lhe estas coisas. Tudo o que você precisa fazer é pedir!

GRAÇA PARA HOJE:

Não há coincidências com Deus. Ele está sempre procurando maneiras de nos ajudar, mesmo antes de lhe pedirmos.

A Loucura da Sabedoria Humana

Em 1867, a Rússia procurava uma maneira de livrar-se de seus inúteis territórios norte-americanos. Reconhecendo que os Estados Unidos tinham dinheiro disponível, um ministro russo foi até o Secretário de Estado, William Seward, para vender a terra conhecida como "Alaska". Seward respondeu ansiosamente e acabou convencendo o Senado a aprovar o acordo de sete milhões de dólares.

Uma controvérsia surgiu imediatamente quando o público americano soube da compra. Os críticos zombaram da idéia de pagar milhões por um pedaço de terra remoto e congelado, chamando-o de "Loucura de Seward" e "jardim do urso polar" da América. Contudo, quando lá se descobriu ouro trinta anos depois, as pessoas começaram a perceber o valor daquele novo território americano. Descobertas subseqüentes de petróleo e outros recursos naturais no Alaska provaram posteriormente a sabedoria de Seward ao negociar a compra.

GRAÇA PARA HOJE:

A sabedoria de Deus sempre nos conduz ao bem eterno.

De um modo semelhante, quando você escolhe seguir a sabedoria de Deus, alguns podem rotular as suas decisões de "loucura". Quando você "oferece a outra face", em vez de retaliar contra alguém que lhe fez mal, o mundo pode dizer que você é fraco. Quando se recusa a tomar atalhos para aparentemente conseguir ir mais longe, você pode ser chamado de "bitolado" ou "tolo". Quando decide confiar a sua vida completamente à graça de Deus, você é considerado alguém mal orientado.

Nestes momentos, o custo de seguir a sabedoria de Deus pode parecer um alto preço a pagar, mas é importante lembrar que a sabedoria humana leva somente a problemas complexos, relacionamentos rompidos e incertezas sobre como proceder. Mas a sabedoria de Deus sempre lhe proporcionará a direção que você precisa para reconhecer a atitude correta a tomar em qualquer situação. No final, o investimento que você faz ao seguir a Deus hoje trará, posteriormente, ricos dividendos a sua vida.

"Porque a loucura de Deus é mais sábia do que os homens; e a fraqueza de Deus é mais forte do que os homens."
1 Coríntios 1.25

A Doação Cheia da Graça

Por Warren W. Wiersbe

Se a nossa doação for motivada pela graça, daremos de boa vontade, e não porque fomos forçados a doar.

Deus vê "o que o coração dá" e não "o que a mão dá". Se o coração queria dar mais, porém não pôde fazer isto, Deus vê a situação e registra-a. Mas se a mão der mais do que o coração deseja dar, Deus registra o que está no coração, não importando quão grande a oferta em sua mão possa ser.

Um amigo meu saía para uma viagem de negócios e sua esposa lembrou-lhe na igreja que precisava de algum dinheiro extra para as despesas da casa. Exatamente antes da oferta, ele colocou um pouco de dinheiro na mão dela. Pensando que se tratava da oferta semanal deles, ela colocou tudo na salva. Aquele era o dinheiro para a despesa da semana.

"Bem" disse o meu amigo, "nós demos ao Senhor, e Ele mantém os registros".

"Quanto você tinha a intenção de dar?", perguntou o pastor, e meu amigo disse a quantia. "Então esta é a quantia que Deus registrou", disse o pastor, "porque ele viu a intenção do seu coração"!

Deus não vê a porção, mas a proporção. Se poderíamos ter dado mais e não demos, Deus o registrou. Se queríamos dar mais e não pudemos, Deus também o registrou. Quando damos de boa vontade, de acordo com o que temos, estamos praticando a doação da graça.[46]

QUERIDO PAI: QUERO SEGUIR O TEU EXEMPLO DE DOAÇÃO GENEROSA — OFERECENDO AS MINHAS OFERTAS DE BOA VONTADE E DE CORAÇÃO. TOMA AS MINHAS OFERTAS E MULTIPLICA-AS PARA ABENÇOAR OUTROS. AMÉM.

"Porque já sabeis a graça de nosso Senhor Jesus Cristo, que, sendo rico, por amor de vós se fez pobre, para que, pela sua pobreza, enriquecêsseis."

2 Coríntios 8.9

O Carpinteiro o Está Construindo

"[Disse Jesus:] Na casa de meu Pai há muitas moradas; se não fosse assim, eu vo-lo teria dito, pois vou preparar-vos lugar."
João 14.2

O nome do pai terreno de Jesus era José. Era um carpinteiro profissional, e naturalmente treinou Jesus para também ser um carpinteiro. Por toda a sua infância, Jesus trabalhou com madeira e pregos. Mas a sua obra-prima foi a que realizou oferecendo a sua própria vida em sacrifício, sendo pregado em uma cruz de madeira no calvário.

Esta única obra da graça muda a nossa perspectiva eterna completamente. Ela não apenas nos compra uma segunda chance nesta vida, mas também nos dá a esperança do céu. Hoje, o Filho do carpinteiro ainda está construindo casas — moradas no céu para você e para mim.

GRAÇA PARA HOJE:
O nosso grande Carpinteiro não só está construindo casas no céu para nós, mas também um templo na terra.

Jesus criou os céus e a terra em apenas seis dias. Você pode imaginar o que Ele tem reservado para nós? Certamente não. A nossa mente simples nunca poderia sonhar com uma imagem do nosso lar celestial. Mas sabemos este que será maravilhoso.

O nosso grande Carpinteiro não só está construindo casas no céu para nós, mas também um templo na terra. Você é o templo. Certifique-se de deixar que Ele coloque em você um alicerce firme e mobílie cada cômodo com amor, alegria, paz e paciência. Deixe que Ele o construa da sua maneira especial, porque os projetos dEle são perfeitos.

Quando o Carpinteiro terminar a obra em sua vida, você se sentirá em casa na sua morada no céu, tanto no primeiro dia como em todos os dias, por toda a eternidade.

Terça

Mãos Prestativas

"Cada um administre aos outros o dom como o recebeu, como bons despenseiros da multiforme graça de Deus."

1 Pedro 4.10

A graça de Deus flui através do dom espiritual do serviço. Quando você é muito jovem, a graça do Pai celestial chega até você através dos seus pais terrenos. Deus providencia que eles atendam às suas necessidades básicas de alimento, abrigo e roupas — e também algumas necessidades adicionais, como a montagem de brinquedos, conserto de bicicleta, recuperação de pipa, etc. Seus pais o servem diariamente, amarrando os seus sapatos, lavando as suas roupas, preparando as suas refeições, limpando. Eles fornecem serviços de transporte, serviços educacionais, serviços de assistência médica e outros.

O Senhor não o abandona quando você voa para fora do ninho. Deus sabe que você ainda precisa de ajuda e continua a usar outros para auxiliá-lo. Isto é especialmente verdade se você pertencer a uma igreja local vibrante, uma família de crentes que fielmente obedece ao mandamento de Deus que diz: "[...] servi-vos uns aos outros pela caridade" (Gl 5.13). Em tal igreja haverá alguns que são dotados na área do serviço. Estas pessoas são equipadas e chamadas por Deus para suprir as necessidades práticas de outros. É ajudando o próximo que elas servem a Deus.

É provável que Deus tenha tocado a sua vida através destas pessoas mais vezes do que você se lembra. Talvez alguém lhe tenha trazido uma refeição quando você estava indisposto. Talvez alguns jovens da sua igreja tenham aparecido quando chegou a hora de mudar-se daquele apartamento apertado para a sua primeira casa nova. Talvez a sua primeira casa não fosse assim tão nova, e eles tiveram de voltar mais tarde para colocar um outro telhado. Os seus irmãos e irmãs em Cristo podem tê-lo ajudado em pequenas tarefas, quem sabe vendendo objetos usados, consertando o fogão ou trabalhando como babá para que você pudesse freqüentar um estudo bíblico.

Nunca considere estes atos amorosos de serviço como algo que já se esperava. Eles são gotas da graça; são prova de que o seu Pai celestial cuida profundamente de você.

GRAÇA PARA HOJE:

Deus não se esqueceu das suas necessidades práticas. Ele supre todas elas através do serviço prestado por outras pessoas.

A Compreensão Divina do que Deve Ser Feito

"Porque o Senhor dá a sabedoria, e da sua boca vem o conhecimento e o entendimento."

Provérbios 2.6

Como todo mundo, você provavelmente tem memórias que o assombram. Lembranças dos fracassos passados, de antigos erros, relacionamentos rompidos e oportunidades perdidas são deixadas pendentes por muito tempo na parte de trás da sua mente, e então de súbito saltam para a sua consciência de forma inesperada, trazendo culpa, causando dor, desencadeando tristeza. Espera-se que o tempo cure tais lembranças ou as faça ir embora, mas raramente é o que acontece.

Deus, porém, pode curar as lembranças dolorosas. Ele as transforma, em determinado sentido. O Senhor não muda a nossa memória, mas faz brilhar a luz do entendimento nos lugares escuros onde as lembranças se ocultam, permitindo que as vejamos de forma diferente, que as interpretemos com mais exatidão.

A perspectiva do Senhor é muito superior à nossa! Pensamos que a nossa alça de mira é vinte por vinte, mas a nossa percepção dos eventos passados não é nada, comparada a infinita sabedoria e o conhecimento e entendimento de Deus. Ele conhece todas as circunstâncias que estão por trás das suas lembranças perturbadoras — coisas de que você não tem ciência, como a história, as motivações e as intenções de cada pessoa envolvida em cada incidente penoso. O mais importante é que só Deus pode identificar perfeitamente o pecado em cada situação, por isso Ele é a única pessoa qualificada para realizar um juízo justo e atribuir as culpas corretamente. Assim Ele também pode trazer à luz qualquer pecado de sua parte, se existir, de forma que você o reconheça, confesse e receba perdão — freqüentemente um passo significativo em direção à cura.

À medida que Deus lhe dá a inspiração necessária para você melhor compreender o que e por que aconteceu, Ele eleva-o a uma posição mais próxima do nível de entendimento dEle, fazendo-o aproximar-se também do nível de amor e compaixão que Ele tem para com todos os envolvidos. A partir daí, o Senhor espera que você encontre lugar em seu coração para perdoar os outros — e a si mesmo, se necessário, ocorrendo uma cura ainda maior.

Logo a situação toda passa a ser apenas uma lembrança.

GRAÇA PARA HOJE:

Deus faz brilhar a luz do entendimento em nossas lembranças dolorosas, permitindo que as vejamos de forma diferente e as interpretemos com mais exatidão.

Quinta

Os Verdadeiros Aspectos do Amor

"A caridade é sofredora, é benigna; a caridade não é invejosa; a caridade não trata com leviandade, não se ensoberbece, não se porta com indecência, não busca os seus interesses, não se irrita, não suspeita mal."

1 Coríntios 13.4,5

Uma das misericórdias mais ternas de Deus tocará a sua vida quando o Espírito Santo mudar o coração daqueles que estão mais próximos de você.

É no contexto dos relacionamentos familiares íntimos que a obra de Deus na vida das pessoas é mais aparente. E é dentro destas interações do dia-a-dia que o impacto da influência de Cristo sobre os seus seguidores é mais intensamente sentido.

A Bíblia diz que Deus é amor e a fonte de todo amor (1 Jo 4.7,8). Quando um membro da família experimenta o amor de Deus e reage permitindo que o Espírito Santo comece a moldar o seu coração conforme o coração de Deus, o resto da família colherá tremendos benefícios. Quando o Espírito usa passagens das Escrituras tais como 1 Coríntios 13 para ensinar a um membro da família sobre a verdadeira natureza do amor, o que é e o que não é, o amor de Deus começa a brotar dentro desta pessoa e fluir para fora, e as dinâmicas da família são alteradas.

Uma mãe torna-se menos crítica e mais positiva, um pai fica menos bravo e mais perdoador, um filho fica menos rebelde e mais obediente, uma filha, menos egoísta e mais cuidadosa — e logo outros membros da família estão experimentando o amor de Deus.

Se você deseja este amor para si mesmo e sua família, peça a Deus que faça de você o catalisador no processo. Aproxime-se dEle através do estudo bíblico e da oração. Peça ao Espírito Santo para produzir o amor de Deus em seu coração e tornar o amor evidente a todos a sua volta. A sua família reagirá positivamente, e todos serão ricamente abençoados, porque quando os verdadeiros aspectos do amor estão expostos, a graça de Deus é revelada.

GRAÇA PARA HOJE:

A graça de Deus alcança o coração daqueles que estão mais próximos de nós.

Momentos de Refrigério

O que é mais importante, as férias de duas semanas ou o intervalo diário de meia hora para o almoço?

Talvez você argumente a favor do primeiro, mas se somar o tempo que cada um deles lhe oferece por ano para fugir da pilha de trabalho em sua mesa, você poderá ficar surpreso. Férias de duas semanas lhe dão 80 horas de folga anualmente, enquanto um intervalo de meia hora para o almoço, cinco vezes por semana em cinqüenta semanas, proporciona 125 horas de descanso. Se você tiver uma hora de almoço todos os dias, terá o dobro deste tempo para revigorar-se.

Deus promete aos seus filhos momentos de refrigério. Estes momentos vêm em muitas formas e tamanhos. Ocasionalmente o Senhor pode abençoá-lo com uma "experiência de cume de montanha", um período prolongado de restauração física, mental, emocional e espiritual, tal como uma longa temporada em um chalé nas montanhas, ou uma longa permanência em um hotel em frente à praia. Muito mais freqüente, porém — diariamente — Deus proverá pequenos momentos de refrigério, momentos de adiamento do trabalho árduo, alguns segundos preciosos em que você pode relaxar, reajustar o foco e recuperar as energias.

Pense na freqüência com que, a cada dia, a graça de Deus vem até você por meio de pequenos momentos de refrigério. Cada vez que você tira os olhos do computador para descansar a vista e apreciar a luz do sol do lado de fora da janela. Cada vez que você deixa a sua ferramenta, senta-se, e sacia a sede bebendo um copo de água fresca. Uma rápida conversa com um amigo que o faz sentir-se conectado e apreciado. Um passeio animado a pé pelo parque para esticar as pernas e clarear os pensamentos. Alguns momentos de meditação na Palavra de Deus para pôr tudo em perspectiva e dar significado a sua vida.

Deus o sustém de incontáveis pequenas maneiras enquanto você sobe a montanha, para um dia você descansar para sempre, desfrutando a vista a partir do pico mais alto.

GRAÇA PARA HOJE:

A graça de Deus vem até nós, a cada dia, por meio de pequenos momentos de refrigério.

"Porque satisfiz a alma cansada, e toda a alma entristecida saciei."

Jeremias 31.25

Tínhamos uma Dívida

Por Warren W. Wiersbe

A Palavra de Deus nos ensina que, quando não éramos salvos, tínhamos uma dívida para com o Senhor, a qual não podíamos pagar. Jesus deixa clara esta idéia em sua parábola dos dois devedores (Lc 7.36-50). Dois homens deviam dinheiro a um credor, um devia dez vezes mais do que o outro. Nenhum deles era capaz de pagar a dívida, então o credor "misericordiosamente perdoou a ambos" (tradução literal). Não importa quanta moralidade um homem possa ter, ele ainda carece da glória de Deus. Mesmo que a dívida do seu pecado seja um décimo da dívida dos outros, ele continua incapaz de pagar, falido no tribunal do juízo de Deus. Em sua graça, por causa da obra de Cristo na cruz, o Senhor é capaz de perdoar os pecados, não importa quão grande a nossa dívida venha ser.

Assim, quando cremos em Cristo e nEle confiamos, tornamo-nos espiritualmente ricos. Agora participamos das riquezas da graça de Deus (Ef 1.7), das riquezas da sua glória (Ef 1.18; Fp 4.19), das riquezas da sua sabedoria (Rm 11.33), e das insondáveis riquezas de Cristo (Ef 3.8). Em Cristo, temos "todos os tesouros da sabedoria e da ciência" (Cl 2.3), e somos "perfeitos nele" (Cl 2.10). Uma vez que esteja "em Cristo", uma pessoa tem tudo que precisa para viver o tipo de vida cristã que Deus deseja.[47]

PAI PRECIOSO: OBRIGADO POR ME TORNARES ESPIRITUALMENTE RICO, POR TOMARES A MINHA DÍVIDA E A SUBSTITUÍRES PELAS RIQUEZAS DA TUA GRAÇA. ENSINA-ME A ANDAR NESTAS RIQUEZAS EM MEU DIA-A-DIA. AMÉM.

"Porque a graça de Deus se há manifestado, trazendo salvação a todos os homens, ensinando-nos que, renunciando à impiedade e às concupiscências mundanas, vivamos neste presente século sóbria, justa e piamente."

Tito 2.11,12

A Tapeçaria de Deus

"O Senhor está no seu santo templo; o trono do Senhor está nos céus; os seus olhos estão atentos, e as suas pálpebras provam os filhos dos homens."

Salmos 11.4

Se você examinou a estampa de um tapete persa, ou uma peça de roupa muito entretecida, percebeu que a estampa parece bastante caótica quando vista de perto. Mas quando você se afasta e olha novamente, ocorre a mudança — os traços individuais assumem profundidade e ligação como parte do desenho maior.

Deus usou um desenho especial para criar cada um individualmente. Ele vê e trabalha os detalhes intricados, cada giro e tecedura. Cada centímetro foi feito sob a sua supervisão e cuidado. Mas Deus também tem a vantagem de nos ver de longe, em uma posição mais afastada, e olhar para a figura completa. Ele vê tanto o detalhe como o desenho todo.

GRAÇA PARA HOJE:

Quando Deus olha para nós de longe, vê a linda tapeçaria que a nossa vida um dia será.

Freqüentemente lutamos com esta parte. Nós não temos a perspectiva de Deus. Antes, temos a consciência de termos sido torcidos, formados e dispostos. Vemos cada detalhe e sentimos a pressão e o desconforto enquanto somos trabalhados e tecidos pelo grande Criador. Preocupamo-nos com as nossas tribulações e dificuldades porque não somos capazes de colocá-las em perspectiva.

Por hora, Deus nos pede para simplesmente confiarmos nEle — confiar que no final a nossa vida será uma tapeçaria bela e incomparável. Isto requer fé e paciência enquanto submetemos o que vemos à visão do Criador. Mas um dia, um dia glorioso, iremos vislumbrar o produto acabado; veremos o desenho a partir de uma nova perspectiva.

Você está lutando com os detalhes em sua tapeçaria? Eles parecem confusos e caóticos? Não são. Deus está trabalhando, e um dia você verá a sua vida como Ele a vê — perfeita de todas as formas.

Terça

Cabeça, Ombros, Joelhos e Dedos do Pé

"Porque, assim como o corpo é um e tem muitos membros, e todos os membros, sendo muitos, são um só corpo, assim é Cristo também."

1 Coríntios 12.12

Dave é um rapaz inteligente e capaz, do tipo que se presta para tudo. Quando o encanamento da cozinha não está funcionando, Dave rapidamente acha o problema e conserta-o. Se o carro da família parar, Dave analisa o que está errado e faz os reparos necessários. Ele construiu o seu próprio celeiro de varas, sua própria casa, e quando a sua esposa decidiu que o quintal precisava de mais luz do sol, ele arranjou alguns cabos de aço e uma serra elétrica e derrubou algumas árvores altas.

Embora seja alguém que faz de tudo um pouco, Dave sabe que está longe de ser auto-suficiente. Ele depende muito das ferramentas, dos materiais e de peças sobressalentes que outros criaram e fizeram. Enquanto ele trabalha em seu emprego instalando sistemas de aquecimento e refrigeração em casas e empresas, várias outras pessoas habilidosas executam tarefas essenciais para o seu bem-estar: ensinam os seus filhos, policiam a sua comunidade, cultivam alimentos para a sua família, fornecem serviços de energia e comunicação para o seu bairro, entregam a sua correspondência, e até mesmo monitoram a qualidade do ar que ele respira.

Deus queria que a sociedade humana refletisse o seu projeto para o corpo humano — uma totalidade coesa composta de muitas partes diferentes que se complementam e se apóiam. Todos os dias, o Senhor o abençoa através de sua engenhosa estrutura de diversidade unificada. Ao mesmo tempo que você se beneficia dos talentos de pessoas a sua volta, sua vida recebe propósito quando você coloca as suas habilidades para trabalhar para o bem de outros. Este padrão serve para uma cidade, uma família, e particularmente para uma igreja local. Em graus variados, Deus usa estas instituições para suprir as necessidades físicas, espirituais, e de relacionamento, tocando a sua vida através dos dons especiais da maravilhosa coleção de indivíduos que Ele criou.

> **GRAÇA PARA HOJE:**
>
> **Deus nos abençoa todos os dias com a diversidade de pessoas que estão a nossa volta.**

Quarta

Tome o Controle do Navio

"Há alguns cujas palavras são como pontas de espada, mas a língua dos sábios é saúde."
Provérbios 12.18

Um dos maiores veleiros construídos durante os anos de 1700 foi um navio conhecido como HMS Invincible. Com mais de 60 metros de comprimento e 15 metros de largura, era o maior navio de sua época. No entanto, apesar de seu grande tamanho, o HMS Invincible, como qualquer outro barco, dependia de um pequeno instrumento de madeira conhecido como "leme" para navegar o seu curso.

Na manhã de 19 de fevereiro de 1758, a tripulação teve dificuldade para levantar a âncora. Quando eles suspenderam e puxaram a corda para liberar a âncora, esta de repente soltou-se do fundo e, lançando-se para cima, ficou alojada no leme. Sem nenhum controle sobre a navegação, o navio sem direção lançou-se sobre as ondas, encalhou na praia e afundou pouco depois.

Na carta de Tiago, o autor compara a "língua" com o leme de um navio. Embora seja uma pequena parte do corpo, a língua tem um poder tremendo para guiar as pessoas nas situações que surgem em suas vidas. Se uma pessoa tiver controle sobre sua língua, outros reagirão favoravelmente às suas palavras e a verá de maneira positiva. No entanto, se é alguém que se permite dominar pela ira e fracassa em controlar as palavras, outros lhe serão hostis ou apenas o evitarão completamente.

A sua fala é um reflexo da sua vida em Cristo. Quando você verdadeiramente amar o próximo, a graça de Deus fluirá do seu coração para abençoar e animar outros. Portanto, esforce-se para controlar a sua língua e pense antes de falar em meio à frustração. Porque assim como foi desastroso para o HMS Invincible não ter controle sobre o leme, pode ser desastroso para você e seus relacionamentos não ter controle sobre o seu falar.

GRAÇA PARA HOJE:

Deus nos deu o privilégio de usar a nossa fala para fazer a sua graça fluir para outros.

Quinta

Abraços de Arco-Íris

"[Jesus,] tomando-as nos seus braços e impondo-lhes as mãos, as abençoou."

Marcos 10.16

As meninas pequenas sabem como é a graça de Deus. Elas podem desenhar figuras dela.

Uma menina de 4 anos deita no chão perto da mesa de seu pai e desenha duas pessoas em traços simples com um lápis de cor marrom, uma mais alta do que a outra. As partes de seus corpos — cabeças, braços, pernas, olhos, narizes e bocas — são distorcidas e fora de proporção, mas estão todas ali. E as bocas estão sorrindo.

Ela apanha um lápis de cor vermelha e rabisca um arco que cerca as figuras, quase as tocando, unindo-as no meio da página. Com um lápis de cor roxa ela desenha um outro arco fora do primeiro. Segurando um lápis de cor laranja, e então o marrom novamente, ela desenha mais dois arcos. Uma caneta verde para o último arco acrescenta um efeito especial.

Finalmente, a menininha apanha uma caneta azul e, debaixo da pessoa menor, com a aparência de gravetos, escreve cuidadosamente seu nome. Quatro das cinco letras estão invertidas, e o J se parece com um U, mas ela sabe que seu pai será capaz de ler.

Cheia de empolgação, ela interrompe o trabalho dele. "Olha, papai. É um abraço". Rindo, ele toma a figura da pequenina mão. "Você está certa, meu bem. É um abraço. Um abraço de arco-íris!" Ele levanta-se, estica-se e então se inclina e abre os braços. "Por que você não me dá um dos seus abraços de arco-íris agora mesmo?" A menininha salta para ele, envolvendo os seus braços e pernas em torno do pai, de modo tão apertado que quase lhe tira o fôlego.

Logo ele está abaixado no chão com ela, brincando, fazendo cócegas, andando de cavalinho nas costas. O computador em sua mesa pisca, e o orçamento da família é substituído por formas brilhantes de roxo, vermelho e verde que se movem. Não que a menininha ou seu pai tenham notado. Eles estão cercados de todas as suas próprias cores.

GRAÇA PARA HOJE:

A maravilha da graça de Deus pode ser sentida no abraço de uma criança.

GUARDA-CHUVAS

Os jogos de futebol raramente são cancelados por causa de mau tempo, então se o seu filho está no time, é melhor pegar o seu guarda-chuva — como a vovó costumava dizer — antes de ir para o campo em um dia nublado. Leve um guarda-chuva, e você apreciará a competição em relativo conforto, permanecendo seco e aquecido na lateral do campo. Esqueça este pequeno equipamento e você poderá se ver molhado e com frio, lutando para manter-se animado, enquanto torce para o seu jovem astro.

Proteger-se da chuva em um evento esportivo é bom. No entanto, se tivesse de andar segurando um guarda-chuva o tempo todo, você estaria constantemente debaixo de uma sombra. E este é um bom retrato do fardo e da conseqüência de viver debaixo da lei de Deus, em vez de viver sob a graça. Deus é onipresente, e a sua graça brilha em toda parte, como os raios de sol. Mas se Jesus Cristo não nos aliviasse das exigências da lei, cumprindo todas elas em nosso favor, a lei nos separaria de Deus e impediria que a graça dEle aquecesse os nossos ombros.

GRAÇA PARA HOJE:

A graça fez com que o papel de Deus mudasse de Juiz para Pai em nossa vida.

Estude o livro de Romanos em espírito de oração para entender a diferença entre lei e graça. Então dê a Jesus permissão para tirar o seu guarda-chuva. Ele irá fechá-lo e guardá-lo debaixo do braço, seu propósito terminado — e de repente você estará se aquecendo na luz da gloriosa graça de Deus. A partir deste ponto, você não o verá como Juiz, mas como Pai. Você verá a si mesmo não como um pecador condenado, mas como um filho que é alimentado, guiado, disciplinado e protegido, cercado em todo o tempo de um amor profundo e permanente. E você se relacionará com os outros não de acordo com as velhas regras de retribuição e vingança, mas de acordo com as novas diretrizes de perdão e misericórdia.

"[...] não estais debaixo da lei, mas debaixo da graça."

Romanos 6.14

Tornando-se Grande pela Graça de Deus

Por John C. Maxwell

Olhemos para o apóstolo Paulo. Penso que um dos ingredientes-chave de sua vida foi a sua visão. Ele não só viu o que ele era, mas também viu o que a graça de Deus poderia capacitá-lo a ser. Foi esta visão que o manteve firme durante todo o seu ministério. Em Atos 26.19, quando esteve diante do rei Agripa, Paulo disse: "Pelo que, ó rei Agripa, não fui desobediente à visão celestial". Apesar de todos os problemas que enfrentara em seu ministério, e do que estava prestes a lhe acontecer, Paulo tinha sido obediente à visão que Deus lhe dera.

O que aconteceu na vida de Paulo pode acontecer a nós. Quando nos vemos adequadamente, algumas coisas acontecem. Em primeiro lugar, vemos a nossa posição. Vemos para onde estamos indo. Isto pode ser desanimador, porque podemos pensar: *Não estou realizando o que quero realizar; Não estou sendo o que quero ser*. Mas todas as pessoas que têm o potencial para a grandeza, antes de tudo precisam ver a si mesmas como são, e geralmente isto é desanimador.

Quando temos uma visão de Deus e ela nos pára, não só vemos a nossa posição, mas felizmente, vemos também o nosso potencial. Vemos as nossas possibilidades. A boa notícia é que Deus acredita em você, e Ele não permitirá que você veja a si mesmo e os seus problemas sem ver o seu potencial. Ele não vai nos frustrar; Ele irá nos encorajar e ajudar a ver o que podemos nos tornar.[48]

SENHOR DEUS: OBRIGADO PELO SONHO QUE COLOCASTE EM MEU CORAÇÃO. PELA TUA GRAÇA, VEJO A MINHA POSIÇÃO, O MEU POTENCIAL E AS MINHAS POSSIBILIDADES. AMÉM.

"Paulo (chamado apóstolo de Jesus Cristo, pela vontade de Deus)"
1 Coríntios 1.1

Tempo de Repousar

"Volta, minha alma, a teu repouso, pois o Senhor te fez bem."
Salmos 116.7

Embora tivesse uma agenda bastante ocupada, Jack aprendera por experiência o valor do descanso. Toda manhã, ele separava algum tempo antes de enfrentar o dia para ler a Palavra de Deus e orar. Todo fim de tarde, ele passava algum tempo jogando basquete ou fazendo outra atividade que achava agradável. Mais tarde, à noite, ele buscava relaxar, a fim de conseguir dormir.

Jack fazia questão de verdadeiramente deixar o trabalho para trás ao sair do escritório e não permitia que as preocupações afetassem o seu tempo de descanso. Como resultado, ele ficava menos fatigado e tinha mais energia durante o dia. Sua capacidade de descansar permitia que ele desenvolvesse amizades fora do trabalho, e geralmente tornava-o uma pessoa mais fácil de lidar do que os cansados e estressados.

GRAÇA PARA HOJE:

Deus é capaz de transformar as nossas preocupações em bênçãos quando as colocamos diante dEle.

Pesquisas mostram que o corpo humano precisa de seis a nove horas de um sono tranqüilo todas as noites. Quando esta quantidade é reduzida, o corpo perde hormônios que retardam os efeitos do envelhecimento, melhoram o sistema imunológico, abaixam o colesterol e a pressão arterial, reconstroem ossos e cartilagens, elevam os níveis de humor, e aumentam a capacidade de aprendizado.

Mais importante, Jack entendia o valor de confiar a sua vida à graça de Deus. Ele conscientemente chegou ao ponto desejado de deixar as suas preocupações, entregando-as aos cuidados do Pai. Por causa desta confiança, Jack foi capaz de afastar-se das pressões diárias e simplesmente relaxar, confiante em saber que Deus sempre estaria ao seu lado.

Terça

Rumo

"[...] faze-me saber o caminho que devo seguir, porque a ti levanto a minha alma."

Salmos 143.8

Depois que a nave espacial Apollo 13 foi danificada por uma explosão a bordo, a caminho da lua, os três astronautas que nela viajavam tiveram de tomar medidas incomuns para voltarem a salvo à terra. Em um determinado momento, eles precisaram ajustar a sua trajetória para terem a certeza de que a nave atingiria a atmosfera da terra exatamente no ângulo certo. Se o ângulo estivesse fora alguns graus, o resultado seria de uma maneira ou de outra um desastre. O problema era que o sistema de navegação não funcionava. Então eles usaram a terra como um ponto de referência, mantendo-a centralizada na pequena janela, enquanto ligavam manualmente pequenos foguetes para colocar a nave de volta no curso. Encontrando uma maneira de manter o rumo, os astronautas conseguiram voltar para casa.

GRAÇA PARA HOJE:

Deus nos deu uma maneira de encontrar o nosso rumo: seu Filho Jesus, a resplandecente Estrela da manhã.

Em vários aspectos, o mundo está na mesma condição em que estava aquela nave espacial, e toda a humanidade enfrenta o mesmo apuro que aqueles astronautas enfrentaram. Não muito tempo depois de sua criação, o nosso planeta bonito e pacífico foi abalado por algo equivalente a uma imensa explosão, quando os nossos ancestrais se rebelaram contra o Criador. Depois disso, a humanidade girava loucamente pelo espaço, fora do curso, à deriva, no cosmos. Mas Deus, em sua grande misericórdia e graça, deu-nos um magnífico ponto de referência: seu Filho Jesus Cristo, a resplandecente Estrela da manhã.

Todos experimentamos o dilema da humanidade pessoalmente. Antes de você ser crente, o mundo pode ter parecido bom — mas algumas vezes, quando você olhava as estrelas e ponderava sobre o sentido da existência, de repente tudo parecia fora de controle. Mesmo agora, como um crente, você pode lutar vez por outra com as questões relacionadas à vida. Deus forneceu uma resposta para esta situação difícil — um modo para você se orientar e encontrar o caminho de casa. Simplesmente fixe os olhos em Jesus, e mantenha-os assim, fixados nEle.

Um Lugar no Topo

"Mas Deus, que é riquíssimo em misericórdia, pelo seu muito amor com que nos amou, estando nós ainda mortos em nossas ofensas, nos vivificou juntamente com Cristo (pela graça sois salvos), e nos ressuscitou juntamente com ele, e nos fez assentar nos lugares celestiais, em Cristo Jesus."

Efésios 2.4-6

É um fato bem conhecido que a promoção freqüentemente chega mais rápido para aqueles que possuem amigos ou familiares em altos postos. Quem nunca desejou ter um tio, um irmão ou amigo em posições administrativas superiores para assim conseguir uma boa oportunidade?

Você pode ficar surpreso em saber, mas na verdade você tem um amigo e um membro da família em um posto alto. Ninguém pode chegar mais alto do que Deus — o Pai celestial — e Ele também é o melhor amigo que se pode ter. De acordo com a Palavra de Deus, Ele já lhe preparou um lugar no topo, pavimentando o caminho para um futuro a que você jamais poderia ter aspirado sem Ele. E é aqui onde isto se mostra realmente incrível. A influência de Deus em seu favor inclui esta vida terrena e a eterna, que está ainda por vir.

Como beneficiário da graça de Deus, você recebeu o seu favor, o seu amor, a sua sabedoria, a sua força. Foi-lhe concedido o acesso instantâneo à presença do Pai. Você foi exortado a buscá-lo com as suas necessidades — não há pedido grande ou pequeno demais.

Deus está assentado no lugar mais elevado de todos. Ele é eterno e Todo-poderoso. E Ele tem trabalhado em seu favor desde a fundação do mundo. Quando você toma a mão de Deus, recebe o seu amor, e aproveita a sua graça. Você se torna um dos privilegiados. Deus é a maior ligação que alguém poderia querer ou precisar.

GRAÇA PARA HOJE:

Não há nenhum relacionamento nesta terra que possa favorecê-lo mais do que o seu relacionamento com Deus.

Quinta

Revelação

"Guia-me na tua verdade e ensina-me, pois tu és o Deus da minha salvação; por ti estou esperando todo o dia."

Salmos 25.5

"Que é a verdade?"

Dois mil anos depois de ter proferido estas palavras, a pergunta retórica de Pôncio Pilatos ainda paira no ar.

Neste mundo de universidades ensinando relativismo moral, partidos políticos divulgando meias-verdades e duplos-sentidos, redes de televisão transmitindo imagens de pessoas em circunstâncias articuladas e chamando isto de realidade, não é de admirar que muitos hoje encolham os ombros e repitam as palavras de Pilatos.

Mas muito tempo antes de o governador romano fazer a sua pergunta aparentemente irrespondível, Deus resolvera a questão de uma vez por todas. Ele simplesmente revelou a Moisés o seu nome: "Eu Sou" (Êx 3.14). O Senhor ampliou isto em sua revelação ao apóstolo João: "Eu sou o Alfa e o Ômega [...] que é, e que era, e que há de vir, o Todo-poderoso" (Ap 1.8). Jesus, sendo Deus encarnado, fez uma declaração idêntica: "Em verdade, em verdade vos digo que, antes que Abraão existisse, eu sou" (Jo 8.58). E ainda: "Eu sou o caminho, e a verdade, e a vida. Ninguém vem ao Pai senão por mim" (Jo 14.6). Através destas e outras declarações registradas para sempre na Bíblia, Deus amorosamente nos mostra que a sua identidade é sinônimo de realidade final, de forma que não temos de procurar pela verdade em nenhum outro lugar.

Saber deste fato maior e mais básico sobre a vida liberta-o da confusão e do desespero que tantas pessoas experimentam. Também serve como o fundamento sobre o qual todas as verdades subseqüentes acerca da vida jazem. Revelando que Ele é o Criador, o Sustentador e a Razão de toda a existência, Deus lhe abre a mente e o coração para receber a instrução, a direção e a sabedoria que a sua Palavra e seu Espírito oferecem. Desta forma, o Senhor o capacita para discernir todas as verdades importantes que surgem do único fato superior da vida, que é inerente ao seu precioso Nome.

GRAÇA PARA HOJE:

Deus amorosamente nos mostra que a sua identidade é sinônimo de realidade final, de forma que não temos de procurar pela verdade em nenhum outro lugar.

Falando com os Dedos

Alguma vez você se surpreendeu cantando uma música de adoração que tocava no rádio do seu carro, mas não sabia toda a letra? Seu coração transborda de amor e louvor, mas durante a metade da música — geralmente entre as estrofes e o coro — você está cantando sílabas sem sentido, como um cantor que usa a voz como instrumento, sem a letra, em um grupo de jazz. Não importa, é claro, porque naquele momento você está em comunhão íntima com Deus. Tanto você quanto Ele sabem o que você está comunicando. A pessoa no carro ao lado pode achar a sua linguagem estranha se o vidro da sua janela estiver baixo, mas de alguma forma é possível que esta experiência o ajude a entender o que a Bíblia quer dizer quando menciona o falar em línguas.

Se você toca um instrumento musical — ou pinta, ou esculpe, ou faz cerâmica, ou se ocupa de atividades artísticas similares — você também tem um senso de como Deus o capacita para expressar a sua alma a Ele através dos seus dedos. Em todos estes atos de adoração, parece que não há linguagem — no entanto há. Se estes atos são feitos em Cristo e pelo poder do Espírito Santo, os seus pensamentos e emoções mais profundos são transmitidos de uma maneira que ultrapassa as palavras. E o Deus do céu entende. Ele recebe tais ofertas de gratidão e louvor, e sente prazer nelas.

O Senhor o abençoou com dedos, mãos, um corpo, uma voz. Qualquer coisa que você fizer com estes dons pode ser feita para a glória de Deus (1 Co 10.31). Se você pedir, Ele o ensinará a usar os talentos que Ele lhe deu para honrá-lo e aproximar-se dEle. Fazendo assim, você descobrirá uma grande satisfação em sua comunhão com Deus.

GRAÇA PARA HOJE:

Deus sente prazer em nossas expressões de amor e louvor.

"Louvai ao Senhor com harpa, cantai a ele com saltério de dez cordas."

Salmos 33.2

Uma Gota da Graça

Por Johannes Tauler

Uma gota da graça é mais nobre do que todos os anjos e todas as almas, e todas as coisas naturais que Deus fez. Ainda assim a graça é dada mais ricamente por Deus para a alma do que qualquer outro dom terreno. Ela é dada mais ricamente do que ribeiros de águas, do que a brisa, do que o brilho do sol, porque as coisas espirituais são muito mais excelentes e mais nobres do que as terrenas. A trindade inteira, Pai, Filho e Espírito Santo, trazem graça à alma, graça que flui imediatamente. Nem mesmo o anjo mais elevado — apesar de sua grande nobreza — é capaz de fazer isto.

A graça nos liberta dos laços de muitas tentações. Ela nos alivia da pesada carga das ansiedades do mundo e eleva o nosso espírito ao céu. Ela mata o verme da consciência, que torna os pecados vivos. A graça é muito poderosa. A pessoa que recebe mesmo uma minúscula gota sentirá uma mudança em sua vida que influenciará tudo ao seu redor.

A graça, ao contrário da natureza, transforma todas as tristezas em algo doce, e faz com que a pessoa não sinta mais qualquer prazer no que anteriormente lhe dava grande deleite. Por outro lado, o que antes parecia ser desagradável agora é um prazer e é o desejo do coração. A pessoa que tem a graça de Deus é capaz de vencer a fraqueza, a tristeza, a subjetividade, os fracassos e o afastamento dos outros. Todas estas vitórias são muito preciosas para uma pessoa quando esta visitação do Espírito Santo — a graça — chega até ela.

QUERIDO SENHOR: COMO POSSO AGRADECER-TE O SUFICIENTE POR CADA GOTA DA TUA GRAÇA QUE TENS DERRAMADO SOBRE A MINHA VIDA? ELA TRANSFORMA TODAS AS MINHAS TRISTEZAS EM ALGO DOCE E TRAZ-ME GRANDE ALEGRIA. AMÉM.

"E todos nós recebemos também da sua plenitude, com graça sobre graça."

João 1.16

Armadilhas

"[...] se morar nas trevas, o Senhor será a minha luz [...] ele me trará à luz, e eu verei a sua justiça."
Miquéias 7.8,9

O caminho para a vida mencionado por Jesus (Mt 7.13,14) não só é estreito como também íngreme e, às vezes, apresenta riscos perigosos. Mas se você estiver andando próximo de Deus, Ele indicará as armadilhas ao longo da estrada.

As armadilhas são ciladas que Satanás arma em seu caminhar para apanhá-lo em laço. Uma das bênçãos de Deus é que Ele nos proporciona uma inteligência perfeitamente confiável sobre os planos e táticas do Inimigo. Através da Bíblia, Deus abre os nossos olhos para os métodos gerais que Satanás utiliza a fim de atrair as pessoas para o pecado. Pelo Espírito Santo, Deus revela as maneiras específicas que o Diabo usa para nos tentar. O Senhor nos mostra o território em que não é seguro trilhar, acostamentos na estrada que parecem atraentes, mas que desviam do caminho verdadeiro e rapidamente levam ao desastre. Armado desta informação vital, você pode prever melhor as armadilhas de Satanás e evitar cair nelas precipitadamente.

GRAÇA PARA HOJE:

Quando andamos próximos de Deus, Ele é fiel para nos indicar as armadilhas ao longo do nosso caminho.

Às vezes, porém, a sua natureza humana pecadora responde aos chamarizes do Inimigo, e, apesar do aviso prévio de Deus, você de modo consciente e espontâneo se desvia do caminho da justiça. Não deveria ser surpresa para você ver-se de repente no fundo de uma cova profunda e escura, mas com freqüência você se surpreende. E com este despertar rude vem a terrível percepção de que você não só vagou para longe de Deus e caiu no pecado, mas também saiu do reino de seu favor e entrou no domínio da sua lei, e, portanto, agora jaz debaixo da sua ira.

Mas louve a Deus porque Ele não o deixa ali, sem esperança. No momento que você ora arrependido, Deus faz brilhar uma poderosa luz de resgate dentro da cova e Jesus o alcança, segura o seu braço e puxa-o para fora de volta à graça de Deus.

Terça

Sem Motivos para Correr

"Porque o Filho do Homem veio buscar e salvar o que se havia perdido."
Lucas 19.10

Vivendo nas favelas de Londres em 1888, Francis Thompson sem dúvida testemunhou cães de caça seguindo o rastro de criminosos fugindo da lei. É possível que tenha se maravilhado pela forma como estas criaturas podiam implacavelmente perseguir o seu alvo por dias, às vezes percorrendo grandes distâncias, sem desistir até encontrarem o que estavam procurando. Para Francis, a perseverança destes cães de caça assemelhava-se à perseverança de Deus — o Senhor busca implacavelmente aqueles que se desviam de seu amor, a fim de trazê-los de volta à comunhão com Ele.

Em seu mais famoso poema, "The Hound of Heaven" (O Cão de Caça do Céu), Francis relembrou a própria experiência ao tentar fugir da graça de Deus. Criado em uma família cristã, ele conhecera o amor de Deus quando criança, mas os fracassos da vida deixaram-no amargurado e decepcionado. Determinado a viver a vida em seus próprios termos, Francis virou as costas para Deus e fugiu para as ruas de Londres com o intuito de se tornar poeta, mas logo se viu morando em condições precárias de pobreza e sujeira.

No entanto, embora Francis tenha rejeitado a Deus, o Senhor não havia desistido de buscá-lo para uma reconciliação. O Senhor trouxe para a cena um homem chamado Wilfred Menell, que tirou Francis das favelas, deu-lhe comida e roupas e demonstrou ativamente a graça de Deus que Francis tão insensivelmente rejeitara.

GRAÇA PARA HOJE:

Não importa quanto tenhamos nos afastado de Deus, Ele está sempre esperando para nos restaurar e encher de bênçãos.

Não importa quanto você tenha se afastado do amor de Deus, o Senhor está sempre pronto e disposto a restaurar o seu relacionamento com Ele. Com uma determinação paciente e firme, Deus busca aqueles que se afastaram de seu caminho reto e verdadeiro, porque assim como o pai recebeu em casa o filho pródigo, o Senhor está sempre pronto para abraçá-lo em seus braços amorosos, e enchê-lo com as suas muitas bênçãos.

O Dinheiro do Céu

"O meu Deus, segundo as suas riquezas, suprirá todas as vossas necessidades em glória, por Cristo Jesus."
Filipenses 4.19

Em uma recente mostra dos manuscritos do mar Morto, os visitantes puderam ver fragmentos de textos antigos, bem como artefatos recolhidos da área onde os manuscritos foram encontrados. Entre estes itens havia moedas que tinham estado em uso durante a época de Jesus na terra. Elas eram redondas e de prata, com rostos de pessoas e outras imagens, e com palavras estampadas nelas — admiravelmente semelhantes às moedas que você carrega hoje.

Quando Pedro precisou de dinheiro para pagar o tributo do Templo, Jesus mandou que ele fosse até o lago, jogasse uma linha de pesca e olhasse dentro da boca do primeiro peixe que apanhasse. Ali estaria uma moeda com valor suficiente para pagar imposto para os dois (Mt 17.24-27). A Bíblia não diz como a moeda foi parar lá. Talvez Deus tenha feito com que ela se materializasse de repente na boca do peixe no anzol de Pedro. Talvez Jesus de alguma maneira tenha colocado o dinheiro dentro de um peixe, e Pedro sem saber simplesmente o apanhou. Seja qual for o caso, a moeda que Pedro descobriu é um exemplo tangível da bondosa — e muitas vezes miraculosa — provisão de Deus para os seus filhos.

Tire uma moeda de seu bolso e dê uma olhada nela bem de perto. Esfregue o seu polegar sobre a sua superfície. Sinta o seu peso na mão. As moedas realmente não mudaram muito durante mais de dois mil anos. Nem Deus mudou. Na verdade, Ele não mudou nem um pouco desde o início dos tempos! Ele ainda está pronto, ainda é capaz, e ainda está disposto a suprir as necessidades dos seus amados — as suas necessidades — mesmo que para isto seja necessário um ato miraculoso.

GRAÇA PARA HOJE:

Se necessário, Deus opera milagres para prover subsistência aos seus filhos.

Quinta

Provisões

"Ó vós todos os que tendes sede, vinde às águas, e vós que não tendes dinheiro, vinde, comprai e comei [...]"

Isaías 55.1

Quem colocou os flocos de milho em sua tigela de cereal esta manhã? Quem fez a terra com seu solo rico e fértil? Quem fez as primeiras plantas de milho crescerem naquele solo e produzirem as sementes que, geração após geração, por meio de um processo cíclico que essencialmente não mudou desde teve início pela primeira vez, geraram a nossa colheita atual? Quem fez as pessoas que colheram o seu produto e o entregaram na fábrica? Quem deu à humanidade a engenhosidade, habilidade, e as matérias-primas para criar e construir máquinas para transformar o milho em flocos dourados crocantes?

Foi Deus quem fez todas as coisas, é claro. Aliás, Ele também fez o leite que você pôs no seu cereal, as frutas que colocou por cima, o suco de laranja em seu copo, o pão, a manteiga e a geléia.

Uma família faz uma pequena piada sobre se certas refeições, como aquelas servidas em sacos de papel em restaurantes fast-food, são "dignas de ações de graça". Eles brincam uns com os outros para gentilmente se lembrarem de parar, inclinar suas cabeças e agradecer ao Senhor por prover a sua comida, porque eles reconhecem que em última análise toda refeição vem do Senhor.

Por causa da queda de Adão e Eva, Deus ordenou que você trabalhe e pague pela comida e bebida de que o seu corpo precisa todos os dias. Mas o Senhor lhe oferece de graça a alimentação de que precisa a sua alma — o pão de cada dia, significando a Palavra de Deus, e a água viva, uma referência ao Espírito de Deus. Jesus comprou estas bênçãos para você a um tremendo custo pessoal. Ele morreu na cruz para que, crendo nEle, você se tornasse digno da graça de Deus.

GRAÇA PARA HOJE:

Deus provê o pão de cada dia e a água viva para o nosso corpo — e também para a nossa alma.

Um Reflexo de Deus

Francisco de Assis era um homem que apreciava a maravilha da criação de Deus. Filho de um rico negociante italiano, Francisco fora criado em um ambiente de grande riqueza e opulência, mas abandonou tudo isto a fim de servir a Deus e ajudar os pobres. Embora freqüentemente vivesse sem sequer um telhado sobre a cabeça, Francisco considerava-se verdadeiramente abençoado quando viajava por todo o interior servindo aos necessitados.

A natureza era mais que apenas uma expressão da beleza de Deus para Francisco — era um reflexo da própria natureza dEle e a obra de suas mãos. Francisco via toda a natureza com que se deparava como um dom de Deus e uma expressão da sua graça. Ele louvava a Deus pela alegria que a criação trazia para a sua vida, e buscava honrar e proteger todas as coisas vivas que dela faziam parte.

GRAÇA PARA HOJE:

Deus nos deu um mundo incrível. No entanto, a nossa vida redimida é a sua criação mais valiosa.

Você pára e agradece a Deus quando vê um lindo pôr-do-sol ao entardecer? Você o louva por sua criação quando vê as folhas das árvores mudarem em suas cores brilhantes de outono? Pode apreciar a criatividade de Deus quando vê o padrão de uma concha do mar ou o desenho intrincado de uma teia de aranha? Você vê a natureza como um dom da graça de Deus?

Deus lhe deu um mundo incrível para você explorar e desfrutar. Então, separe um tempo durante a semana para dar uma caminhada curta por um bosque ou parque. Abra os olhos para a beleza que está a sua volta, e louve a Deus pelas obras da sua criação. Seja agradecido, porque o cuidado de Deus é tanto que Ele quis que você vivesse em um mundo repleto de beleza e maravilhas.

"Quando vejo os teus céus, obra dos teus dedos, a lua e as estrelas que preparaste."
Salmos 8.3

Graça e Paz

Por Martinho Lutero

A saudação "Graça e paz a vós", do apóstolo Paulo, é surpreendente para as pessoas do mundo. Somente aqueles que pertencem a Cristo compreendem estas duas palavras, "graça" e "paz". A graça liberta do pecado, e a paz torna a consciência tranqüila.

Os dois tormentos que temos são o pecado e a consciência. Mas Cristo já derrotou ambos e os pisou debaixo de seus pés, tanto neste mundo quanto no porvir. Portanto, o significado destas duas palavras contém um resumo do cristianismo. A graça contém a remissão dos pecados, e a paz contém uma consciência tranqüila e alegre.

Mas nunca se pode ter a paz de consciência a menos que o pecado seja perdoado primeiro. E o pecado não é perdoado pelo cumprimento da lei, porque ninguém é capaz de cumprir a Lei de Moisés. No entanto, a lei nos mostra o pecado, acusa e aterroriza a nossa consciência, declara a ira de Deus e leva ao desespero.

Também não se pode tirar o pecado pelas obras e invenções das pessoas, como regras severas, práticas religiosas, votos e peregrinações. Não há esforço humano que possa tirar o pecado. Antes, as obras aumentam o pecado. Para os perfeccionistas e monges virtuosos, quanto mais trabalham e suam para removerem de si mesmos o pecado, mais fundo eles mergulham nele. Porque não há maneira de tirar o pecado senão unicamente pela graça.

Portanto, Paulo, em todas as saudações de suas cartas, coloca a graça e a paz contra o pecado e a consciência. As palavras em si são simples. Mas é difícil ser persuadido em nosso coração de que somente pela graça — não por qualquer outro meio, seja no céu ou na terra — temos a remissão dos pecados e a paz com Deus.

PAI SANTO: COMO POSSO AGRADECER-TE PELA TUA GRAÇA E PELA TUA PAZ? ELAS MANTÊM O MEU MUNDO COESO, AJUDANDO-ME A ATRAVESSAR CADA DIA E ASSEGURANDO-ME O FUTURO ETERNO. AJUDA-ME A ANDAR NO QUE TU ME DESTE. AMÉM.

"Sendo, pois, justificados pela fé, temos paz com Deus por nosso Senhor Jesus Cristo."

Romanos 5.1

O Teste Definitivo de Grandeza

"A justiça de Deus pela fé em Jesus Cristo para todos e sobre todos os que crêem."
Romanos 3.22

Em termos de poder e realizações, um dos maiores reis de Israel depois da época de Davi e Salomão foi um homem chamado Onri. Durante o seu reinado, que os historiadores acreditam ter durado de 876—869 a.C., Onri trouxe paz a terra e prosperidade econômica ao povo. Ele pôs fim a um período de quase 50 anos de perturbação civil e até estabeleceu uma dinastia para os seus descendentes. Conduziu projetos de construção em larga escala e estabeleceu uma nova capital em Samaria. Onri era tão influente em sua época que países vizinhos referiam-se a Israel como "Terra de Onri".

Contudo, você provavelmente nunca ouviu falar do rei Onri, porque, apesar da sua grandeza na terra, ele era considerado mau diante de Deus. Na verdade, todo o seu reinado está resumido em uma curta seção em 1 Reis 16.25,28, que conclui: "E fez Onri o que era mal aos olhos do Senhor [...] E Onri dormiu com seus pais e foi sepultado em Samaria". Visto que Onri fora reprovado no teste definitivo de grandeza — o teste de justiça — os autores do Antigo Testamento sentiram pouca necessidade de dizer qualquer coisa sobre a sua vida.

GRAÇA PARA HOJE:

O dom de justiça de Deus aumenta quando permitimos que Ele mude as nossas atitudes em relação aos outros.

Em Romanos 10.10, Paulo declara: "Visto que com o coração se crê para a justiça, e com a boca se faz confissão para a salvação". Quando você aceita o dom gratuito da justiça que Deus oferece a todos os que escolhem aceitar a sua graça e seguir os seus caminhos, você se torna "grande" aos olhos de Deus.

A grandeza na terra é passageira, mas o dom da justiça de Deus é eterno. Ao concentrar-se em se tornar "grande" aos olhos do Senhor em vez de se tornar grande aos olhos do mundo, você permite que Deus mude a sua atitude e o seu coração em relação aos outros. Se você vive de acordo com as promessas mencionadas na Palavra de Deus, você demonstra aos outros o valor de viver uma vida justa.

Terça

"Não É Justo!"

"[a justiça de Deus é] sobre os filhos dos filhos; sobre aqueles que guardam o seu concerto, e sobre os que se lembram dos seus mandamentos para os cumprirem."
Salmos 103.17,18

Philip olhou com apreensão quando o sol começou a se pôr no oeste. Ele tinha gostado de jogar bola com os amigos no parque durante toda a tarde, mas agora que escurecia, ele sabia que logo teria de ir para casa. Seus pais lhe disseram especificamente para estar em casa antes que escurecesse, e Philip sabia que devia obedecer.

Naturalmente ele não estava feliz com isto.

— Não é justo! — disse ele a sua mãe e ao seu pai quando chegou em casa. — Os outros pais deixam seus filhos ficarem no parque até depois de escurecer. Por que não posso? Vocês não querem que eu me divirta com os meus amigos.

— Não, Philip — disse a sua mãe. — Nós pedimos para você sair do parque antes de escurecer porque é perigoso ficar na rua tão tarde da noite. Amamos você e queremos que você esteja seguro.

— Além disso, amanhã você tem aula —, falou seu pai dessa vez — e se ficar fora até tarde acabará cansado demais para acordar. Você pode brincar com os seus amigos amanhã.

GRAÇA PARA HOJE:

As regras de Deus são criadas para proteger, guiar, trazer alegria, realização e paz para a nossa vida.

Algumas vezes, você pode pensar por que Deus pede que você lhe obedeça. Alguns mandamentos podem parecer injustos ou fazê-lo sentir que Ele está tirando o seu "divertimento" ao proibir que você faça o que deseja. Contudo, é importante lembrar que Deus impõe regras somente porque Ele nos ama e quer impedir que nos machuquemos. Ele quer nos guiar por um caminho que nos traga maior alegria, realização e paz em nossa vida.

Confie na direção de Deus e submeta-se a sua vontade. Porque quando você confiar, Ele o abençoará e cobrirá com a sua graça.

Lugares Deliciosos!

"As linhas caem-me em lugares deliciosos; sim, coube-me uma formosa herança."
Salmos 16.6

Um proeminente psiquiatra disse certa vez: "Da próxima vez que você se sentar para um jantar simples, deitar em uma cama aconchegante, ter uma conversa calorosa com um amigo, imagine que você está no fim do arco-íris, que isto é a vida, e é maravilhosa!"

É fácil perder de vista as bênçãos na vida. Muitas coisas pequenas que temos são especiais para o nosso tempo e nossa cultura: água quente, eletricidade, água encanada. Pelo fato de raramente ficarmos sem estas coisas, freqüentemente nos esquecemos de como a vida seria sem elas.

No livro *The Manhood of the Master* ("A Virilidade do Mestre", 1913), Harry Emerson Fosdick escreveu:

> Jesus tirou o melhor proveito em meio às situações mais "adversas" que uma alma já enfrentou. Ele não exigiu uma fazenda diferente para trabalhar. Foi trabalhar na fazenda que tinha; cultivou-a e gerou uma colheita que tem alimentado o mundo desde então. Sua vida parece um chamado corajoso a todos nós: Pare de resmungar; pare de sentir pena de si mesmo e veja o que você pode fazer — com a ajuda de Deus — em meio a sua situação adversa, porque Deus jamais a teria permitido sem que ela lhe trouxesse algumas possibilidades excelentes.

Não importa quão "adversa" a sua vida possa parecer, você ainda tem recebido muitos dons extraordinários de Deus. O maior deles é a salvação através de seu Filho, Jesus Cristo. As linhas lhe caem em lugares deliciosos!

Graça para hoje:

Deus pode transformar as suas situações "adversas" em possibilidades ideais que Ele tem para cada um de nós.

Quinta

Conte as Bênçãos

"Louvem ao Senhor pela sua bondade e pelas suas maravilhas para com os filhos dos homens!"
Salmos 107.8

Os peregrinos que deixaram a Inglaterra para o Novo Mundo, em 6 de setembro de 1620, tinham pouca idéia das dificuldades que os aguardavam. Durante a viagem inicial, eles foram sacudidos por uma tempestade que durou nove semanas. O primeiro inverno da Nova Inglaterra que enfrentaram foi incomum; eles estavam completamente desacostumados a tais períodos extensos de frio. Além disso, os navios de suprimentos da Inglaterra nunca chegavam como fora programado, deixando os peregrinos com pouca comida e outras provisões.

A primavera finalmente chegou em 1621, e os peregrinos puderam plantar os seus produtos agrícolas. A colheita naquele outono foi abundante, e o governador da colônia reconheceu que eles tinham razões de sobra para serem agradecidos. Reunindo os peregrinos, o governador emitiu um edital em que proclamava um dia de celebrações públicas em que todos deveriam dar graças a Deus pela sobrevivência que estavam recebendo. Assim, ocorreu a primeira festa de "ação de graças" em que comeram peru, broa de milho, abóbora e moranga, com a finalidade de honrar a Deus pela sua provisão.

A lição importante a ser aprendida com os peregrinos é que muito embora eles tenham resistido a tremendas dificuldades, tiveram a habilidade de reconhecer as bênçãos que o Senhor lhes tinha dado. Em vez de culpar a Deus por sua má sorte anterior, os peregrinos foram capazes de enfocar os aspectos positivos de sua condição atual, e agradecer a Deus por sua maravilhosa graça.

Não importa o que a vida lhe traz, lembre-se sempre de que Deus está com você. Embora você tenha de perseverar durante os tempos difíceis, Ele sempre lhe estenderá a sua graça. Então deixe que a sua vida seja um reflexo da graça de Deus, e que outros vejam que você bendiz e honra a Deus em todas as coisas.

GRAÇA PARA HOJE:

As aflições fazem-nos reconhecer a graça de Deus em nossa vida.

Sexta

A Alegria da Criação

Poucos indivíduos na história da arte japonesa se compararam com o homem de criatividade conhecido como "Hokusai". Nascido na aldeia de Edo, em 1760, Hokusai começou a sua carreira como artista na idade de quinze anos. Aos dezoito, ele já havia sido aceito como um aprendiz na famosa escola de arte japonesa sob a instrução do mestre Shunsho.

Hokusai era um homem que amava o seu trabalho e o ato simples da criação. Quando terminava um desenho, freqüentemente jogava-o no chão e de imediato começava a esboçar outro. Quando os papéis formavam uma pilha e a sua casa tornava-se desorganizada demais, ele simplesmente se mudava para outra residência — algo que fez 93 vezes durante a sua vida. Sendo um artista prolífico, Hokusai havia produzido mais de 30 mil desenhos até a época de sua morte, em 1849.

GRAÇA PARA HOJE:

Deus motiva os outros através das habilidades criativas que Ele colocou em nossa vida.

Hokusai não tinha medo de usar os seus talentos e expressar-se através da criatividade. Da mesma forma, você nunca deve ter medo de usar as habilidades criativas que Deus colocou dentro de você. Preocupar-se pensando que as suas habilidades não são "boas o bastante", que você não tem nada novo para oferecer ao mundo, ou que outros irão rir das suas tentativas, é uma atitude que apenas negará o poder que Deus tem para inspirar e dirigir os seus esforços, e que tirará de sua vida a alegria de criar.

Você ficará admirado com as vidas que irá tocar quando permitir que Deus nutra e desenvolva a sua criatividade inata. Suas palavras motivarão outras pessoas, suas idéias animarão seus corações, e suas ações serão uma inspiração para eles atingirem a grandeza. Através de sua criatividade, você verdadeiramente abençoará outros e encherá as suas vidas com a graça de Deus.

"E o enchi do Espírito de Deus, de sabedoria, e de entendimento, e de ciência em todo artifício, para inventar invenções, e trabalhar em ouro, e em prata, e em cobre, e em lavramento de pedras para engastar, e em artifício de madeira, para trabalhar em todo lavor."

Êxodo 31.3-5

Cheio de Graça

Por Agostinho de Hipona

Por que deveria haver uma glória tão grande em uma natureza humana? Isto é sem dúvida algum ato da graça. Aqueles que consideram fiel e sobriamente a questão da encarnação do Senhor Jesus Cristo enxergam neste fato uma clara demonstração da grande graça de Deus. Eles podem entender que são justificados de seus pecados pela mesma graça que fez com que o Cristo humano não pecasse.

Portanto, o anjo saudou a sua mãe quando lhe anunciou o futuro nascimento: "Salve", ele disse, "agraciada". E prosseguiu: "achaste graça diante de Deus". Ele expressou que ela era agraciada visto que seria mãe do Senhor, o Senhor de todos.

No entanto, com respeito ao próprio Cristo, o evangelista João disse: "E o Verbo se fez carne e habitou entre nós", e acrescentou: "e vimos a sua glória, como a glória do Unigênito do Pai, cheio de graça e de verdade" (Jo 1.14). Ao dizer que "o Verbo se fez carne", ele faz uma relação com a expressão "cheio de graça". E quando menciona "a glória do Unigênito do Pai", ele liga esta expressão à declaração "cheio de verdade".

Ele era com certeza a própria Verdade, o Filho unigênito do Pai — e, outra vez, isto não se deu apenas pela graça, mas pela natureza — ou seja, pela graça Ele assumiu a natureza humana em tal unidade pessoal, a ponto de Ele mesmo ser também o Filho do Homem.

SENHOR DEUS: OBRIGADO POR ENVIARES O TEU FILHO UNIGÊNITO PARA VIVER EM UM CORPO HUMANO, A FIM DE QUE EU PUDESSE CONHECER A REALIDADE DA TUA GRAÇA. AMÉM.

"E o Verbo se fez carne e habitou entre nós, e vimos a sua glória, como a glória do Unigênito do Pai, cheio de graça e de verdade."

João 1.14

Vá com Deus

"O Senhor guardará a tua entrada e a tua saída,
desde agora e para sempre."
Salmos 121.8

A palavra *Good-bye* (ing. "adeus") significa muito mais do que "Até logo". É uma alteração da frase *God be with you* (Deus esteja com você — de acordo com o Merriam Webster's Collegiate Dictionary, décima edição). Toda vez que alguém acena para um amigo e diz: *Bye!*, está oferecendo uma oração pedindo a proteção do Senhor. Toda vez que uma pessoa abraça seu filho e sussurra: *Bye-bye*, está entregando a sua criança aos cuidados de Deus.

Que bênção é poder entregar aos cuidados de Deus, todos os dias, aqueles a quem você quer bem, para que neste mundo incerto você não tenha de se preocupar com eles durante aqueles períodos em que estão longe. Este dom maravilhoso da graça de Deus permite que os que colocam a sua fé no Senhor tenham paz de espírito e liberdade para se concentrarem em suas tarefas cotidianas, à medida que executam os propósitos que Deus tem para eles.

GRAÇA PARA HOJE:

Deus nos dá a graça necessária para confiarmos os nossos amigos e entes queridos ao seu cuidado vigilante.

Os crentes confiam e contam com as promessas de Deus de segurança e proteção. Contudo, também reconhecemos que a vontade soberana de Deus é um mistério para a humanidade e, portanto, não podemos prever as coisas que Ele permitirá que aconteçam, ou quando Ele permitirá que ocorram. Somos incapazes de explicar por que Ele permite que coisas ruins aconteçam. Podemos apenas nos inclinar diante dEle, reconhecer que Ele é Deus, e nos apegar ao conhecimento de que Ele é bom, e que algum dia tudo será explicado. Neste meio tempo, dizemos "adeus" aos nossos entes queridos, colocando-os nos braços do Senhor, e bem lá no fundo sabemos que não importa o que aconteça, eles sempre estarão seguros ali.

Naturalmente, isto levanta a questão de amigos e membros da família que não são crentes — entes queridos para quem não há tal garantia. Para estes, talvez o nosso "adeus" deva se tornar uma oração não só para que Deus permaneça perto deles, mas para que a graça abra os seus corações a Ele.

Terça

Volte ao Jogo

"Portanto, agora, nenhuma condenação há para os que estão em Cristo Jesus, que não andam segundo a carne, mas segundo o espírito."
Romanos 8.1

Roy Riegels sentou-se no vestiário com uma toalha sobre os ombros e o rosto em suas mãos. Era hora do intervalo no Rose Bowl e ele acabara de cometer um dos erros mais embaraçosos da história deste jogo.

Perto do fim do segundo tempo, um jogador do time adversário perdeu o controle da bola. Riegels a apanhou e correu pelo campo — mas na direção errada. Ele quase marcou um ponto para o outro time, antes que um de seus companheiros de time o atacasse na linha de uma jarda. Agora, faltando a metade do tempo para o encerramento, Riegels recusava-se a voltar para o campo.

"Estraguei tudo para você", ele disse ao treinador. "Eu não conseguiria encarar a multidão neste estádio nem para salvar a minha vida." Mas o treinador não quis ouvir e disse: "Roy, levante-se e volte. Só a metade do jogo está acabada".

Quando você comete um erro, é importante admiti-lo, pedir perdão, aceitar a graça de Deus e seguir em frente. Guardar erros do passado (pelos quais você não pode fazer nada) somente o deixa sentindo-se culpado e deprimido. A lembrança dos seus fracassos pode mantê-lo amarrado e incapaz de libertar-se do fardo que você colocou sobre a própria vida.

Deus quer que você levante a cabeça e vá para o campo. Ele deseja que você abandone a culpa e a vergonha, e entregue-as a Ele, deixando o passado para trás. Somente aceitando a graça de Deus em sua vida é que você pode começar a aprender com os seus erros e receber a força que Ele concede para que perseverar nos dias que estão por vir.

GRAÇA PARA HOJE:

O perdão de Deus permite que abandonemos as nossas culpas e vergonhas, e deixemos o passado para trás.

A Certeza

"[...] ele disse: Não te deixarei, nem te desampararei. E, assim, com confiança, ousemos dizer: O Senhor é o meu ajudador, e não temerei o que me possa fazer o homem."

Hebreus 13.5,6

A graça de Deus lhe dá a confiança necessária para cada passo na jornada da vida, desde os menores até os realmente grandes. A promessa de Deus de andar com você lhe dá a coragem de ir a todos os lugares onde Ele quiser que você vá neste mundo. Ela o incentiva a subir à tribuna de uma conferência de negócios e falar diante de um grande público, ou atravessar a rua até a casa do vizinho para compartilhar a sua fé. Ela lhe dá forças para entrar em um edifício de escritórios para uma entrevista de emprego, ou sair de um emprego estável para começar uma nova atividade. Ela lhe dá a capacidade de caminhar pelo corredor da igreja para fazer os seus votos de matrimônio, ou entrar no hospital para viver a experiência do nascimento do seu primeiro filho.

A presença prometida do Senhor lhe dá uma garantia que nasce, não da fé em você mesmo, mas da fé em alguém cuja sabedoria e cujo poder são infinitamente maiores do que os seus. Ela também nasce do profundo conhecimento de que mesmo se Deus permitir que você tropece neste passo da jornada, Ele está com você para sempre, e isto é tudo o que realmente importa. As coisas neste mundo podem estar abaladas, mas aquilo que não pode ser abalado — Deus e o seu Reino — permanecerão para sempre. E nada jamais poderá separar você do amor eterno de Deus.

O Senhor lhe fez muitas promessas maravilhosas e incríveis, e Ele revelou na sua Palavra, e provou ao longo da história, que é capaz de cumprir cada uma delas. Deus andará com você durante esta vida, ao seu lado em cada passo do caminho, se você estiver disposto a abandonar qualquer autoconfiança que possua, depositando toda a sua confiança nEle. Cada jornada começa com um único passo, e, neste caso, trata-se de um passo de fé.

GRAÇA PARA HOJE:

Somos abençoados em nosso caminhar terreno pelas grandes e maravilhosas promessas de Deus.

Quinta

Algo por que Vale a Pena Lutar

"[...] segue a justiça, a piedade, a fé, a caridade, a paciência, a mansidão. Milita a boa milícia da fé [...]"
1 Timóteo 6.11,12

Quando Adão e Eva se rebelaram, Deus poderia ter abandonado a raça humana à própria sorte. O Senhor poderia ter dito: "Muito bem, vocês escolheram o seu caminho. Lamento por vocês, porque sei o que vai acontecer agora. Vocês partirão e tentarão se ajeitar da melhor maneira possível. Tentarão iniciar uma existência, de alguma maneira, neste planeta que Eu criei, e lutarão uns com os outros pelas coisas materiais que há nele. Irão procurar a felicidade e a paz neste mundo, mas nunca as encontrarão, porque agora deixo que controlem a própria vida como queriam". E a história humana teria iniciado uma longa espiral descendente rumo ao caos e ao esquecimento.

Mas o nosso Deus gracioso, misericordioso e clemente não iria permitir que isto acontecesse. Antes, Ele enviou o seu próprio Filho Jesus à cruz, por nossa causa, dando-nos uma segunda chance, uma nova oportunidade de escolha. Podemos rejeitar o sacrifício de Jesus e continuar a nossa rebelião, ou podemos nos reconciliar com Deus por meio do sangue de Cristo, e começar a nos esforçar — com a ajuda do Espírito Santo — para viver de maneira justa. A graça de Deus nos oferece um modo de vida melhor do que aquele que os nossos antepassados escolheram para nós — uma causa nobre a seguir, algo por que vale a pena lutar. Em lugar de lutarmos uns aos outros ignobilmente pela terra, pelos recursos naturais, pelos metais preciosos e outros bens materiais, podemos lutar honradamente pela justiça, pela santidade e por todos os "gomos" do fruto do Espírito.

Deus decidiu não se afastar da sua criação depois do pecado. Em vez disto, Ele continuou em cena, garantindo que também tivéssemos uma escolha, que pudéssemos estabelecer um destino melhor para nós mesmos, que pudéssemos decidir viver com um objetivo e esperança, e lutar pelo objetivo mais digno de todos: conhecer o Senhor e andar nos seus caminhos.

GRAÇA PARA HOJE:

A graça de Deus oferece-nos um modo de vida melhor do que aquele que os nossos antepassados escolheram para nós. Algo por que vale a pena lutar.

Um Tesouro Enterrado

Não havia nada particularmente interessante na fazenda de Andreas Gaitatzis, na Grécia. Era um terreno plano, parecido com a maioria dos outros campos da região, onde existia uma plantação variada. Ainda assim, havia algo diferente sobre o terreno de Andréas. Um dia, enquanto ele revolvia a terra, descobriu uma coroa de ouro sólido de dois mil anos de idade — a terceira deste tipo encontrada na Grécia.

Atraídos pela descoberta incomum, arqueólogos correram até o local e começaram a encontrar mais objetos na propriedade de Andreas. Dentro de pouco tempo, eles tinham descoberto toda uma cidade, conhecida como "Apolônia", debaixo da terra aparentemente comum de Andreas. Os conhecimentos obtidos a partir desta descoberta provaram ser de um valor incalculável para os historiadores que procuram conhecer a vida antiga na Grécia.

GRAÇA PARA HOJE:

Somos o tesouro de Deus. Ele nos aprecia e revela a nossa beleza interior e os nossos talentos aos outros, para a sua glória.

Às vezes, você pode achar que a sua vida não tem sentido. É fácil aceitar a idéia do mundo de que o valor se baseia em coisas como a condição social, a aparência, a juventude e o sucesso. Com tais mensagens chegando diariamente ao seu redor, é tentador acreditar que você tem menos valor se não possuir tais coisas. Mas Deus o vê como você é, e considera a sua vida incrivelmente valiosa.

Assim como o fazendeiro no campo, Deus está apenas esperando para revelar a beleza na sua vida e mostrar-lhe todos os tesouros que estão bem abaixo da superfície. Ele deseja mostrar quanto o ama e se preocupa com você como uma parte individual da sua criação. Assim, permita que Ele o exalte e abençoe com a sua graça, para que você possa usar os talentos que Ele lhe deu, deixando que a sua vida brilhe para a glória dEle.

"Porque somos feitura sua, criados em Cristo Jesus para as boas obras, as quais Deus preparou para que andássemos nelas."

Efésios 2.10

A Luz da Graça

Por Meister Eckhart

O que Deus realiza na simples luz da alma é mais belo e encantador do que todas as outras coisas gloriosas e maravilhosas que Ele cria. Por meio desta luz nasce a graça.

A graça nunca nasce da inteligência ou determinação. Se assim fosse, estas precisariam estar acima da posição que têm. A verdadeira união entre Deus e a alma tem lugar naquela pequena fagulha, que é chamada de espírito da alma. A graça não necessita de nenhum esforço para trazer a união. Ela é a bênção que a alma recebe por habitar constantemente em Deus.

Toda dádiva de Deus torna a alma pronta para receber uma nova dádiva, maior do que ela mesma.

Deus nunca deu nenhuma dádiva para que as pessoas simplesmente a possuíssem. Toda dádiva que Ele concedeu, no céu e na terra, foi para que Ele pudesse dar uma dádiva mais importante — o seu próprio ser. Assim, com a dádiva da graça e todas as outras, Ele nos prepara para a dádiva mais importante, que é Ele mesmo.

Ninguém é tão grosseiro, ou ignorante, ou desajeitado a ponto de não poder, pela graça de Deus, unir a sua vontade inteiramente à de Deus. E nada é mais necessário e importante do que poder dizer, com desejo fervoroso: "Oh Senhor, mostra-me a tua vontade mais preciosa, e dá-me forças para realizá-la". E Deus assim o faz, tão seguramente como Ele vive, e nos dá a graça cada vez mais completa e rica até que cheguemos à perfeição.

PAI GRACIOSO: Recorro a tua graça e submeto a minha vontade completamente à tua vontade. Prepara-me para receber a tua maior dádiva — a dádiva de ti mesmo. Amém.

"Porque, se, pela ofensa de um só, a morte reinou por esse, muito mais os que recebem a abundância da graça e do dom da justiça reinarão em vida por um só, Jesus Cristo."

Romanos 5.17

O Autoconhecimento

"De modo que, tendo diferentes dons, segundo a graça que nos é dada [...]"
Romanos 12.6

Em que ponto da vida uma pessoa descobre quem é? Quando um garoto, rebatendo as bolas que uma máquina lança, percebe que está treinando para a sua carreira nos grandes campeonatos de beisebol? Quando o menino que está treinando ao lado reconhece que, apesar de todos os seus sonhos de glória no beisebol, a sua vocação na vida é trabalhar em pesquisa médica?

Todo mundo se depara com a pergunta: "Quem sou eu?" Você pode consultar inúmeras fontes procurando obter a resposta — seus pais, amigos, professores, funcionários, cônjuge. Você pode também fazer muita introspecção. Mas existe alguém melhor para buscar senão a Deus? Em Tiago 1.5, está a promessa de que se você pedir sabedoria ao Senhor, Ele graciosamente lhe dará. E Deus o conhece melhor do que ninguém, incluindo você mesmo. Ele o formou magistralmente no útero da sua mãe, dotando-o de determinadas características físicas e uma personalidade única. E desde o seu nascimento Ele vem continuamente modelando-o de modo hábil, por meio da sua criação, educação e experiências.

GRAÇA PARA HOJE:

Foi Deus quem nos formou no útero de nossa mãe, e é Ele quem continua a nos formar e modelar, a cada dia da nossa vida.

Você pode pensar que sabe quem você é, e onde se encaixa neste mundo. Ou você pode não fazer a menor idéia. Ou pode ainda estar desapontado por não se desenvolver, tornando-se a pessoa que esperava ser. Se você pedir sabedoria a Deus, Ele confirmará o seu sentido de identidade ou irá revelar-lhe o tipo de pessoa que Ele designou que você fosse. Ele pode mostrar-lhe o plano que tem para a sua vida imediatamente, ou revelá-lo pouco a pouco, ao longo do tempo. De qualquer maneira, lembre-se, a história não termina com o autoconhecimento. É importante cuidar do seu relacionamento com o Criador, porque Ele ainda está formando-o, e você precisará da ajuda dEle para realizar todos os objetivos que Ele tem para você.

Terça

O Presente Imerecido

"Não pelas obras de justiça que houvéssemos feito, mas, segundo a sua misericórdia, nos salvou pela lavagem da regeneração e da renovação do Espírito Santo."

Tito 3.5

Muitos de nós recordamos a alegria que sentíamos, quando crianças, quando se aproximava o dia do nosso aniversário. Alguns até mesmo começavam uma contagem regressiva com um mês de antecedência. Queríamos colocar as mãos nos presentes que certamente estariam nos esperando em nosso dia especial — presentes imerecidos, simples comemoração do nosso nascimento. Quando finalmente chegava o dia, ficávamos rodeados de amigos e da família, todos ansiosos para participar da nossa felicidade.

Você sabia que também temos um aniversário espiritual? Trata-se da comemoração do dia em que nascemos — pela segunda vez. Nascemos para a renovação da vida em um relacionamento vital com Deus, por meio de seu Filho, Jesus Cristo. A Bíblia diz que os anjos comemoram conosco estas ocasiões, alegrando-se com o fato de que renascemos para o Reino.

E com base em nosso segundo nascimento, Deus nos deu um presente — outra vez, imerecido. Este presente é a graça. E que presente! A graça nos abre o céu e dá acesso a toda a bondade de Deus — o perdão, a expiação, a vida eterna, os dons e os chamados espirituais, uma casa celestial, e, acima de tudo, o acesso à presença do próprio Deus.

GRAÇA PARA HOJE:

O dom da graça é imerecido. Nós o recebemos quando nascemos para o Reino de Deus.

Você tem uma razão para comemorar hoje? Se você já pecou, a sua resposta deveria ser um retumbante "sim!" Graças à dádiva da graça, você recebeu a oportunidade de recomeçar a vida de uma forma limpa. Vamos começar a festa!

A Verdade É realmente Verdadeira?

"Não rejeiteis, pois, a vossa confiança, que tem grande e avultado galardão."
Hebreus 10.35

Você sabia que a Bíblia contém não apenas uma, não apenas cem, não apenas mil, mas mais de 1.200 promessas? Há promessas que nos mostram que Deus está conosco, não importa onde estamos e pelo que estamos passando. Há promessas de amor e perdão, de cura e provisão, de sabedoria e entendimento. Promessas de vida eterna e alegria eterna. Promessas de santificação e reconciliação com Deus. Na verdade, existem promessas na Bíblia que têm um forte impacto sobre todas as áreas da nossa vida.

Mas o valor de uma promessa está diretamente ligado ao valor da pessoa que a faz. E é exatamente esta a razão por que as promessas da Bíblia são tão maravilhosas. Elas foram feitas pelo próprio Deus Todo-poderoso; estão respaldadas pelo Criador do universo. É aí que começam as credenciais dEle. Nunca poderemos saber tudo o que Ele é — as nossas mentes humanas simplesmente não conseguem compreender isto.

Então, o que nos faz hesitar quando se trata de reivindicar as promessas de Deus? Temos medo de não estarmos à altura delas? Considerando a freqüência das nossas falhas, isto poderia parecer verdade. Mas não é, de maneira nenhuma. Deus promete sempre nos manter merecedores de receber as suas promessas, derramando o seu favor imerecido sobre nós. Quando não estávamos qualificados, Ele nos qualificou, pagando a nossa dívida com a vida do seu Filho puro e sem pecado.

Em nossa sociedade, somos inundados com promessas. Roupas mais bonitas, sono melhor, dentes mais brancos. Mas somente as promessas de Deus foram provadas e testadas. Somente as promessas de Deus são dignas da nossa confiança. Então, o que você está esperando? Abra a Bíblia e interprete a Palavra de Deus literalmente!

GRAÇA PARA HOJE:

As promessas de Deus são relevantes, poderosas e eternas. Elas não nos desapontam.

Quinta

Tu És Meu!

"Mas, agora, assim diz o Senhor que te criou, ó Jacó, e que te formou, ó Israel: Não temas, porque eu te remi; chamei-te pelo teu nome; tu és meu."

Isaías 43.1

Você já viu crianças chamando outras com nomes feios? É possível que, quando criança, você fizesse a mesma coisa. Ou talvez você fosse o alvo destas palavras ofensivas.

Você poderá ficar surpreso ao saber que Deus é muito bom ao chamar as pessoas com outros nomes. Ele começa nos chamando de seus filhos. E quando Ele o faz, está apenas começando. Ele continua nos chamando de perdoados, redimidos, justificados pela fé. Ele nos chama de amados, eleitos e amigos. Ele nos chama de inocentes, santos e cidadãos do céu. Ele nos chama de prudentes, dignos e cheios de esperança. Ele nos chama de confiantes, corajosos e satisfeitos. Ele nos chama de justos, valiosos e vitoriosos. Ele nos chama de fortes, bem-sucedidos e ricos. Deus nos chama de todos estes nomes e ainda mais, não porque estejamos à altura dos nomes, mas porque Ele nos cobriu com o seu amor e a sua graça.

Deus também chama a si mesmo com os nomes: o Princípio e o Fim. Consolador, Conselheiro, Criador, Libertador, Estrela da Manhã, Porta, Fiel, Pai, Amigo. Ajudador, Sumo Sacerdote, Força da Salvação. O Caminho, a Verdade e a Vida. Aqui, também, a sua graça nos dá o direito de chamá-lo por estes nomes sem medo de sermos rejeitados.

Não será hora de você tornar-se uma pessoa que dá nomes? Um momento para você entender e andar na realidade de quem você é para Deus, e de quem Ele é na sua vida? Talvez você precise que Ele seja o Maravilhoso Conselheiro e o Príncipe da Paz hoje — somente você e Deus sabem o que você necessita. Ele está ouvindo e esperando que você o chame pelo nome.

GRAÇA PARA HOJE:

Deus nos deu o seu Nome para garantir-nos que podemos recorrer a Ele, e assim Ele suprirá todas as nossas necessidades.

Alimente-se do que É Bom para Você

Em ocasiões especiais do ano, como os feriados e os aniversários, as famílias se reúnem para celebrar com uma refeição. Normalmente estas refeições contêm alimentos muito saborosos. No entanto, o fato de a comida ter bom sabor não indica necessariamente que seja boa. Sobre a mesa, normalmente há alimentos pouco nutritivos e muito divertidos de comer. Por exemplo, o bolo de banana é sempre mais divertido de comer do que a salada de espinafre. Na maioria dos casos, os alimentos calóricos e com poucos nutrientes têm sabor muito melhor do que os alimentos saudáveis.

Graça para hoje:

Deus nos deu a sua Palavra para nos alimentar espiritualmente.

Você sabia que Deus providenciou alimento para nutrir o nosso espírito? O seu alimento contém sustento para todas as áreas da vida, e Ele nos convidou a nos alimentarmos generosamente do melhor alimento espiritual que alguém pode ter — a Palavra de Deus. Do início ao fim, tudo o que está na Bíblia é bom para você.

Mas em um mundo onde existem coisas como o cinema, os DVDs, a internet e a TV a cabo, a Palavra de Deus é reconhecidamente o prato muito mais nutritivo, mas nem sempre o de melhor sabor sobre a mesa.

É claro que não podemos viver apenas de bolo de banana. Se tentássemos, ficaríamos mal nutridos. Da mesma maneira, não podemos esperar sobreviver espiritualmente se nos enchermos de alimento espiritual pouco nutritivo. Alimente-se hoje com o que é bom para você. Leia com freqüência a sua Bíblia e você se fortalecerá dia após dia. Então, no dia em que julgar que está precisando de energia espiritual, você perceberá que cresceu e tornou-se um crente forte e saudável.

"E Jesus lhe respondeu, dizendo: Escrito está que nem só de pão viverá o homem, mas de toda palavra de Deus."

Lucas 4.4

A Natureza da Graça

Por Thomas Watson

A natureza da graça consiste em transformar o coração e torná-lo tranqüilo. Por natureza, temos um caráter violento e cruel. Quando Deus amaldiçoou a terra por culpa do homem, a maldição produziria "espinhos e cardos" (Gn 3.18), e o coração do homem segue esta maldição, por natureza. Ele não produz nada, exceto os espinhos dos conflitos e combates.

Mas quando a graça chega ao coração, ela torna-o tranqüilo. A graça infunde um caráter doce e afetuoso. Ela alisa e suaviza a peça mais nodosa. Elimina a rudeza no espírito dos homens.

A graça transforma o urubu em uma pomba, a sarça em murta, a ferocidade do leão em gentileza de ovelha (ver Is 55.13). "E morará o lobo com o cordeiro, e o leopardo com o cabrito se deitará." (Is 11.6). Assim a Bíblia se refere ao poder que o evangelho tem sobre o coração dos homens; ele produz uma metamorfose tal que aqueles que antes eram cheios de ira e antipatia agora são pacíficos e gentis.

A paz nos mostra o caráter de um verdadeiro santo. Os santos são dados à paz; são os mantenedores da paz; são os "herdeiros da paz".

PAI DE AMOR E PAZ: DERRAMASTE A TUA PAZ SOBRE MIM COMO UMA DÁDIVA DA TUA MARAVILHOSA GRAÇA. ACALMASTE A TEMPESTADE DO MEU CORAÇÃO E TRANQÜILIZASTE AS ÁGUAS AGITADAS. APAGASTE A MINHA IRA E A MINHA AMARGURA E DESTE-ME AMOR E RECONCILIAÇÃO. AGRADEÇO-TE POR ME TORNARES UM HERDEIRO DA TUA PAZ. AMÉM.

"Escutarei o que Deus, o Senhor, disser;
porque falará de paz ao seu povo e aos seus santos [...]"
Salmos 85.8

Pressa em Perdoar

"Quanto está longe o Oriente do Ocidente, assim afasta de nós as nossas transgressões."
Salmos 103.12

Todos nós pecamos. Todos fazemos coisas erradas. Todos falhamos, conosco e com aqueles a quem amamos. Todos falhamos com Deus, que nos criou com um propósito eterno e maravilhoso. Mas apesar de tudo isto, Deus fez algo extraordinário, uma coisa indescritivelmente graciosa. Ele não apenas providenciou que alguém pagasse o preço pelos nossos pecados, nossos erros, nossas falhas; Ele também forneceu-nos uma maneira de andarmos livres de novos erros. Ele diz "basta pedir" e seremos perdoados. Servimos a um Deus que se apressa em perdoar.

GRAÇA PARA HOJE:

Servimos a um Deus que se apressa a perdoar.

Você pode pensar que é um caso perdido. Não apenas o seu passado parece imperdoável, mas também o futuro não parece muito promissor. Hoje mesmo, você se encontra fazendo escolhas terríveis. Parece estar preso em um círculo vicioso de viver errado e pensar errado.

O Deus que se apressa em perdoar não desistiu de você, ainda que você tenha desistido de si mesmo. Ele deseja que todos — mesmo o pior dos piores — recebam a salvação por meio da sua graça e se reconciliem com Ele (ver 1 Tm 2.5). E Ele está pronto e esperando para levantá-lo, para limpá-lo e fazer de você o seu próprio filho. Em Salmos 40.2, o salmista conta-nos o que Deus fez por ele: "[Deus] tirou-me de um lago horrível, de um charco de lodo; pôs os meus pés sobre uma rocha, firmou os meus passos".

Não fique no lodo; chame por Deus.

Terça

Fiel e Verdadeiro

"E vi o céu aberto, e eis um cavalo branco. O que estava assentado sobre ele chama-se Fiel e Verdadeiro."
Apocalipse 19.11

Antes que você nascesse, antes que respirasse pela primeira vez, Deus tinha um plano para a sua vida. Não um plano que o restringiria e limitaria, mas um plano que iria extrair toda a riqueza dos dons e talentos concedidos a você, todas as matizes de caráter, todos os aspectos exclusivos da sua personalidade única. Seguir e cumprir este plano é a coisa mais gloriosa que você pode fazer na vida.

GRAÇA PARA HOJE:

Deus tem um plano maravilhoso para a nossa vida e está ansioso para contar-nos tudo sobre ele.

Isto certamente não será fácil. O plano de Deus inclui disciplina para aperfeiçoar o caráter e desenvolver os dons. Deus permitirá tempestades e provações para estimular e incentivar a sua fé. E você terá de correr para alcançar o prêmio — esforçando-se, lutando inteiramente comprometido a vida inteira.

Provavelmente existem pouquíssimas pessoas na terra que não desejariam desenvolver o seu potencial pleno. Todos falamos em traçar planos e fazê-los funcionar. O problema é que muitos renunciam ao plano de Deus, julgando que o seu próprio plano será melhor. Eles perseguem uma carreira ou dedicam as suas energias à família. Aprendem uma profissão ou procuram desenvolver um talento. Mas não pedem que Deus lhes mostre o plano "real" — aquele destinado a tocar cada parte de quem são, aquele destinado a trazer-lhes paz com Deus e realização completa. Quando os seus próprios planos fracassam, algumas vezes até culpam a Deus.

Qual plano você está seguindo hoje? Você pediu ao Criador para revelar a vontade dEle para a sua vida? Não aceite nada inferior ao que é melhor — os planos e objetivos de Deus.

Perdoado!

"Mas ele [Cristo] foi ferido pelas nossas transgressões e moído pelas nossas iniqüidades; o castigo que nos traz a paz estava sobre ele, e, pelas suas pisaduras, fomos sarados."

Isaías 53.5

O prisioneiro caminhou pelo corredor até o seu destino final, acompanhado pelo pastor, dois guardas e o diretor da prisão. O sabor de sua última refeição ainda podia sentir em sua boca, e detalhes dos seus crimes passavam pela sua mente. Ele não conseguia evitar pensar naqueles que o amavam, aqueles que jamais veria novamente, tudo porque ele fora incapaz de controlar os seus atos. Oh, era verdade, ele era culpado! Culpado de egoísmo, ódio, violência, assassinato, e agora pagaria o preço dos seus pecados — a morte!

Mas então, uma coisa maravilhosa aconteceu. Chegou a notícia de que ele havia sido perdoado. A vida lhe seria poupada, e ele seria libertado para viver novamente. Ele se perguntou como viveria desta vez. Retornaria ao crime ou sairia daquela prisão disposto a viver de uma nova maneira?

Você pode não saber, mas os seus crimes (os seus pecados) o estavam levando a uma câmara da morte — a morte da sua alma. Mas, como o homem culpado desta história, você foi inesperadamente perdoado. Você merecia punição, mas em vez disto ofereceram-lhe a liberdade da prisão que você mesmo construiu.

No seu caso, o perdão não está coberto de mistério, nem depende de um detalhe. Em poucas palavras, outra pessoa — alguém completamente inocente — morreu em seu lugar. Ele literalmente assumiu a culpa dos seus pecados e pagou o castigo com o seu próprio corpo. Agora você está livre das garras da morte, e pode passar a andar em novidade de vida. O que você irá fazer?

GRAÇA PARA HOJE:

Pela sua graça, Deus enviou o seu Filho para pagar o preço pelos nossos pecados.

Quinta

A sua Vida Divina

"Temos, porém, esse tesouro em vasos de barro, para que a excelência do poder seja de Deus e não de nós."
2 Coríntios 4.7

Durante milhares de anos, as pessoas criaram recipientes para uso comum — xícaras, jarros, vasos, urnas. Os arqueólogos cuidadosamente desenterram estes tesouros de lugares antigos e estudam-nos, com o intuito de aprender mais sobre as pessoas que os fizeram.

A Bíblia diz que somos vasos criados por Deus, para o seu uso. Que uso é este? Por mais surpreendente que possa parecer, Deus nos criou para sermos cheios do seu Santo Espírito. Somos simples vasos de barro, moradas indignas para o Espírito de Deus; ainda assim, pela sua graça, Deus achou adequado encher-nos com um tesouro tão inimaginável. Aqueles que nos conhecem e observam a nossa vida descobrirão em breve uma coisa surpreendente a respeito do nosso Criador — Ele verdadeiramente tornou a nossa vida divina.

Da próxima vez que você for tentado a considerar sua vida como qualquer coisa que seja inferior a divina, lembre que Deus o criou com um propósito divino em mente. Você é o vaso que transmite o seu Espírito a este mundo. Você é aquele que o leva aos que estão sofrendo com a culpa e a solidão. Você estenderá a mão para ajudar os doentes e cansados com o toque do Espírito. Você levará a mensagem divina da redenção e da reconciliação àqueles que ainda não a ouviram.

Deus o criou com um propósito divino em mente. Você é o seu vaso — um vaso adequado para um Rei.

GRAÇA PARA HOJE:

Pela sua graça, Deus nos tornou vasos dignos de transmitir a sua divina presença.

O que Deus Preparou

Carros extravagantes, casas elegantes, iates luxuosos — é interminável a lista de "coisas" que uma pessoa pode comprar se tiver dinheiro suficiente. Mas Deus preparou algo tão incrível para você que o dinheiro jamais conseguirá comprar. Nem mesmo o bilionário mais rico que viveu poderia comprá-la. O seu cérebro nem consegue imaginar o que é. Esta coisa incrível que Deus lhe preparou é a glória do céu.

Um dia os nossos olhos verão mansões que serão maiores do que qualquer casa na terra. E uma delas será nossa. Além disso, quando olharmos para a paisagem do mundo que virá, ela terá um brilho indescritível, que será sempre novo. E o que faz tudo isto ser tão maravilhoso é o fato de que não nos custará nem um centavo. Temos um Reino que foi estabelecido para nós, e somente uma coisa nos qualifica para ele — o fato de que somos os filhos amados de Deus. Somos destinados a um Reino que nos foi comprado pelo próprio Filho amado de Deus. É um Reino de graça.

Hoje, diante das circunstâncias atuais, lembre que existe um mundo além deste que você vê agora — um mundo preparado especialmente para você. E não importa se você é rico ou pobre, algum dia você irá viver neste lugar maravilhoso que Deus lhe preparou.

GRAÇA PARA HOJE:

Diante das circunstâncias atuais, devemos lembrar que existe um mundo além deste que vemos agora.

"As coisas que o olho não viu, e o ouvido não ouviu, e não subiram ao coração do homem são as que Deus preparou para os que o amam."

1 Coríntios 2.9

Ponderar ou Orar?

Por Evelyn Christenson

Grande parte do que consideramos como orações, na verdade, não passam de reflexões. Até mesmo quando estamos de joelhos em oração, é fácil perceber que os nossos próprios pensamentos e respostas estão simplesmente passando pelas nossas mentes, sem sequer incluirmos a Deus. Isto não é orar; é apenas refletir.

Meu dicionário define "refletir" da seguinte forma: "Pensar profunda e completamente sobre alguma coisa; meditar sobre ou a respeito, avaliar cuidadosamente na mente; considerar profundamente; considerar, cogitar, deliberar, remoer". Este é um processo saudável, pois ajuda-nos a ordenar os porquês, solucionar problemas complexos, chegar a conclusões e até mesmo dar um fim a acontecimentos dolorosos. Mas as pessoas freqüentemente pensam que oraram, quando apenas gastaram tempo refletindo. Refletir não é orar. Somente quando incluímos Deus no processo é que este se transforma em oração.

Na batalha sobrenatural em nossa sala de aula, refletir não é adequado. Não tem o poder de alterar o problema sobre o qual estamos deliberando. Mas ao incluirmos Deus, nossa reflexão de repente envolve o onisciente e sábio Deus do universo. O Deus infalível. O Deus que sabe todas as coisas, todas as conseqüências, tudo que Ele pretende realizar por meio da nossa vida. Quando Deus se envolve pessoalmente em nossa reflexão, surgem conclusões precisas e atitudes corretas em nosso semelhante, e também de nossa parte em relação a eles — todas elas são fornecidas por um Deus afetuoso, generoso e onisciente.[49]

QUERIDO PAI CELESTIAL: QUANDO ENVOLVEMOS A TI EM NOSSAS REFLEXÕES, NÃO OBTEMOS APENAS AS NOSSAS RESPOSTAS HUMANAS QUE SÃO INADEQUADAS E FREQÜENTEMENTE INCORRETAS, MAS A SABEDORIA QUE VEM DE TI — O DEUS DO UNIVERSO, ONISCIENTE E SÁBIO. O DEUS INFALÍVEL QUE SABE TODOS OS PORQUÊS E CONHECE BEM OS PRÓPRIOS OBJETIVOS. COMO É RECONFORTANTE; COMO É DOCE. OBRIGADO, QUERIDO DEUS! AMÉM.

"Chegai-vos a Deus, e ele se chegará a vós [...]"

Tiago 4.8

A AJUDA QUE NÃO FALHARÁ

"Elevo os olhos para os montes: de onde me virá o socorro? O meu socorro vem do Senhor, que fez o céu e a terra."
Salmos 121.1,2

Você se lembra de quando estava na escola primária e a professora perguntava quem queria ser o seu "ajudante" naquele dia? Era sempre uma coisa boa ser o ajudante da professora — apagar o quadro, anotar a presença dos alunos, recolher as redações, qualquer coisa que ela necessitasse durante o dia. Isto não parece uma tarefa para o Deus Todo-poderoso, parece?

Ainda assim, esta é uma das maneiras como a Bíblia descreve a Deus. Em Hebreus 13.6, está escrito que Ele é um "ajudador". Isto não quer dizer que Deus anda por aí fazendo o que queremos, como a criança na sala de aula. Significa que Ele deseja ser um recurso para nós — alguém que pode nos ajudar a realizar o seu propósito para a nossa vida. Alguém que pode oferecer soluções quando nos depararmos com obstáculos. Alguém que pode nos conservar na direção correta.

GRAÇA PARA HOJE:

A ajuda de Deus nunca atrapalha, e sempre vem na hora certa.

Sempre enfrentaremos ocasiões em nossa vida em que somente a ajuda de Deus nos será útil. E nestas ocasiões, podemos confiar que Deus nos ajudará. Ele é aquEle que cura quando a doença chega. É o nosso provedor e a nossa paz em meio aos dias tempestuosos da vida. Ele pode dar sabedoria e conselhos quando você tiver de tomar decisões difíceis. Na verdade, não existe uma única necessidade sua que Deus não possa suprir.

Deus quer ser o nosso "ajudador" hoje. Não importa contra o que você está lutando, Ele o espera, disposto a ajudar assim que você lhe pedir.

Terça

O que realmente Significa Amar

"E, vendo a multidão, teve grande compaixão deles, porque andavam desgarrados e errantes como ovelhas que não têm pastor."
Mateus 9.36

Lembra-se das palavras de uma famosa canção: *What the world needs now is love, sweet love*? ("O que o mundo necessita agora é amor, um doce amor") Isto é muito verdadeiro hoje, e era verdadeiro na época em que Jesus esteve na terra. Não admira que as pessoas se aproximem dEle em todas as épocas e em todas as gerações. Ele nos ensina o que significa amar.

Jesus foi um exemplo de amor. Ele mostrava amor curando os enfermos e alcançando os que viviam à margem da sociedade. Ele mostrava amor alimentando os famintos e nutrindo as suas almas. Seu amor também ficava evidente quando dava uma resposta honesta às perguntas — não importando se a pergunta vinha de algum dos seus seguidores ou de algum dos inimigos. Ele ia ao encontro das pessoas onde elas estavam, e lhes mostrava o caminho para a verdade e o perdão. O amor de Deus estava e está presente em Jesus.

Agora que Jesus nos ensinou o que significa amar, Ele quer que ensinemos a outras pessoas, e isto é mais do que simplesmente dizer a elas. Assim como Jesus nos mostrou, temos de mostrar aos outros.

Você sabe de alguém em seu bairro que esteja sozinho? Leve a ele amizade. Alguém está lutando com alguma doença? Providencie uma sopa e ofereça-se para orar. Se procurar, você verá que há necessidades por todas as partes ao seu redor. E todas as vezes que ajudar, você estará mostrando ao mundo o que significa amar. Permita que o amor de Deus esteja presente em você, assim como está em Jesus.

GRAÇA PARA HOJE:
O amor de Deus estava e está presente em Jesus, e Ele quer que nós o demonstremos ao mundo, em seu Nome.

DEUS NÃO NOS ABANDONARÁ

"Sejam vossos costumes sem avareza, contentando-vos com o que tendes; porque ele [o próprio Deus] disse: Não te deixarei, nem te desampararei."

Hebreus 13.5

Alguma vez você sentiu Deus muito distante, como se Ele não tivesse ciência ou se preocupasse com os problemas que você está enfrentando? Todos sentimos isto às vezes. Os seres humanos estão acostumados a confiar nos seus sentimentos. No entanto, somente porque você não consegue senti-lo, não significa que Ele não está ali. Deus diz que nunca nos deixará, nunca nos abandonará. Isto é algo que precisamos compreender e saber pela fé no caráter dEle, e não pela fé em nossos sentimentos.

Deus está sempre próximo, cuidando de você, pronto para ajudar. Se você é um pai, pode lembrar-se de como agachou-se além do alcance do seu filho e permitiu que ele fizesse as suas primeiras tentativas de dar passos por si mesmo. O seu filho não conseguia tocar em você, mas tinha confiança em saber que você estava apenas a poucos passos de distância. Deus não o abandonou — Ele simplesmente quer que você dê alguns passos de fé. Quando o fizer, Ele estará junto de você, abraçando-o com os seus braços e comemorando o seu esforço.

Esteja você passando por uma alegria retumbante ou por lágrimas de tristeza, Deus está ali, partilhando este momento com você. E mesmo durante aquelas ocasiões em que parece que Ele não está presente, Ele está bem próximo, e sempre estará. Você não está sozinho, e nunca estará. Deus está comprometido em abençoar imensamente a sua vida. Ele quer ser a fonte da sua força e o seu companheiro fiel na adversidade. A partir deste dia, lembre que você sempre terá alguém que o ajudará.

GRAÇA PARA HOJE:

Deus nunca está a mais do que alguns poucos passos de distância.

QUINTA

UMA FIRME DETERMINAÇÃO

"Não rejeiteis, pois, a vossa confiança, que tem grande e avultado galardão. Porque necessitais de paciência, para que, depois de haverdes feito a vontade de Deus, possais alcançar a promessa."

Hebreus 10.35,36

Você sabia que, como crente, você está participando de uma corrida? O nome desta corrida é vida. Nela, existe uma linha de chegada para aqueles que perseveram até o fim. Esta linha de chegada é o céu — onde há recompensas que esta terra nunca poderá proporcionar.

Na corrida da vida, haverá muitas oportunidades para desistir. Medo, dúvidas e desafios esmagadores freqüentemente servem de obstáculos que podem impedir o seu curso, se você perder as forças. Para terminar bem, é preciso uma determinação firme. Isto significa colocar a sua confiança na capacidade de Deus, e não na sua própria. Não se preocupe — Ele sabe que você não será capaz de completar a corrida sozinho. Ele quer que você se apóie nEle. Deus espera isto.

Quando você confia em Deus, a força dEle assume o controle do ponto em que a sua fraqueza se inicia. E se você continuar concentrado no Senhor, a força dEle não o abandonará. Às vezes, poderá parecer que Ele o está carregando. Nem mesmo as situações mais difíceis da vida o abalarão como acontecia de costume. Você terá a capacidade de superar cada barreira que surgir em seu caminho. Confiando constantemente em Deus, certamente você suportará a corrida. E no final desta vida, quando você alcançar a linha de chegada, a sua recompensa será maior do que qualquer coisa que você possa ter imaginado.

GRAÇA PARA HOJE:

Deus nos dá a força necessária para suportarmos a corrida da vida.

Sexta

Você Viveria para Deus?

Você já imaginou como é viver verdadeiramente para Deus? Freqüentemente, isto traz a idéia de que precisamos nos tornar missionários na África ou deixar os nossos empregos para nos tornarmos pastores. Embora isto seja verdade para algumas pessoas, não será necessariamente verdade para você. Mas ainda que você não seja um pastor nem um missionário, Deus espera que você viva para Ele. A boa notícia é que você pode fazer isto e continuar sendo quem você é. Talvez você pode não precise modificar muito o seu estilo de vida. Mas se você vai fazer um compromisso de viver para Ele, o seu foco pode precisar ser radicalmente alterado.

Não importa qual é a sua vocação, viver para Deus significa ser dedicado ao desejo dEle. Tudo o que você fizer deverá ser feito para trazer honra e glória ao Senhor. Deus deseja este comprometimento não por Ele, mas por nós. Quando vivemos para Ele, somos crianças obedientes sobre quem Ele é livre para derramar as suas bênçãos e de quem pode satisfazer todas as necessidades.

Você poderia, a partir de hoje, viver para Deus? Certamente. A sua vida pode estar tão envolvida no desejo de Deus que você irá literalmente viver como uma oferta de louvor a Ele. Mas viver uma vida assim é uma escolha que você precisa fazer — uma escolha de que você nunca se arrependerá. No final, você viverá uma vida de bênçãos, prazer e vitórias. Você terá a vida que verdadeiramente deseja.

GRAÇA PARA HOJE:

Quando vivemos no relacionamento correto com Deus, Ele pode derramar todas as suas bênçãos sobre nós e satisfazer todas as nossas necessidades.

"Quando Cristo, que é a nossa vida, se manifestar, então, também vós vos manifestareis com ele em glória."

Colossenses 3.4

As Pessoas mais Felizes do Mundo

Por John C. Maxwell

Quem são as pessoas mais felizes do mundo? São os jovens? São as pessoas saudáveis? São as ricas? As pessoas mais felizes do mundo são aquelas que estão realizando seus sonhos. Ao se entregarem a algo maior do que si mesmas, elas adquirem o ímpeto de colocar-se acima dos problemas. Se você quiser conhecer a verdadeira felicidade, sonhe um sonho que seja maior do que você: encontre algo a que possa dedicar a sua vida. Jesus disse que qualquer pessoa que quiser salvar a sua vida perdê-la-á; mas qualquer que perder a sua vida a salvará (Lc 9.24). Existe alguma coisa melhor do que observar "como o mundo gira" toda tarde?

Pense nos grandes indivíduos que continuaram perseguindo os seus sonhos até a velhice. Pense em Moisés, que aos oitenta anos de idade libertou 3,5 milhões de pessoas do cativeiro. Em Calebe, que aos oitenta e cinco anos disse "dá-me este monte". Ou no Coronel Sanders, que aos setenta anos inventou o "frango empanado de lamber os dedos". Ou Ray Kroc, que depois dos setenta apresentou ao mundo o Big Mac. E há ainda Casey Stengel, que aos setenta e cinco tornou-se o administrador do time de beisebol dos Yankees. George Washington Carver, aos oitenta e um anos tornou-se Chefe do Departamento de Agricultura. Thomas Edison, aos oitenta e cinco inventou o mimeógrafo, e John Wesley, ainda viajava a cavalo e pregava com a idade de oitenta e oito anos.

É o sonho que nos mantém jovens, é a visão que nos faz prosseguir.[50]

QUERIDO SENHOR: AGRADEÇO-TE POR ME DARES UM SONHO QUE IRÁ DURAR POR TODA A MINHA VIDA. PRECISAREI DA TUA GRAÇA EM ABUNDÂNCIA PARA CAMINHAR TODOS OS DIAS DE ACORDO COM O TEU PLANO E OBJETIVO. EU TE AGRADEÇO PORQUE A TUA GRAÇA É SEMPRE MAIS DO QUE SUFICIENTE PARA MIM. AMÉM.

"Ao homem que é bom diante dele, dá Deus sabedoria, e conhecimento, e alegria [...]"

Eclesiastes 2.26

Um Belo Dia

"O Senhor aperfeiçoará o que me concerne; a tua benignidade, ó Senhor, é para sempre; não desampares as obras das tuas mãos."
Salmos 138.8

Um dia, tudo estará claro. Veremos a verdade em toda a sua glória, e as trevas às quais estivemos tão acostumados desaparecerão por toda a eternidade. Naquele dia, veremos aquEle por quem a nossa alma anseia — o nosso Salvador, Jesus Cristo.

É verdade, é difícil viver aqui. Sendo cidadãos do mundo, lutamos com as doenças, a pobreza, o desapontamento, a dúvida, a depressão, o medo. As guerras se enfurecem ao nosso redor, e somos traídos e perturbados por todos os lados. Trabalhamos arduamente para vencer o pecado em nossa própria vida, e para nos proteger — bem como aos nossos filhos — do pecado que está na vida dos outros. Lemos em 2 Coríntios 4.8-10: "Em tudo somos atribulados, mas não angustiados; perplexos, mas não desanimados; perseguidos, mas não desamparados; abatidos, mas não destruídos; trazendo sempre por toda parte a mortificação do Senhor Jesus no nosso corpo, para que a vida de Jesus se manifeste também em nossos corpos".

GRAÇA PARA HOJE:

Deus planejou um dia glorioso de recompensas para aqueles que depositam a sua confiança nEle.

É isto que faz a glória daquele "belo dia" ser tão extremamente maravilhosa em nosso coração e em nossa mente. Isto envolve a nossa esperança em uma vida melhor que nos aguarda, a nossa fé na graça que é derramada sobre nós por meio do Filho de Deus, e a nossa confiança em um Deus que prometeu que seremos bem recompensados se perseverarmos até o fim. Saber que o veremos face a face faz com que tudo valha a pena.

Terça

Não apenas um Conjunto de Regras

"Não as deixes [as palavras de Deus] apartar-se dos teus olhos; guarda-as no meio do teu coração. Porque são vida para os que as acham e saúde, para o seu corpo."
Provérbios 4.21,22

O cristianismo lhe parece como uma longa lista de regras destinadas a impedi-lo de aproveitar a vida? Algumas vezes, pode parecer assim. Mas o desejo de Deus nunca foi ficar no céu, esperando que infringíssemos uma das suas regras para que Ele pudesse nos punir. A sua intenção é fazer a nossa vida melhor, não pior.

Você consegue imaginar uma vida onde o roubo, a mentira e a adoração pagã fossem permitidos? Consegue imaginar o caos que haveria se matar não fosse pecado? Naturalmente, a humanidade tem o potencial para cometer maldades inimagináveis. Vemos e ouvimos estas coisas todos os dias. De uma maneira muito real, são os valores morais delineados na Bíblia que servem como base para as nossas leis e impedem que a enxurrada de maldades domine a nossa vida.

E não é apenas isto que a Bíblia faz. Nas Escrituras, você aprenderá sobre tudo o que Deus lhe fez. Você verá claramente quão grande é o amor dEle por você e quanta graça Ele colocou em sua vida. Também você descobrirá as promessas dEle, as quais Ele se compromete a cumprir — promessas que abrangem todas as áreas da sua vida.

Ler a Palavra de Deus traz vida, salva vidas e torna a vida melhor. Ela é mais do que apenas um conjunto de regras. É mais do que um livro cheio de decretos e mandamentos. É um livro que contém as palavras que trazem vida. Encontre tempo, hoje, para agradecer a Deus pela sua preciosa Palavra, a Bíblia Sagrada.

GRAÇA PARA HOJE:

Deus nos deu os seus mandamentos para nos orientar, incentivar, convencer do pecado, e ajudar a evitar uma vida inteira de erros dolorosos.

Quarta

Um Passeio na Montanha Russa

"Porque para mim tenho por certo que as aflições deste tempo presente não são para comparar com a glória que em nós há de ser revelada."

Romanos 8.18

Lembra-se da primeira vez que andou em uma montanha russa? Olhar para o circuito a dezenas de metros acima da sua cabeça é assustador para qualquer pessoa. Você sente um nó na boca do estômago, atando e desatando — numa mistura de empolgação e medo. A longa fila se aproxima da entrada e você respira fundo antecipando a emoção. Sentado, você sente o cinto apertando-o tão fortemente que mal consegue mover-se. Quando o carro começa a andar, você agarra a barra e a segura com força.

Para muitos, não há nenhum momento na montanha russa que seja mais assustador do que a longa jornada até o topo. Enquanto você avança lentamente, as pessoas no chão tornam-se pequenas, cada vez menores. Então, num piscar de olhos, você passa por uma série de mergulhos, subidas e curvas. A esta altura, o medo já está passando. Você está completamente seguro no passeio, e deposita a sua fé e certeza na capacidade do brinquedo de levá-lo de volta em segurança ao ponto de partida.

Parece que você está prestes a encarar um passeio numa gigantesca montanha russa? Você está agora numa situação em que não tem certeza sobre o que o futuro lhe oferecerá? Deus lhe deu a garantia de segurança. Mas, em todo caso, segure-a bem firme. A única maneira de permanecer estável e seguro nesta vida turbulenta é apegar-se àquEle que o conduzirá. Uma vez que estiver acostumado a confiar em Deus e estiver completamente comprometido com Ele, você começará a sentir-se mais tranqüilo, certo de que Ele é capaz de levá-lo aonde você precisa estar.

GRAÇA PARA HOJE:

A única maneira de permanecer estável e seguro nesta vida turbulenta é apegar-se àquEle que nos conduzirá.

Quinta

Ninguém Poderá Detê-lo em seus Propósitos

"E, assim, com confiança, ousemos dizer: O Senhor é o meu ajudador, e não temerei o que me possa fazer o homem."
Hebreus 13.6

A Bíblia diz que o Diabo é nosso "adversário" (1 Pe 5.8). Isto significa que ele opõe-se a nós em tudo o que tentamos fazer para Deus. O nosso adversário tem muitas armas que utiliza contra nós, sendo a maior destas o medo.

Se não for combatido, o medo abala a nossa confiança e nos priva da habilidade de realizar os planos que Deus tem para nós aqui na terra. Mas Deus não nos deixa indefesos. Pela sua graça, Ele nos deu uma arma muito maior que o medo. Esta é a fé. O tipo de fé que se levanta pelo poder do Espírito Santo e diz: "Meu Deus é capaz". Fé que enfoca a visão que Deus colocou no coração e se recusa a desviar-se do caminho. O tipo de fé que tem a certeza de que aquEle que prometeu irá nos ajudar completamente em meio a cada circunstância, e diante de cada obstáculo.

Lemos em Hebreus 11.1 que a fé é o "fundamento" das coisas invisíveis. Ela tem largura, profundidade e altura. Mas, e o medo? O medo não é nada além de fumaça e espelhos, um truque de mágicos para intimidar e iludir. Ele não tem poder sobre nós — nenhum poder! Levante-se pela graça de Deus e pela fé declare sua intenção de cumprir tudo que Deus o convocou para fazer. Cumpra as promessas de Deus. A sua graça está presente para sustentá-lo quando você prosseguir pela fé.

GRAÇA PARA HOJE:

A graça de Deus permite que dominemos o medo e nos apoderemos de algo mais substancial — a fé.

Os nossos Segredos com Deus

Segredos podem, às vezes, ser difíceis de serem conservados conosco. Freqüentemente passamos por coisas na vida que podem nos trazer culpa e vergonha, o que nos força a esconder de todos uma parte de nossa vida. Todos, exceto Deus.

As nossas conversas com Deus são as mais íntimas que podemos ter. Ninguém nos conhece tão profundamente. Deus sabe cada segredo nosso e ainda assim nos ama com amor eterno. Ele pacientemente nos espera para nos perdoar de imediato. As suas mãos gentis permanecem sobre a nossa vida, mesmo quando pecamos. Tudo o que Ele deseja para nós é que nos arrependamos.

A palavra "arrepender-se" geralmente nos traz a idéia de um Deus irado, ouvindo as nossas súplicas por perdão. Mas, na verdade, arrepender-se significa ter uma mudança de atitude. Esta mudança inclui aqueles segredos mais profundos que somente você e Deus conhecem. Não há necessidade de esconder-se dEle. Ele sabe tudo a seu respeito, e tem esses segredos com você. Ele quer uma conversa tão íntima que só poderá acontecer em particular.

Deus o ama em seu coração e quer ser o confidente que terá misericórdia de você, em vez de julgá-lo. Você gostaria de ter um amigo assim tão íntimo, tão próximo? Fique sozinho e converse com Ele. Ele está esperando para ouvi-lo, e assim poder trazer as soluções para cada problema que você tem. Entregue ao Senhor cada fardo e cada segredo de sua vida hoje, e Ele cuidará de você.

GRAÇA PARA HOJE:

Deus nos ama em seu coração e deseja derramar a sua graça sobre nós.

"Mas tu, quando orares, entra no teu aposento e, fechando a tua porta, ora a teu Pai, que vê o que está oculto; e teu Pai, que vê o que está oculto, te recompensará."

Mateus 6.6

QUEM VOCÊ DIZ QUE SOU?

Por John MacArthur Jr.

Jesus falava aos discípulos quando perguntou: "Quem dizem os homens que eu sou?"

Eles responderam: "Uns, João Batista; outros, Elias, e outros, Jeremias ou um dos profetas".

Jesus perguntou: "E vós, quem dizeis que eu sou?"

E Pedro respondeu: "Tu és o Cristo, o Filho do Deus vivo" (Mt 16.16). A seguir, tenho certeza, Ele se perguntou "de onde veio esta informação?"

Jesus disse: "Não foi carne e sangue quem to revelou, mas meu Pai, que está nos céus" (Mt 16.17).

Provavelmente, Pedro disse: "Foi isto que pensei. Com certeza, eu não sabia disto". Você percebe, quando Pedro estava perto de Jesus, ele não apenas fazia coisas milagrosas, mas também dizia coisas milagrosas. É alguma surpresa que ele quisesse ficar perto de Jesus?

Quando estava perto de Cristo, Pedro tinha uma coragem sobrenatural. Ele estava no jardim do Getsêmani no momento em que chegou um agrupamento de soldados — aproximadamente quinhentos — para prender Jesus. Eles vieram marchando vestidos com toda a sua armadura. Diante deles vieram os principais dos sacerdotes, e diante destes os servos dos sacerdotes. Pedro estava ao lado do Senhor. Talvez seus pensamentos tivessem sido algo assim: "Eles pensam que vão levar Jesus. Ah, não, não vão".

Pelo fato de Pedro não querer jamais ser afastado da presença de Jesus, ele puxou a espada. Começou com o primeiro homem da fila, que era Malco, o servo do sumo sacerdote. A Bíblia diz que Pedro cortou a orelha de Malco, mas se conheço Pedro, ele queria cortar a sua cabeça. Pedro estava pronto para enfrentar todo o exército romano. Você percebe, quando estava com Jesus, Pedro tinha uma coragem milagrosa.[51]

PAI PRECIOSO: QUERO CONHECER-TE COMO PEDRO TE CONHECIA — INTIMAMENTE, MILAGROSAMENTE, CORAJOSAMENTE, ANDANDO DIA A DIA SOB O FLUXO DA TUA GRAÇA QUE VEM DA TUA PRESENÇA. AMÉM.

"Deus é o que me cinge de força e aperfeiçoa o meu caminho."
Salmos 18.32

Notas

[1] Gene Getz, *Encouraging One Another*. Copyright 1981, 1997, 2002 de Gene Getz. Publicado por Cook Communications Ministries. Todos os direitos reservados, pp 120,121.
[2] Warren W. Wiersbe, *Be Encouraged*. Copyright 2004 de Cook Communications Ministries. Todos os direitos reservados, pp. 36,37.
[3] *Be Encouraged*, pp. 38,39.
[4] *Encouraging One Another*, pp. 129,130.
[5] John C. Maxwell, *Be All You Can Be*. Copyright 2002 de Cook Communications Ministries. Todos os direitos reservados, pp. 13,14.
[6] Philip Yancey, *What's So Amazing About Grace?* Copyright 2002 de Zondervan Publishing Company. Todos os direitos reservados, p. 71.
[7] Oswald Chambers, *My Utmost for His Highest Devotional Bible*, "The Shadow of an Agony", p. 122.
[8] Warren W. Wiersbe, *Be Free*. Copyright 1975 de SP Publications, Inc. Publicado por Cook Communications Ministries. Todos os direitos reservados, pp. 16,18, 22.
[9] John MacArthur Jr., *Anxiety Attacked*. Copyright 1995 de John MacArthur, Jr. Publicado por Cook Communications Ministries. Todos os direitos reservados, pp. 15,16.
[10] *Anxiety Attacked*, pp. 28,29.
[11] Luis Palau, *Stop Pretending*. Copyright 1985, 2003 de Luis Palau. Publicado por Cook Communications Ministries. Todos os direitos reservados, pp. 7,8.
[12] James W. Moore, *When All Else Fails... Read the Instructions*.
[13] *Be Encouraged*, pp. 60,61.
[14] *Be Encouraged*, p. 64.
[15] *Anxiety Attacked*, pp. 86,87.
[16] *Be Free*, pp. 113,114.
[17] *Stop Pretending*, pp. 63,65.
[18] *Merriam Webster's Collegiate Dictionary*, décima edição.
[19] Extraído de um sermão de John Wesley, de 1740.
[20] *Anxiety Attacked*, pp. 92,93.
[21] *Stop Pretending*, pp. 9,10.
[22] *Stop Pretending*. pp. 18-20.
[23] *Be Encouraged*. pp. 138-140.
[24] Evelyn Christenson, *A Journey into Spiritual Growth*. Copyright 1999. Publicado por Chariot Victor Publishing, uma divisão da Cook Communications Ministries. Todos os direitos reservados, pp. 113,114.
[25] *A Journey into Spiritual Growth*, pp. 115,116.
[26] *Encouraging One Another*, pp. 121,122.
[27] John C. Maxwell, *Be a People Person*. Copyright 2004, 1994, 1989 de Cook Communications Ministries. Todos os direitos reservados, pp. 38,39.
[28] *Be a People Person*, pp. 18,19.
[29] Charles Stanley, *Handle with Prayer*. Copyright 1982, 1992 de SP Publications, Inc. Publicado por Cook Communications Ministries. Todos os direitos reservados, p. 56.
[30] *Handle with Prayer*, p. 53.
[31] *Handle with Prayer*, pp. 11,12.
[32] *Handle with Prayer*, p. 30.
[33] *Stop Pretending*, pp. 45,46.
[34] *Handle with Prayer*, pp. 57,58.
[35] *Anxiety Attacked*, pp. 112,113.
[36] *Stop Pretending*, pp. 27,28.
[37] *Stop Pretending*, pp. 39-41.
[38] *Stop Pretending*, pp. 33,34.
[39] *Anxiety Attacked*, pp. 53,54.
[40] *Stop Pretending*, pp. 29-31.
[41] *Stop Pretending*, pp. 31,32.
[42] *Anxiety Attacked*, pp. 32,33.
[43] *Be Free*, p. 121.
[44] *Encouraging One Another*, pp. 157,158.
[45] *Be Free*, pp. 115,116.
[46] *Be Encouraged*, pp. 87,88.
[47] *Be Free*, p. 117.
[48] *Be All You Can Be*, pp. 52,53.
[49] *A Journey into Spiritual Growth*, pp. 207,208.
[50] *Be All You Can Be*, pp. 60-62.
[51] John MacArthur, Jr. *Found: God's Will*. Copyright 1973 SP Publications, Inc. Publicado por Cook Communications Ministries. Todos os direitos reservados, pp. 23,24.